国际转基因食品安全立法研究

陈亚芸 著

人民出版社

目　录

导　论

一、研究意义

世界范围内转基因作物播种面积已经实现二十余年的持续增长，其在投入和产出方面无可比拟的优势极大满足了世界粮食需求，降低了农药杀虫剂对环境的负面影响，节约了水资源，缓解了人口增长与耕地减少之间的矛盾。然而随着时间的推移，各国围绕转基因食品安全性的争论有增无减。转基因食品是否安全，不单单是一个科学问题，更多的糅杂了政治、经济、科技和文化等复杂的社会因素。因此，研究世界范围内欧美之间转基因食品安全立法的对立和冲突，深层次挖掘其背后的动因，才能更好预判未来立法走向，为转基因食品发展提供借鉴。

本书的学术价值体现在以下几个方面：（1）在国际转基因食品安全立法冲突的大背景下，对新的发展趋势如转基因作物和非转基因作物共存法律制度、美国标签制度的转变和转基因作物新品种知识产权保护等进行跟踪研究，弥补了目前国内研究的不足。（2）从国际法角度对转基因食品安全立法所涉及的主要法律问题作全面系统研究。综合运用历史、比较、实证等多种研究方法，研究视角丰富。（3）不仅为构建转基因食品安全法规提供理论基础，也有助于国际法与国内法关系、条约冲突、全球治理、产业政策与贸易政策协调等基本理论问题的进一步探析。

二、研究现状

（一）国内研究成果

国内研究成果中自然科学领域的相关成果居多，法学研究十分有限，国际法视角的系统研究刚刚起步。国内对转基因食品安全的关注多集中在自然科学领域，传统观点认为其是单纯的科学命题。实际上转基因食品安全立法更多体现了一国政策取向对消费者选择和贸易规则制定的影响，背后隐藏着复杂的经济、政治和文化因素，交织着不同种类人权的冲突和优先选择。在过去的十年里，转基因食品安全法学研究的论文数量和质量虽然有很大提升，但还有很多待研究的课题。

截至目前，从国际法的视角专门研究转基因食品安全的国内学术成果包括 1 篇博士论文、5 本专著和 14 篇硕士论文，较有影响力和参考价值的期刊论文约 20 篇。博士论文为 2005 年中国政法大学博士学位论文王娜著《国际法对转基因产品国际贸易的管制》，主要从贸易的角度出发，介绍了 WTO 和《卡塔赫纳生物安全议定书》有关转基因食品规则。专著包括：（1）陈亚芸著《转基因食品的国际法律冲突及协调研究》。该书系统分析了转基因食品安全涉及的人权实现冲突、欧美立法冲突、WTO 和《卡塔赫纳生物安全议定书》冲突、发达国家和发展中国家间冲突、中国立法完善以及国际转基因食品安全立法的协调路径。（2）张忠民著《转基因食品法律规制研究》。该书通过国际法比较和借鉴，详细讨论了我国转基因食品在研发试验、生产加工和流通消费各个环节法律制度的不足并提出完善建议。（3）罗承炳与邵军辉著《转基因食品安全法律规制研究》。该书论及国际公约对转基因产品的规定、主要发达国家转基因食品法律制度比较分析和借鉴以及我国转基因食品法律规制的不足和完善。（4）李菊丹著《国际植物新品种保护制度研究》，详细解读了美国和欧盟植物品种保护历程，分析了育种技术的发展对植物品种保护的影响。（5）付文佚著《转基因食品标识的比较法研究》，对转基因标识制度进行价值思考，对比研究转基因食品自愿标签制度和强制标签制度，并对二者的协调发展做出展望。14篇硕士论文研究主题涉及转基因食品标识制度、一般国际法规制、安全监管、国际法律援助、国际贸易、欧盟转基因食品准入和欧盟转基因食品法律规制等。新近论文包括：（1）胡加祥：《美国转基因食品标识制度的嬗变及对我国的启示》（载《比较法研究》2017年第5期）；（2）肖鹏：《欧美转基因食品标识制度的趋同化及我国的应对——兼评美国S.764法》（载《法学杂志》2018年第10期）；（3）汪再祥：《转基因食品强制标识之反思——一个言论自由的视角》（载《法学评论》2016年第6期）；（4）李莎莎：《转基因食品安全刑法规制论纲》（载《河南社会科学》2016年第10期）；（5）张忠民：《论转基因食品标识制度的法理基础及完善》（载《政治与法律》2016年第5期）；（6）张华：《欧盟转基因生物授权机制中的法律问题与改革》（载《国际贸易问题》2013年第11期）；（7）陈亚芸：《转基因食品国际援助法律问题研究——兼论发展中国家的应对措施》（载《太平洋学报》2014年第3期）；（8）郭高峰：《WTO框架下转基因食品标识的消费者知情权研究》（载《暨南学报》（哲学社会科学版）2013年第4期）。

其他学科可以参考借鉴的博士论文分别是：2004年华中科技大学毛新志的博士论文《转基因食品的伦理问题研究》，主要从伦理学和哲学角度分析了转基因食品安全性对人类造成的影响；2012年西北农林科技大学王宇红的博士论文《我国转基因食品安全政府规制研究》，从经济学和公共管理学的角度阐述了转基因食品安全政府规制基础理论、需求、规制失灵的原因以及完善对策；2015年中国农业大学张熠婧的博士论文《转基因水稻商业化发展的影响因素分析》，从产业经济学的视角切入，分析了政府管理、媒体信息和消费者态度对我国转基因水稻商业化的影响；2017年西北农林科技大学张文静的博士论文《转基因食品消费行为研究》对转基因食品消费行为进行研究。

（二）国外研究成果

国外相关研究起步相对较早，有影响力的成果集中在《卡塔赫纳生物安全议定书》谈判和生效阶段。以转基因食品为题的有专著 14 部、论文近 100 篇。具有重要参考价值的有：罗伯特·福克纳（Robert Falkner）主编的《转基因食品的国际政治：外交、贸易与法律》（The International Politics of Genetically Modified Food: Diplomacy, Trade, and Law）；保罗·韦里奇（Paul Weirich）撰写的《转基因食品标签：哲学和法律上的争议》（Labeling Geneticall Modified Food: the Philosophical and Legal Debate）；等等。发展中国家在新规则制定上缺乏话语权，国内立法和研究相对滞后。

总体上说，国内法学研究仅停留在制度介绍和一般比较层面，缺乏系统性研究。国内相关硕士论文和期刊论文研究主要集中在转基因生物商业化应用法律问题、转基因产品消费者保护、转基因产品贸易、转基因食品安全国际法律制度以及欧盟转基因食品的专门研究等方面。虽然注意到了国际上相关最具影响力的规则，但研究较为零散且缺乏深度。对于欧美和其他地区相关司法实践没有深入研究，对于一些新的研究议题如转基因作物和非转基因作物共存问题、转基因作物知识产权问题、全球转基因强制标签制度发展趋势以及全球转基因公司垄断兼并没有跟踪研究。随着实践的发展，政府对于转基因食品安全重视程度提高，民众对于转基因食品安全了解程度和关注度提升，转基因食品安全国际法研究应该成为热点。

三、研究的内容与方法

（一）研究内容

第一章探讨国际转基因食品安全立法现状及未来发展趋势。主要厘清国际现有转基因食品安全立法，分析其间的矛盾冲突和影响，对未来国际立法进行预判。具体而言，介绍了现阶段欧美之间转基因食品安全立法的对立和消极影响、WTO 和《卡塔赫纳生物安全议定书》对转基因食品安全的规制与实践、国际转基因食品安全立法趋势包括转基因食品和非转基因食品共存法律制度、转基因作物知识产权保护以及美国在转基因食品标识上立场的改变。

第二章是欧盟转基因食品安全立法研究。主要研究欧盟转基因食品安全立法和实践，比较得出相应的借鉴经验。具体内容涉及欧盟转基因食品安全立法回溯、欧盟转基因食品立法执行评估、欧盟转基因食品安全监管主要机构及职权、欧盟转基因食品安全司法实践。

第三章是美国转基因食品安全立法研究。解析美国转基因食品安全立法与美国转基因食品政策框架和国家战略，并对三大主要机构 FDA、USDA 和 EPA 的职权及协调和美国转基因食品安全司法实践进行论述。

第四章为发展中国家转基因食品安全立法研究。梳理了印度、巴西、阿根廷和南非四个国家转基因作物播种和进出口现状、立法和监管机构，并就值得关注的案例进行分析，最后得出主要发展中国家转基因食品安全立法及实践的共性。

（二）研究方法

一是比较研究方法。横向比较考察不同国际协定之间对转基因食品安全的规制、欧盟和美国之间对转基因食品安全立法不同做法以及发展中国家之间转基因食品安全立法的差异。纵向上，对欧盟和美国转基因食品安全立法进行回溯，动态追踪其立法沿革，深层解析其背后的动因。这些比较能清晰呈现中国转基因食品安全立法与发达国家间的差距，以及与部分发展中国家间的共性与差异，可供在未来立法及改革中进行比较借鉴。

二是案例研究方法。案例研究是了解法律制度的重要途径，在实际运用中往往能明晰法律制度设计的初衷、问题和改革方向。案例是法律制度运用的具体体现，同时很多经典案例又是法律改革的主要推动力。案例研究在本书的写作中贯穿始终，通过对新近案例的梳理，能更好地理解 WTO 对转基因食品安全的规制、欧美间转基因食品安全立法的差异、不同国家和地区在转基因食品安全同一议题上的不同立场和态度，并预测未来立法的走向。

四、主要观点

（1）由于影响转基因食品安全立法的经济、消费者态度、对待科技包容程度和文化可接受性等深层原因未发生实质变化，因此即便美国近些年在转基因食品标识制度上向强制标签制度靠拢，也并没有从根本上消除欧美对立以及 WTO 和《卡塔赫纳生物安全议定书》两大阵营的分庭抗礼。事实上，上述分裂的态势将在很长时间内续存，这是转基因食品安全立法选择的国际大背景和出发点。

（2）在传统议题基础上，近些年欧美出现了新的发展趋势，包括：转基因作物和非转基因作物共存法律制度将成为新兴议题，强制标签制度将成为各国立法的主流、转基因作物新品种知识产权保护将成为热点。上述议题特别值得进行跟踪研究，掌握发达国家和先进地区的前沿动态，可为立法及改革提供借鉴。

（3）欧盟、美国和部分转基因作物种植面积靠前的发展中国家的转基因食品安全立法颇有启示意义，特别是欧盟和美国在转基因食品可追溯性和标识制度、上市审批监管制度、环境释放监管制度、跨境运输和出口制度、监管部门之间的协调和配合以及立法执行评估机制构建方面给出了很好的范例。

（4）从国际环境来看，转基因食品安全立法面临系列挑战，如欧美之间转基因食品安全立法对立、跨国公司转基因巨头技术和种业垄断、发达国家转基因知识产权严格保护等。

五、创新与不足

（一）创新

第一，资料新。国内对转基因食品安全立法的国际法研究尚处于起步阶段，缺乏基础研究，因此本书的研究基本上都是基于第一手资料。通过分析整理世界其他国家和地区的立法和司法实践，能很好捕捉国际转基因食品安全立法的前沿问题，并对其展开研究，弥补转基因食品安全研究泛泛而谈和相对滞后的不足。

第二，观点新。本书认为虽然从长远看对转基因食品安全立法进行选择、出台专门的转基因食品安全立法是大势所趋，基于目前有限的转基因作物商业种植实践以及国际其他发展中国家的做法，在现阶段出台专门的转基因食品安全立法的紧迫性还不强。可以根据国家对转基因作物稳步推进的战略计划，审时度势适时地修订现有条例和管理办法，灵活地应对转基因食品监管中出现的问题。当然，对欧美发达国家转基因食品安全立法应密切关注，了解其发展的前沿动态，客观审视转基因食品安全立法的不足，借鉴相关发展经验仍是十分必要且紧迫的。

第三，研究方法新。案例研究方法是本书的特色之一。虽然案例研究是法学研究的常用方法，但是在转基因食品安全领域要彻底践行此法却存在很大难度。由于转基因食品安全议题十分复杂，具体案例涉及的术语十分专业，具有跨学科的特点，且与一国政策密不可分，因此想要系统进行研究费时费力。本书在该问题上进行突破，系统地梳理了欧盟、美国和WTO在转基因食品议题上的新近案例，更好理解不同国家和地区在转基因食品安全议题上的差异和立场，并为预判未来发展趋势打下基础。

（二）不足

转基因食品安全立法问题是一项十分复杂、艰巨而紧迫的现实性课题。基于时间和能力的限制，本研究还存在以下几个待解决的问题：

第一，转基因食品安全立法问题表面上看仅是法学问题，实质上牵一发而动全身，涉及经济、文化、消费者态度等诸多社会因素，与卫生学、管理学、经济学、生物学、植物遗传学、毒理学、营养学等领域息息相关。转基因食品本身具有跨学科性和复杂性，如果相应自然科学和其他专业领域的知识稍有欠缺，对部分概念的理解容易一知半解。

第二，由于语言能力的限制，很难获取部分发展中国家第一手文献资料，只能借鉴二手资料，一定程度上影响了资料搜集，在撰写过程中难免有些浅尝辄止。

第三，全球转基因食品立法规制涉及的面非常广，包括全球、区域和国家三个层面，且不同国家转基因食品安全立法和司法实践也有差别，工作量十分庞大。以欧盟为例，其在区域层面的态度和立场往往是各国之间妥协的结果，在部分问题上始终存在欧盟和成员国之间立法主导权的博弈。27 个成员国立法和执法的情况各不相同，也出现了大量的司法判例。因此，想彻底梳理欧盟转基因食品安全立法，理解欧盟和成员国之间的立法博弈，需要付出更多的时间精力，这个工作量远超预期。同时，还欠缺对欧美之外的其他发达国家，包括韩国、加拿大和日本等国转基因食品安全立法和司法实践的系统研究，略显遗憾。下一步笔者者将在知识背景和资料获取上下功夫，尽可能多和完整地获取资料，提高研究的系统性、科学性和针对性。

六、基本概念界定

（一）转基因技术（Genetically Modified Technology）

"转基因技术是将人工分离和修饰过的基因导入到生物体基因组中，通过外源基因的稳定遗传和表达，从而使生物体具备自己本身并不具备的性状，从而使其更好地满足人们的需求。这里所说的基因并不是凭空捏造的基因，而是在自然界中某些物种中特异存在的基因。"[①] 转基因技术被广泛应用于农业、生物和医学研究、药物开发和实验医学。

---

① 张仁森、狄冉、胡文萍、储明星：《转基因技术及其在农业上的应用》，基因农业网 http://www.agrogene.cn/info-5709.shtml。

（二）转基因生物（Genetically Modified Organism，GMO）

欧盟转基因食品安全立法给转基因生物下的定义是："除人类外，基因物质已被改变而非通过交配或自然重组产生的生物。"① 欧盟委员会和欧洲食品安全管理局对转基因生物做出的解释是："自从人类种植植物和饲养动物作为食物以来，他们已经选择了具有有益性状的植物和动物进行进一步的繁殖。这些性状反映了自然发生的遗传变异，例如，提高产量或抵抗疾病或环境压力。现代技术使改变遗传物质在植物、动物、细菌和真菌中创造新特性成为可能。到目前为止，这项技术主要用于提高作物对昆虫的抵抗力和除草剂的耐受性，并用于微生物产生酶。以这种方式改变遗传物质的生物体称为转基因生物体。含有或由转基因生物组成或由转基因生物生产的食品和饲料称为转基因食品和饲料。"②

（三）转基因食品（Genetically Modified Food，GMFood）

转基因食品是指利用生物技术改良的动植物或微生物所制造或生产的食品、食品原料及食品添加剂等。针对某一或某些特征，以突变、植入异源基因或改变基因表现等生物技术方式进行遗传因子的修饰，使动植物或微生物具备或增强此特性降低成本，增加食品或食品原料的价值。转基因食品的种类可分为植物性转基因食品、动物性转基因食品、转基因微生物食品和转基因特殊食品。

（四）改性活生物体（Living Modified Organism，LMO）

改性活生物体是《卡塔赫纳生物安全议定书》的专有表述，其并没有使

---

① Directive 2001/18/EC of the European Parliament and of the Council of 12 March 2001 on the deliberate release into the environment of genetically modified organisms and repealing Council Directive 90/220/EEC-Commission Declaration .Official Journal L 106, 17/04/2001 P.0001–0039https://eur-lex.europa.eu/legal-content/EN/TXT/?uri=CELEX:32001L0018.

② http://www.efsa.europa.eu/en/topics/topic/gmo.

用转基因生物（GMO）这一概念，而是在第 3 条"用语"第（g）款提出了"改性活生物体"概念，指任何具有凭借现代生物技术获得的遗传材料新异组合的活生物体。由上述定义可以看出议定书项下改性生物体仅仅包括这些具备条件的活性生物体：(1) 包含遗传材料的新异组合，且 (2) 利用现代生物技术产生。根据世界自然保护同盟（International Union for Conservation of Nature, IUCN）对议定书的理解，新异组合可视为在首次出现时尚不为人所知的组合。基于《生物多样性公约》中的遗传材料概念，可以认为议定书中提及的遗传材料新异组合是指包含遗传信息功能单位的核酸新异组合。①

---

① 厥占文：《转基因生物越境转移损害责任问题研究——以〈生物安全议定书〉第 27 条为中心》，法律出版社 2011 年版，第 5 页。

第一章 转基因食品安全立法现状及未来发展趋势

一、国际转基因食品安全立法现状

（一）欧美转基因食品安全立法对立及原因分析

1.欧美转基因食品安全立法对立的体现

欧盟和美国是世界上转基因作物研发起步最早（20世纪80年代），相关科技最为发达的地区。但是由于消费者对转基因食品所持态度、对科技接受程度以及转基因作物所占经济比重等因素的影响，从20世纪90年代开始二者对转基因作物的态度一分为二，逐步走向对立并在世界范围内形成两大阵营。美国成为世界最大的转基因作物播种国、转基因食品出口国和转基因技术输出国。其国内从政府到消费者认为转基因作物和传统作物并无实质差异，认可转基因作物的安全性。国际层面WTO对转基因食品安全的规制基本采纳了美国的态度和立场，积极促进转基因作物在世界范围内的自由流通。相反，欧盟对转基因食品的安全性持怀疑态度且日趋谨慎，立法越来越严苛，消费者也持排斥的态度。欧盟在WTO转基因食品案败诉后积极筹建和推动《卡塔赫纳生物安全议定书》的发展，希望能与美国分庭抗礼。

欧盟和美国在转基因食品立法方面的差异主要表现在以下两个方面。第一，立法原则不同。欧盟主张预防原则[①]，美国主张科学原则。二者本质区

[①] 参见陈亚芸：《EU和WTO预防原则解释与适用比较研究》，《现代法学》2012年第6期。

别在于，欧盟基于对转基因食品安全性的怀疑，对其可能造成的对环境和人类健康的影响持审慎态度。防患于未然，在危险没有实际发生之前，采取严格的立法和监管措施，避免严重后果的发生。具体体现在转基因食品研发、运输、田间实验、上市审批、销售、进口审批、种植审批以及与传统有机作物混同等环节严格立法，政府积极管控，积极预防风险的发生。这一原则的直接后果是，严苛的立法加上繁冗的审批过程，使得转基因作物在欧盟的研发、种植、销售成本剧增且进程缓慢。另外，官方严苛的态度也进一步加剧了消费者对于转基因的怀疑和排斥态度，使得转基因食品在欧盟的推广更加困难。相反，美国则坚持科学原则，即本质上认可转基因食品的安全性，除非有直接的证据证明其对环境和人类健康存在威胁，否则其就是安全的。该原则指导下的美国转基因食品安全立法最大的特点是，没有对转基因食品专门进行立法，而是将其与传统食品一起进行规制。相比欧盟立法，美国在转基因食品研发、生产、进口和上市销售的各个环节监管都相对宽松，认为转基因食品和传统食品没有实质差异，没有区别对待。预防原则与科学原则的差异非常明显，前者追求的是零风险，即便目前是安全的但仍要防患于未然；后者则以科学为依据，包括环境监测数据和临床医学统计等，只要不存在直接的因果关系，就肯定其安全性。客观地说，预防原则要实现零风险是非常困难的，相伴随的是具体立法成本的增加、审批时限的延长、执法更为严苛以及转基因食品缓慢推进。但其存在也并非毫无意义，其所建立的严格的上市审批制度、产品生产追踪制度、产品标识制度以及预防转基因作物和非转基因作物混同制度、食品安全预警机制等，很大程度上保障了消费者的知情权和选择权，也迎合了消费者对转基因食品谨慎和排斥的态度。从根本上说，分歧的原因深深根植于对待转基因食品安全性截然不同的态度上，而其背后又折射出长久以来消费者的不同选择、对科技开放包容的不同程度以及转基因食品在国民经济中的比重等不同。而科技、经济、文化和消费者态度等因素在短期内是很难改变和消融的，因此欧美转基因立法对立的局面在较长时间内会持续存在。

第二，具体法律制度设计不同。二者立法指导原则的差异，直接导致了法律制度设计的不同。在转基因产品标识制度方面，尽管美国在 2016 年以后出现了新动向，由原来长期坚持的自愿标签制度为主、强制标签制度为例外开始过渡至强制标签制度；但是相较欧盟，在立法各个细节上仍然有差距，其实施效果如何还有待实践的检验。而欧盟转基因食品强制标签制度自 20 世纪 90 年代以来就由系列条例和指令所逐步确认，且在最低门槛上呈现越来越严格的趋势。① 在产品管理和过程管理问题上，欧盟实施严格的过程管理。不论最终产品是否包含转基因成分，只要其生产过程中使用了转基因原料或者相关工艺都应纳入严格的监管。美国则认为转基因食品和传统食品等同，只是单纯地从最终产品成分认定其是否属于转基因食品，没有专门区别对待。在转基因食品市场准入方面，欧盟的特点是审批时间长、条件严苛、现有审批通过的品种十分有限。尽管其冗长的审批程序遭到诟病，其也采取了一系列加快审批进程的措施，但是本质上没有改变进程缓慢的现状。相反，美国的审批制度更为灵活高效，其对转基因食品的进口审批制度与传统食品无异。更多采取的是事后救济的手段，对违法进行监管。

2. 欧美转基因食品安全立法对立原因分析

第一，经济因素是二者分歧并走向对立的关键因素。美国是世界上最大的转基因作物种植国、转基因食品出口国和转基因技术输出国。转基因作物于美国而言具有巨大的商业利益和经济价值。根据农业生物技术应用服务组织（ISAAA）2019 年 8 月发布的 2018 年度最新报告，2018 年美国转基因作物种植面积居世界首位，达到 7500 万公顷，其次是巴西（5130 万公顷）、阿根廷（2390 万公顷）、加拿大（1270 万公顷）和印度（1160 万公顷），五国共计 1.745 亿公顷，占全球转基因作物种植面积的 91%。②

---

① 参见陈亚芸：《转基因食品的国际法律冲突及协调研究》，法律出版社 2015 年版，第 59—60 页。

② ISAAA Brief 54-2018: Executive Summary Biotech Crops Continue to Help Meet the Challenges of Increased Population and Climate Change.http://www.isaaa.org/resources/publications/briefs/54/executivesummary/pdf/B54-ExecSum-English.pdf.

与美国转基因作物种植面积首屈一指并遥遥领先的态势相反，欧盟的实践则日趋谨慎。2018 年仅两个国家，西班牙和葡萄牙，种植转基因玉米 MON810，这也是欧盟唯一批准的转基因作物。种植面积 12.099 万公顷，比 2017 年的 13.1535 万公顷略下降 8%。西班牙种植了 11.5246 万公顷，占欧洲转基因玉米总种植面积的 95%，葡萄牙种植了 5733 公顷。欧盟对生物技术作物的接受程度远未提高。①

第二，消费者态度截然不同是对立产生的直接原因。总体而言，欧盟消费者对转基因食品更为谨慎和排斥。美国消费者则相反，其对转基因食品安全性更加认同。欧洲消费者普遍对转基因食品持怀疑和反对态度。从 20 世纪 70 年代开始，欧盟委员会下属的标准民意调查机构（Eurobarometer）开始定期对欧盟成员国进行相关民意调查。对转基因技术和食品调查至今已经开展了 6 次（1991、1993、1996、1999、2002、2005），每次调查都对 16500 名代表进行单独采访。民意调查显示，大部分消费者要求转基因食品标签，85% 的欧洲消费者如果被告知食品中有转基因成分都会选择购买其他产品。② 美国消费者对国家监管部门的信任度高于欧盟，90% 的美国消费者信任 USDA 关于转基因技术安全性的声明，84% 消费者相信 FDA 发布的类似声明。③

第三，对科技的不同态度是二者立法走向对立的重要因素。美国人对新技术的态度远比其他国家积极。"美国文化更具创新开拓精神、规避风险的意识不强，这也许可以部分说明为什么美国公众轻松地接受了转基因技术而并未就此发生激烈辩论。"④ 相反欧洲人对新技术可能造成的负面后果则较为

① ISAAA Brief 54-2018: Executive Summary Biotech Crops Continue to Help Meet the Challenges of Increased Population and Climate Change.http://www.isaaa.org/resources/publications/briefs/54/executivesummary/pdf/B54-ExecSum-English.pdf.

② Vikas Nath, Bio-Engineering Our Food and Our Future, *Exchanges*, Issue 23, 1998, p.8.

③ Tracy Irani, Consumer Concerns and Agricultural Biotechnology, AEC 366, one of a series of the Agricultural Education and Communication Department, Florida Cooperative Extension Service, Institute of Food andAgricultural Sciences, University of Florida, p.2. http://edis.ifas.ufl.edu/wc045.

④ Nuffield Council on Biotechics:Genetically Modified Crops:the Echical and Social Issue, 1999, p.82.

警惕，近年来发生在欧盟的疯牛病等事件使得欧洲消费者对改变食品制造方法的新技术更加怀疑。①

（二）WTO 与《卡塔赫纳生物安全议定书》对转基因食品安全的规制与冲突

1. WTO 对转基因食品安全的间接规制

目前对转基因食品跨界转移规制最为重要的国际协定为 WTO 协定和《生物多样性公约》及项下《卡塔赫纳生物安全议定书》。WTO 的宗旨之一就是促进世界范围内货物贸易自由，转基因食品贸易属于货物贸易的一种，自然受其约束。WTO 并没有针对转基因食品贸易进行专门立法，对其规制适用一般规则。但其重要性仍不可小觑，特别是 2003 年转基因食品案，欧美之间关于转基因食品安全及贸易的交锋剑拔弩张。WTO 支持了美国的主张，对一些原则和规则的解释适用具有里程碑意义，不排除将来会有类似案件再次提交 WTO 争端解决小组。中国是 WTO 成员之一，对相关规则和实践的研究有助于理解转基因食品可能涉及的法律问题，并对未来 WTO 争端解决机构可能采取的立场作出正确的预判。WTO 项下与转基因食品相关的规定包括 GATT1994、SPS 协定、TBT 协定和 TRIPS 协定。

第一，GATT1994 与 GMO 相关的条款项包括第 1 条最普遍最惠国待遇条款，第 3 条国民待遇条款和第 20 条（b）项一般例外条款的规定。

第二，《实施卫生与植物卫生措施协定》（SPS 协定）对转基因食品的规制。SPS 协定在序言中就明确指出其主要目的在于防止成员国采取的措施构成不合理的歧视，或对国际贸易构成变相限制，并着重强调国际标准、指南和建议的贡献。实际上，SPS 协定并没有直接为 GMO 国际贸易确立标准，仅是禁止成员国在没有科学证据前提下采取贸易限制措施。②具体而言，

① 王迁：《美国转基因食品管制制度研究》，《东南亚研究》2006 年第 2 期。
② Tatjana Papic Brankov, WTO Law and Genetically Modified Products, 135 EAAE Seminar: Challenges for the Global Agricultural Trade Regime after Doha, p.102.http://ageconsearch.umn.edu/bitstream/160376/2/06-Brankov, %20Lovre%20-%20EAAE%20135.pdf.

SPS 协定中与 GMO 相关的条款包括第 2 条"基本权利和义务"项下第 2 款的规定、第 3 条"协调"项下第 2 款、第 3 款和第 4 款的规定。第 5 条"风险评估和适当的卫生与植物卫生保护水平的确定"项下第 2 款、第 3 款和第 7 款的规定。第 9 条"技术援助"项下关于对发展中国家提供技术援助的规定。第 12 条"管理"项下第 3 款的规定。

总体来看，SPS 协定涉及 GMO 的相关规定有如下几个特点。首先，SPS 协定并没有特别区分转基因食品和生物，并未专门就其进行立法；而是就国际贸易中可能产生的基于保护人类、动物或植物的生命或健康的措施进行规范，避免变相的贸易限制。因此从目标和宗旨层面说，其更倾向于保护自由贸易，之后才考虑转基因食品可能对人类健康和环境安全造成的问题。其次，SPS 协定总体上坚持科学原则，虽然对于个别条款如第 5.7 款的规定不是特别明确，实践中仍存在争议。从措辞看，协定全文共 14 条有 7 处提及"科学"二字。其中第 2.2 款、第 3.3 款、第 5.2 款、第 5.7 款更是将科学原则上升为风险评估的一般原则。再次，SPS 协定十分重视与现有其他国际组织的沟通和协调。最后，SPS 协定设专门条款规定了技术援助和特殊及差别待遇原则，这也反映了目前发达国家和发展中国家在能力建设、技术输出、人才储备和监管水平等方面的鸿沟。正如赵维田先生总结的那样，"SPS 体现了科学证据原则、国际协调原则、风险评估原则和保护适度原则"。[1]

第三，TBT 协定与 GMO 相关的规定主要体现在序言、第 1.3 款、第 2.1 款和第 2.2 款规定中。在实践中，DSB 处理的有关"同类产品国民待遇"的案件对转基因食品贸易具有重要的指导意义。[2] 具体如欧共体农产品和

---

[1] 赵维田：《世贸组织的法律制度》，吉林人民出版社 2000 年版，第 266—267 页。

[2] 截至目前，DSB 处理的涉及 TBT 协定第 2.1 款有关"同类产品国民待遇"的案件共 22 起，涉及第 2.2 款关于"贸易限制不超过实现合法目的所必要的限度"案件 23 起。二者之间案件有重合，绝大部分案件在磋商阶段和专家组成立阶段协商解决，经专家组裁定的案件共 5 起。虽然数量较少，但是对于理解和适用第 2.1 款和第 2.2 款起到重要的作用。下文将围绕这 5 起案件进行分析，试图得出一些规律性的认识。

食品商标和地理标识保护措施案（DS290）①、美国特定农产品原产地标志案（DS384）②、加拿大和挪威诉欧盟禁止进口和销售海豹产品措施案（DS400③、DS401④）、美国影响丁香香烟生产和销售措施案（DS406）⑤。总结专家组对于 TBT 协定第 2.1 款相关案件的裁判不难发现，其在裁定时遵循三段论：首先判断一项措施是否属于"技术法规"，其次再看争议的进口产品和国内产品是否构成"同类产品"，最后再论证进口产品是否遭受"低于其本国产品的待遇"。三个条件层层推进，不满足条件一则不适用 TBT 协定第 2.1 款，是否违反相关义务无从谈起。条件一满足之后再考虑是否满足条件二和条件三，同时满足才能认定成员国行为违反了 TBT 协定第 2.1 款项下的义务。而对于技术法规、同类产品和不低于本国国民待遇的具体判断标准，专家组和上诉机构在个案中都予以澄清，具有十分重要的借鉴意义。

第四，TRIPS 协定与 GMO 相关的规定主要集中在第 5 节专利部分第 27 条关于"可授予专利的客体"。转基因生物技术在植物和动物领域的应用与贸易有关的知识产权问题紧密相关，特别是当转基因作物用于食物和药物，其自然成为专利的对象。⑥ 而在转基因植物可专利性上，成员国之间仍存在很大分歧，是否应对植物和动物发明进行专利保护以及用何种方式进行保护尚无定论。TRIPS 协定第 5 节专利部分第 27 条关于"可授予专利的客体"第 3 款 b 项指出"各成员可拒绝对下列内容授予专利权：…（b）除微生物外的植物和动物，以及除非生物和微生物外的生产植物和动物的主要生

---

① https://www.wto.org/english/tratop_e/dispu_e/cases_e/ds290_e.htm.

② https://www.wto.org/english/tratop_e/dispu_e/cases_e/ds384_e.htm.

③ DS400: European Communities—Measures Prohibiting the Importation and Marketing of Seal Products.https://www.wto.org/english/tratop_e/dispu_e/cases_e/ds400_e.htm.

④ DS401: European Communities—Measures Prohibiting the Importation and Marketing of Seal Products.https://www.wto.org/english/tratop_e/dispu_e/cases_e/ds401_e.htm.

⑤ DS406: United States—Measures Affecting the Production and Sale of Clove Cigarettes.https://www.wto.org/english/tratop_e/dispu_e/cases_e/ds406_e.htm.

⑥ Kawamura, Satoko, GMO Trade in the Context of TRIPS: From the Perspective of an Auto-poietic System Analysis, *Ritsumeikan International Affairs*, 2011, Vol.10, p.251.

物方法。但是，各成员应规定通过专利或一种有效的特殊制度或通过这两者的结合来保护植物品种。本项的规定应在 WTO 协定生效之日起 4 年后进行审议"。2017 年 1 月 23 日，经 WTO 成员国 2/3 以上同意，成功通过了首份 TRIPS 协定修正案。但该份修正案主要涉及第 31 条未经权利持有人授权的其他使用(强制许可)，增加了第 31 条的附加条款和关于该附加条款的附件，以及关于药品生产能力评估的附录。旨在平衡知识产权和发达国家以及最不发达国家公共健康危机。"同意在面临公共健康危机且医药能力不足的情况下，有生产能力的成员不仅可以强制本国企业在国内销售药品，也可以出口至有需求的成员境内。同时修正案对进出口成员定义、进出口医药范围、数量、强制许可补偿金等内容作出规定。"① 与 GMO 相关的第 27 条"可授予专利的客体"没有做实质修改。

根据 TRIPS 协定第 27 条第 3 款 b 项的规定，本项的规定应在 WTO 协定生效之日起 4 年后进行审议。按照时间表 TRIPS 理事会应于 1999 年对该条进行审议，但在 1998 年理事会召开的会议上对审议的范围并未达成一致。以菲律宾为首的许多发展中国家认为审议应围绕以下几个部分展开：其一，植物、动物和生物方法是否应继续排除在专利范围之外？其二，如果是，此种例外是否延伸至微生物、非生物以及生物方法？其三，植物品种是否应通过专利或一种有效的特殊制度或通过这两者的组合来进行保护？而主要发达国家则认为，对于第 27.3（b）项的审查应集中在第三个问题即专利或一种有效的特殊制度或二者的结合进行保护的可能性和效果上。②

到了后多哈阶段，审查的议题进一步扩大。根据 2001 年多哈宣言第 19 段的措辞，讨论的议题还扩展至 TRIPS 协定与联合国《生物多样性公约》中关于传统知识和民俗保护的关系。③2002 年 9 月 17 日至 19 日，TRIPS 理事会召开会议围绕三个议题展开：审议第 27.3（b）项的执行情况、TRIPS

---

① http://sms.mofcom.gov.cn/article/dhtp/201703/20170302538524.shtml.

② Lilia R. Bautista, TRIPS Agreement Revisitied: Focus on Article 27.3（b）, World Bulletin, Jan-Dec.1999, p.344.

③ https://www.wto.org/english/tratop_e/trips_e/art27_3b_e.htm.

协定与《生物多样性公约》的关系以及保护传统知识和民俗。在 TRIPS 协
定和《生物多样性公约》关系问题上,理事会设定了两个主要讨论议题。第
一,二者之间是否存在冲突。第二,TRIPS 协定应作出何种调整确保二者能
和谐有序的发展。各方立场不一,形成四种不同意见。其一,澳大利亚、加
拿大和新西兰认为二者之间不存在冲突,现有专利系统不存在危机。其二,
二者不存在冲突,但是需要进一步考虑是否应采取措施完善专利体系。其
三,二者不存在先天的冲突,但是为了更好地实现相互支持应采取各种措施,
包括修订 TRIPS 协定或者完善《生物多样性公约》目标。其四,二者之间存
在冲突,需要修订 TRIPS 协定来减少该种冲突。①

　　而以何种方式对植物新品种进行保护,各个国家间立场各异。第一种意
见是以巴西和印度主导的发展中国家(包括玻利维亚、哥伦比亚、古巴、多
米尼加共和国、厄瓜多尔、秘鲁、泰国和非洲集团国家)希望在 TRIPS 协
定框架内通过一项修正案要求专利申请体现基因资源和传统知识的发源地,
并提供证明已经获得事先同意(《生物多样性公约》中的措辞)和公平惠益
分享。第二种意见是瑞士的提议,希望主要在世界知识产权组织下通过一项
修正案,在申请专利时增设一项要求,即要求申请需说明其专利使用到的遗
传资源和传统知识,否则驳回专利申请。第三种意见代表为欧盟,其主张在
专利制度之外专设一种特殊制度来规范专利涉及的遗传资源问题。第四种意
见代表为美国,其认为要实现《生物多样性公约》规定的遗传资源获取和互
益分享,最佳途径是通过成员国国内立法和签订双边协定。解决遗传资源和
传统知识的知识产权问题也可以借鉴此种思路,而不一定非要诉诸 TRIPS、
WIPO 和 CBD 等多边协定。②

　　需要注意的是实践中还存在 GATT1994、SPS 协定和 TBT 协定三者适
用的关系问题。第一,GATT1994 与 SPS 协定、TBT 协定之间的关系。联

---

①　The Relationship Between the TRIPS Agreement and the Convention on Biological Diversity-
　　Summary of Issues Raised and Points Made, IP/C/W/368/Rev.1, 8 February 2006, pp.3–9.
　　https://www.wto.org/english/tratop_e/trips_e/ipcw368_e.pdf.

②　https://www.wto.org/english/tratop_e/trips_e/art27_3b_background_e.htm.

系在于三者都有关于国民待遇、同类产品、必要贸易限制措施限度的规定，后两者是前者的细化。TBT 协定在序言中明确表示"期望促进 GATT1994 目标的实现"。SPS 协定序言指出"因此期望对适用 GATT1994 关于使用卫生与植物卫生措施的规定，特别是第 20 条（b）项的规定详述具体规则"。在司法实践中，如果申诉方提出被诉方某项措施既违反了 SPS 协定或 TBT 协定关于国民待遇和同类产品的规定，又违反了 GATT1994 关于国民待遇和同类产品的一般规定，专家组的做法是如果满足前者即已经违反 SPS 或者 TBT 的协定就不再讨论是否违反 GATT1994 国民待遇和同类产品的规定问题。出于司法经济的考虑，视为违反了后者。例如，在美国特定农产品原产地标志案（DS384）中，专家组之前已经确认美国的立法违反了 TBT 协定第 2.1 款和第 2.2 款的规定，认为没有必要再讨论是否违反 GATT1994 第 3.4 款国民待遇条款和 GATT1994 第 23.1（b）项的规定。① 在美国影响丁香香烟生产和销售措施案（DS406）中，专家组认为丁香口味香烟和薄荷口味香烟属于"同类"产品，涉案措施给予丁香味香烟的待遇低于给予薄荷味香烟的待遇，违反了 TBT 协定第 2.1 款。基于这一认定，专家组认为没有必要再就印尼在 GATT1994 第 3.4 款提出的主张或者美国基于 GATT1994 第 20 条（b）项提出的抗辩作出裁定。专家组指出，尽管措辞相同，TBT 协定第 2.1 款仅适用于技术法规，而 GATT1994 适用范围更宽。② 上诉机构在论及 TBT 协定第 2.1 款"同类产品"时还专门阐述了该条与 GATT1994 的关系。机构报告第 91 段指出："两项协定（GATT1994 和 TBT）在范围和宗旨上有重叠，TBT 协定在序言中重申促进 GATT1994 目标的实现。另外 TBT 协定扩展了此前的 GATT1994，并强调二者在解释和适用上应保持一致。"③

---

① Panel Report, United States—Certain Country of Origin Labelling（COOL）Requirements, p.214B.

② Panel Report，United States—Measures Affecting the Production and Sale of Clove Cigarettes, para.7.106.

③ Appellate Body Report, United States—Measures Affecting the Production and Sale of Clove Cigarettes, WT/DS406/AB/R, para.91.

加拿大和挪威诉欧盟禁止进口和销售海豹产品措施案（DS400、DS401）中同时涉及 GATT1994 和 TBT 协定，对于何者优先考察存在争议。申诉方加拿大和挪威主张先考察 GATT1994 的一般规定，再考察 TBT 协定的特殊规定。欧盟的主张则相反，先 TBT 协定后 GATT1994。专家组援引了欧共体石棉案中上诉机构的观点[1]，认为 TBT 协定是对 GATT1994 目的的进一步规定，相较而言义务更多，因此二者重叠时应优先适用 TBT 协定。[2] 因此从这个角度上，也印证了二者为一般和具体的关系。

GATT1994 第 20 条（b）项为可允许的贸易限制措施一般规定，而 SPS 协定和 TBT 协定属于与检验检疫措施和技术性法规相关的特殊规定。在适用顺序上应首先确定一项限制措施是否 SPS 协定管辖的范围，然后考虑 TBT 协定，最后再考虑适用 GATT1994 第 20 项（b）项的规定。在具体个案中，专家组和上诉机构也强调 SPS 协定和 TBT 协定作为 GATT1994 第 20 条的反映，应在后者宗旨、目的和大背景下进行解释。[3]

第二，SPS 协定与 TBT 协定之间的关系，各自的适用范围和重叠时何者优先的问题。TBT 协定第 1.4 款规定："政府机构为其生产或消费要求所制定的采购规格不受本协定规定的约束，而应根据《政府采购协定》的范围由该协定处理。"TBT 协定第 1 条总则部分规定了适用范围。第 1.5 款规定："本协定的规定不适用于《实施卫生与植物卫生措施协定》附件 A 定义的卫生与植物卫生措施。"言下之意是《政府采购协定》和 SPS 协定优先适用。SPS 协定附件 A 对卫生与植物卫生措施作了明确定义，指："卫生与植物卫生措施用于下列目的的任何措施：a. 保护成员领土内的动物或植物的生命或健康免受虫害、病害、带病有机体或致病有机体的传入、定居或传播所产生的风险；b. 保护成员领土内的人类或动物的生命或健康免受食品、饮料或饲

---

① Appellate Body Report, European Communities—Measures Affecting Asbestos and Asbestos-Containing Products, WT/DS135/AB/R.para.80.

② Panel Report, WT/DS400/R, WT/DS401/R, para.7.4.

③ European Communities—Measures Affecting Asbestos and Asbestos-Containing Products, Mar.12.2001, WTO Doc. WT/DS135/AB/R, para 88.

料中的添加剂、污染物、毒素或致病有机体所产生的风险；c.保护成员领土内的人类的生命或健康免受动物、植物或动植物产品携带的病害，或虫害的传入、定居或传播所产生的风险；d.防止或控制成员领土内因虫害的传入、定居或传播所产生的其他损害。卫生与植物卫生措施包括所有相关法律、法令、法规、要求和程序，特别包括：最终产品标准；工序和生产方法；检验、检查、认证和批准程序；检疫处理，包括与动物或植物运输有关的或与在运输过程中为维持动植物生存所需物质有关的要求；有关统计方法、抽样程序和风险评估方法的规定；以及与粮食安全直接有关的包装和标签要求。"SPS协定第1.4款同时指出："对于不属本协定范围的措施，本协定的任何规定不得影响各成员在《技术性贸易壁垒协定》项下的权利。"

由此看出，SPS协定与TBT协定二者主要目的和调整对象有所不同，前者着重于动植物检验与检疫措施，而后者侧重技术性法规，二者发生重叠时SPS协定优先适用。"如一项技术性法规如符号、包装、标记或者标示等，设置的目的在于防范害虫、疫病、带病体或病原体入侵、立足或传播，食品、饮料或饲料中的添加物、污染物、毒素或病原体导致会员境内人类或动物生命健康风险时，属于SPS协定的管辖范围而非TBT协定。当一项技术性法规，其目的虽为保护人类健康、动植物和环境安全，但并非针对害虫、病疫、带病体或食品添加物等，才属于TBT协定管辖的范围。"① 当一项技术性法规涉及保护人类健康、动植物和环境安全时，首先考虑适用SPS协定，其后才是TBT协定。

该立场也得到DSB专家组的支持。在转基因食品案中，除美国外，阿根廷和加拿大都提出欧共体新立法拒绝考虑批准任何新的转基因食品的做法违反了TBT协定。加拿大认为，与产品有关的措施若专家组认为不属于SPS协定管辖的范围，则应认为，属于TBT协定管辖的事项，或者说部分事项属于TBT协定管辖的范围。阿根廷认为，专家组应首先在SPS协定下

审查欧共体的立法，若认为不违反协定则应在 TBT 协定下进行审查。阿根廷认为，欧共体的行为违反了 TBT 协定第 2.1、2.2、5.1.1、5.1.2、5.2.1、5.2.2、12 等条款项的规定。阿根廷和加拿大的思路非常明确，首先考察 SPS 协定，若专家组给出否定答案，作为补充，再依 TBT 协定进行审查。专家组在报告中指出："欧共体相关进口批准程序属于 SPS 协定附件 A 第（1）款规定的情形，同时也没有发现指令规定的批准程序部分属于 TBT 协定管辖的情况。根据 TBT 协定第 1.5 条的规定，本案中无需审查适用 TBT 协定。"[1]由此看出，专家组在具体案件中严格遵守上述标准，区分适用 SPS 协定和TBT 协定的管辖适用范围。

在司法实践方面，转基因食品案（WT/DS291）[2] 也非常经典。2003 年 5月 13 日，美国要求就欧共体及其成员国采取的影响美国转基因农产品出口的系列措施，与欧共体进行磋商。自 1998 年 10 月起，欧共体基于新食品和食品添加剂条例中止转基因食品进口和上市审批申请，美国认为欧共体此举事实上等同于拒绝考虑批准任何新的转基因食品。此案具体涉及两个指令：《关于转基因生物有意环境释放的 2001/18 指令》（取代之前的 90/220 指令）[3]和《新食品和食品添加剂 258/97 条例》[4]。EC 上述两指令的宗旨在于保护人类健康和环境。为实现上述目标，欧共体被要求在个案基础上审查转基因产品可能对人类和环境构成的潜在风险，因此需要对上市的转基因产品逐一进行审批。而当时，根据之前的 90/220 指令提交申请的转基因作物有 18 种，这些申请因为 2001/18 指令的通过而被搁置，部分申请已经为此耗时 6 年零5 个月，其中 9 种已经取得初步批准以及植物科学委员会的肯定评价。美国

① Panel Report，European Communities—Measures Affecting the Approval and Marketing of Biotech Products（DS291），para.7.2524.，p.867.

② https://www.wto.org/english/tratop_e/dispu_e/cases_e/ds291_e.htm.

③ Directive 2001/18/EC of the European Parliament and of the Council of 12 March 2001 on the deliberate release into the environment of genetically modified organisms and repealing Council Directive 90/220/EEC, OJ.L 106/1.

④ Regulation（EC）No 258/97 of the European Parliament and of the Council of 27 January 1997 concerning novel foods and novel food ingredients, Official Journal L 043, 14/02/1997.

认为，上述指令实际对美国转基因食品出口构成了限制，而部分成员国无视欧共体已经批准上市转基因食品的规定在其国内仍然禁止进口和销售转基因食品，更是对美国转基因农产品出口构成威胁。美国认为欧共体及成员国的行为违背了 SPS 协定第 2 条、第 5 条、第 7 条、第 8 条以及附件 B 和 C 的规定，GATT1994 第 1 条、第 3 条、第 10 条和 11 条的规定，农业协定第 4 条的规定以及 TBT 协定第 2 条和第 5 条的规定。

与此同时，澳大利亚、阿根廷、巴西、加拿大、智利、哥伦比亚、印度、墨西哥、新西兰和秘鲁要求作为第三方参与磋商。磋商无果，2003 年 8 月 7 日，美国要求成立专家组进入诉讼程序。与此同时，2003 年 5 月 13 日，加拿大和阿根廷就欧盟上诉措施类似地向争端解决小组提起诉讼，案件编号分别为 DS292 和 DS293。由于涉及的被申诉方和案由基本一致，2003 年 8 月 29 日，DSB 决定成立单一专家组专门审理 DS291、DS292 和 DS293。2004 年 2 月 23 日，美国、阿根廷和加拿大联合要求合并审理案件。三案于 2004 年 3 月 4 日合并审理。

美国的论点主要集中在以下两个方面。其一，欧共体出台的暂停转基因食品审批的规定违反了 SPS 协定。其二，成员国禁止进口审批和上市欧盟已经批准的转基因食品违反了 SPS 协定的规定。法国、德国、奥地利、意大利、卢森堡和希腊 6 国引用 90/220 指令和 258/97 条例相关保障条款，对欧盟已经审批上市的转基因食品采取禁止上市销售和进口措施。其中，90/220 指令第 16 条规定，成员国当有足够理由认为产品对人类健康和环境存在风险时，可以临时限制或禁止成员国使用和销售已批准上市的转基因产品。258/97 条例第 12 条也作出了类似规定，允许成员国认为已经批准的转基因产品威胁人类健康和环境时，采取临时的限制和中止措施。具体而言，奥地利禁止 Bt-176、MON810 和 T25 上市销售。法国于 1998 年 11 月 16 日出台两项命令禁止 MS1/RF1 和 Topas19/2。卢森堡于 1997 年 2 月 7 日禁止 Bt-176 玉米销售和使用。德国于 2000 年 3 月 31 日终止 Bt-176 的审批和上市。意大利于 2000 年 8 月 4 日终止 Bt-11、MON810、MON809 和 T25 的商业化使用。希腊于 1998 年 9 月 8 日禁止 Topas19/2 进口。因此美国主张：第一，上述 6 国所采取的禁止和限制措施属于 SPS 协定总则第 1.1 款规定的"可能直接或间接影响国际贸易的卫生与植物卫生措施",属于 SPS 协定调整和管辖的范围。第二,法国、德国、意大利和卢森堡的行为并没有基于 SPS 协定第 5.1 款"风险评估"的要求。虽成员国也给予了说明,但是理由不够充分,并没有完全按照 SPS 协定附件 A 第 4 段 ① 的规定进行合理的操作。第三,希腊国内明确禁止相关转基因食品进口的行为违反了 GATT1994 第 11 条第 1 款 ② 的规定。另外两个申诉方加拿大和阿根廷针对欧共体的行为也提出了类似主张,认为欧共体立法暂停转基因作物审批的行为违反了 SPS 协定、TBT 协定以及 GATT1994 的相关规定。

欧盟对于美国、加拿大和阿根廷的指控也作出了书面回应。总体上,欧盟认为上述申诉方的指控脱离了欧共体 1998—2001 年的立法环境以及国际社会通过《卡塔赫纳生物安全议定书》对转基因生物跨界转移进行更为严格规制的大背景。具体观点包括以下几个方面:其一,国际社会对于转基因食品的安全性仍存在争议,其并非绝对安全,对于人类健康和环境安全存在潜在风险,不能等同于传统食品。其二,欧共体立法规定在个案基础上对转基因食品安全性进行审查,并没有正式或者非正式地表示中止一切转基因食品进口和上市销售。其三,欧共体对于转基因食品风险的评估、检测和预防与国际标准一致,是预防原则的体现。其四,欧共体的立法是合理的,其本身不属于卫生与植物卫生措施,不属于或者绝大部分不属于 SPS 协定管辖的范围。其五,即便认为其属于 SPS 协定管辖的范围,欧共体也没有违反相关义务。毫不延迟地或者适时地在具有足够科学证据基础上采取临时措施。其六,欧共体和部分成员国的措施并没有违反 TBT

---

① SPS 协定附件 A 第 4 段规定:"风险评估—根据可能适用的卫生与植物卫生措施评价虫害或病害在进口成员领土内传入、定居或传播的可能性,及评价相关潜在的生物学后果和经济后果;或评价食品、饮料或饲料中存在的添加剂、污染物、毒素或致病有机体对人类或动物的健康所产生的潜在不利影响。"

② GATT1994 第 11 条"数量限制的一般取消"第 1 款规定:"任何缔约国除征收税捐或其他费用以外,不得设立或维持配额、进出口许可证或其他措施以限制或禁止其他缔约国领土的产品的输入,或向其他缔约国领土输出或销售出口产品。"

协定和 GATT1994 的规定。相反，正是合理利用 GATT1994 第 20 条一般例外的规定。

经过三轮书面答辩和两轮口头辩论，专家组报告最终于 2006 年 9 月 26 日出台。报告结论包括了以下几个部分。首先，明确表明了裁决和建议没有涉及的内容。包括转基因产品总体上安全与否、转基因产品与传统产品是否属于同类产品（虽然申诉方提出该论点）、欧共体是否有权利对转基因产品进行上市前的审批（申诉方没有提及该问题）、欧共体 90/220 指令、2001/18 指令、258/97 条例所规定的对转基因食品个案风险评估是否违反欧共体在 WTO 项下所承担的义务（申诉方并未质疑该点）以及欧共体相关科学委员会生物安全评价报告的科学性问题。

其次，专家组讨论了欧共体和成员国的行为是否属于 SPS 协定管辖的范围，指出 90/220 指令和 2001/18 指令规定的转基因食品审批制度属于 SPS 协定管辖的范围，其所调整的事项属于 SPS 协定所管辖的风险的范围。而 258/97 条例所规定的食品和新食品事项部分属于 SPS 协定调整的范围。

再次，专家组主要针对美国、加拿大和阿根廷共同提出的三个问题进行分析。即（1）欧共体中止审批行为，（2）欧共体对具体转基因食品审批批准拖延的行为，（3）成员国禁止销售和进口已被欧盟批准的转基因食品的行为。虽然三国在具体事实指控上略有出入，有量的差别，如在（2）问题上美国列出了 25 种转基因作物相关具体措施，加拿大列出了 4 种，阿根廷列出了 10 种。在问题（3）上美国质疑 9 个成员国援引保障条款的行为，加拿大质疑 4 个成员国行为，阿根廷质疑 6 个成员国行为。总体上，三国根据本国出口的实际提出了质疑，对象和范围略有不同，但实质都指向欧盟及成员国上述行为是否违反 SPS 协定相关规定的问题。专家组针对具体的指控一一作出了回应，逻辑推理和结论一致。以覆盖面最为广泛的美国为例，在问题（1）上，专家组认为欧共体 1999 年 6 月至 2003 年 8 月间事实上中止转基因食品审批的行为违反了 SPS 协定项下附件 C 第 1 款 a 项的规定，但是并没有违反 SPS 协定附件 B 第 1 款、SPS 协定第 7 条、第 5.1 款、第 5.5

款的规定。裁定并建议欧共体应采取措施使其转基因食品审查批准行为符合 SPS 协定的规定。对于问题（2），经审查，专家组认为欧共体对于 21 种转基因作物申请存在不合理延迟的行为，违反了 SPS 协定项下附件 C 第 1 款 a 项以及第 8 条的规定，剩余 4 种转基因作物审批未存在违法行为。因此，裁定并建议欧共体应采取措施与 SPS 协定义务保持一致。对于问题（3），专家组认为 9 个成员国的行为违反了 SPS 协定第 5.1 款、第 5.7 款和第 2.2 款的规定，裁定和建议相关国家做出整改。

报告通过后，欧共体表示愿意遵守 DSB 的裁决和建议，积极采取措施。考虑到问题的复杂性和敏感性，要求给予其执行的合理期间。根据 DSU 第 21.3（b）项规定①，欧共体分别与美国、加拿大和阿根廷进行谈判以延长裁定执行的期限。经过多次协商和延期，2009 年 7 月 15 日欧共体与加拿大根据 DSU 第 3.6 款②达成一致，通过双边对话机制解决转基因农产品进出口贸易问题，实现共赢。2010 年 3 月 19 日欧共体与阿根廷通知争端解决机构已根据 DSU 第 3.6 款达成一致，通过双边对话机制解决转基因农产品进口贸易问题。欧共体与美国也是经过磋商两次延期，二者曾于 2008 年 1 月 14 日通知 DSB 根据 DSU 第 21 条和第 22 条达成一致。但仅过三天，2008 年 1 月 17 日美国要求 DSB 授权赞同其让步措施。2008 年 2 月 6 日欧共体对美

---

① 《关于争端解决规则与程序的谅解》第 21 条"对执行建议和裁决的监督"规定：1. 为所有成员的利益而有效解决争端，迅速符合 DSB 的建议或裁决是必要的。2. 对于需进行争端解决的措施，应特别注意影响发展中国家成员利益的事项。3. 在专家组或上诉机构报告通过后 30 天内召开的 DSB 会议上，有关成员应通知 DSB 关于其执行 DSB 建议和裁决的意向。如立即遵守建议和裁决不可行，有关成员应有一合理的执行期限。合理期限应为：（a）有关成员提议的期限，只要该期限获 DSB 批准；或，如未获批准则为（b）争端各方在通过建议和裁决之日起 45 天内双方同意的期限；或，如未同意则为（c）在通过建议和裁决之日起 90 日内通过有约束力的仲裁确定的期限。在该仲裁中，仲裁人的指导方针应为执行专家组或上诉机构建议的合理期限不超过自专家组或上诉机构报告通过之日起 15 个月。但是，此时间可视具体情况缩短或延长。

② 《关于争端解决规则与程序的谅解》第 3.6 款规定："对于根据适用协定的磋商和争端解决规定正式提出事项的双方同意的解决办法应通知 DSB 及有关理事会和委员会，在这些机构中任何成员可提出与此有关的任何问题。"

国的做法表示反对，要求根据 DSU 第 22.6 款 ① 的规定提起仲裁。2008 年 2 月 15 日欧共体和美国一致同意中止仲裁，美国最终同意执行其与欧共体于 2008 年 1 月 14 日达成的执行协议。

该案虽已过去十余年，转基因食品研发、商业种植、欧美相关立法以及二者在国际社会的角逐已经发生了深刻变化，但时至今日讨论该案仍有价值和意义。首先，从争端发生的背景看，正值《卡塔赫纳生物安全议定书》通过前后，正是欧美两大对立阵营在转基因食品安全性问题上分歧白热化的阶段。一方面，为了与美国主导的转基因作物生产大国分庭抗礼，欧盟在以贸易自由化为宗旨的 WTO 之外倡导环境保护的《生物多样性公约》下积极促成《卡塔赫纳生物安全议定书》的签订和生效。以预防原则严格监管转基因生物的跨界转移。美国、加拿大和阿根廷同时针对欧盟相关立法和暂停中止转基因审批以及部分欧盟成员国中止欧盟已经审批的转基因作物上市和进口的做法，并非偶然。事实上，作为转基因作物商业种植大国，美国、加拿大和阿根廷在世界范围内播种面积名列前茅，作为利益共同体有着共同的转基因食品出口诉求。欧盟及部分成员国的政策做法无疑触及了其根本经济利益，引起了美国等对其坚决的反击。另一方面，裁决结果肯定了美国、加拿大和阿根廷的主张，进一步巩固了科学原则在 WTO 中的地位。该案上欧盟在 WTO 中的败诉必然会加深欧盟和美国间一攻一守的对立，二者各自

---

① 《关于争端解决规则与程序的谅解》第 22 条"补偿和中止减让"第 2 款规定："如有关成员未能使被认定与适用协定不一致的措施符合该协定，或未能在按照第 21 条第 3 款确定的合理期限内符合建议和裁决，则该成员如收到请求应在不迟于合理期限期满前，与援引争端解决程序的任何一方进行谈判，以期形成双方均可接受的补偿。如在合理期限结束期满之日起 20 天内未能议定令人满意的补偿，则援引争端解决程序的任何一方可向 DSB 请求授权中止对有关成员实施适用协定项下的减让或其他义务。"第 6 款规定："如发生第 2 款所述情况，则应请求，DSB 应在合理期限结束后 30 天内，给予中止减让或其他义务的授权，除非 DSB 经协商一致决定拒绝该请求。但是，如有关成员反对提议的中止程度，或声称在一起诉方提出请求根据第 3 款（b）项或（c）项授权中止减让或其他义务时，第 3 款所列原则和程序未得到遵守，则该事项应提交仲裁。如原专家组成员仍可请到，则此类仲裁应由原专家组作出，或由经总干事任命的仲裁人作出，仲裁应在合理期限结束之日起 60 天内完成。减让或其他义务不得在仲裁过程中予以中止。"

以《卡塔赫纳生物安全议定书》和 WTO 作为阵营在世界范围内分庭抗礼。其次，专家组的分析和裁定在一定意义上澄清了 SPS 协定相关条款的含义，对今后案件裁决具有指导意义。专家组强调了科学原则的重要性以及预防原则适用的有限性①，并对贸易中的科学风险评估进行界定。②专家组对于 SPS 协定适用范围的界定一定意义上也会改变未来 SPS 协定与环境保护公约之间的关系。③

2.《生物多样性公约》及议定书对转基因食品安全的规制

《生物多样性公约》是调整转基因食品安全重要国际公约之一。截至 2018 年 6 月共有 196 个缔约方。公约一共包括 42 条，从内容上看主要涉及目标、原则、管辖范围、合作、保护和持久使用方面的一般措施、查明与检测、就地保护、移地保护、遗传资源的取得、技术的取得和转让、信息交流、技术和科学合作、生物技术的处理及其惠益分配、资金、财务机制以及争端解决等。

《卡塔赫纳生物安全议定书》作为《生物多样性公约》的补充协定，2000 年 1 月 29 日在加拿大蒙特利尔，经 130 多个国家签署通过。一共 40 条，内容涵盖目标、范围、药物、过境和封闭使用、提前知情同意程序的适用、通知、关于拟直接作食物或饲料加工之用的改性生物体的程序、双边区域及多边协定安排、风险评估、风险管理、无意中造成的越境转移和应急措施、处理、运输、包装和标志、国家主管部门和国家联络点、信息交流与生物安全资料交换所、机密资料、能力建设、公众意识和参与、非法越境转移、赔偿责任和补救等。其在目标部分明确指出："本议定书的目标是依循《关于环境与发展的里约宣言》原则 15 所订立的预先防范办法，协助确保在安全

① Richard B. Stewart, *GMO Trade Regulation and Developing Countries*, New York University Public Law and Legal Theory Working Papers, p.19. http://lsr.nellco.org/nyu_plltwp/165/.

② Gilbert R. Winham, The GMO Panel: Applications of WTO Law to Trade in Agricultural Biotech Products, *European Integration*, vol.31, No.3, 2009, pp. 409–429.

③ Jacqueline Peel, A GMO by any Other Name···Might be an SPS Risk!: Implications of Expanding the Scope of the WTO Sanitary and Phytosanitary Measures Agreement, *The European Journal of International Law,* Vol.17, 2007, pp.1109–1031.

转移、处理和使用凭借现代生物技术获得的、可能对生物多样性的保护和可持续使用产生不利影响的改性活生物体领域内采取充分的保护措施，同时顾及对人类健康所构成的风险并特别侧重越境转移问题。"

《名古屋议定书》是《生物多样性公约》项下另外一项重要的补充议定书。2010 年 10 月 29 日，在日本名古屋召开的第十届生物多样性公约缔约方大会通过了《关于获取遗传资源和公正和公平分享其利用所产生惠益的名古屋议定书》。依据其第 32 条，《名古屋议定书》于 2011 年 2 月 2 日至 2012 年 2 月 1 日期间在纽约联合国总部供公约缔约方签署。议定书于 2014 年 10 月 12 日生效。"为进一步推进第三项目标的落实，可持续发展问题世界首脑会议（2002 年 9 月，约翰内斯堡）要求在公约的框架内就国际制度进行谈判，以期促进和维护公正和公平分享利用遗传资源所产生的惠益。公约的缔约方大会于 2004 年的第七届会议上作出响应，授权其获取和惠益分享问题不限成员名额特设工作组详细拟订和谈判获取和惠益分享国际制度，以便有效地执行公约的第 15 条（遗传资源的获取）和第 8（j）条（传统知识）以及公约的三项目标。经六年谈判后，缔约方大会的第十届会议于 2010 年 10 月 29 日在日本名古屋通过了《关于获取遗传资源和公正和公平分享其利用所产生惠益的名古屋议定书》。"[1] 截至目前，议定书共有 105 个缔约方，包括 36 条和一个附件。内容涵盖目标、公正和公平的惠益分享、遗传资源的获取、与遗传资源相关的传统知识的获取、全球多边惠益分享机制、跨界合作、与遗传资源相关的传统知识、获取和惠益分享信息交换所和信息分享、遵守获取和惠益分享的国家立法或监管要求等。议定书第 1 条开宗明义指出："本议定书的目标是，公正和公平地分享利用遗传资源所产生的惠益，包括通过适当获取遗传资源和适当转让相关的技术，同时亦顾及对于这些资源和技术的所有权利，并提供适当的资金，从而对保护生物多样性和可持续地利用其组成部分做出贡献。"[2]

---

① https://www.cbd.int/abs/doc/protocol/nagoya-protocol-zh2016.pdf.

② https://www.cbd.int/abs/doc/protocol/nagoya-protocol-zh2016.pdf.

2010 年 10 月 18 日至 29 日在日本爱知县名古屋召开的第十届缔约方大会上还通过了《2011—2020 年生物多样性战略计划》。[①] 此计划提供生物多样性总体框架，不仅适用于生物多样性相关公约，而且适用于整个联合国系统和所有其他参与生物多样性管理和政策制定的合作伙伴。该战略计划一共提出了 20 项目标，其中目标 9 指出："到 2020 年，外来入侵物种以及途径得以确定和优先排序，首当其冲的物种得以控制或根除，并采取措施管理路径以防止其引入和建立。"目标 13 指出："到 2020 年，栽培植物的遗传多样性以及养殖和驯养的动物野生亲属，包括其他社会经济方面以及文化上有价值的物种，都被保留了下来。并制定战略尽量减少基因侵蚀和保护他们的基因多样性。"目标 16 指出："到 2015 年《关于获取遗传资源和公正和公平分享其利用所产生惠益的名古屋议定书》生效并与国家立法相一致。"

3. WTO 与《卡塔赫纳生物安全议定书》的冲突体现

首先，二者的目的和宗旨不同。WTO 首要目标在于保护自由贸易，而《卡塔赫纳生物安全议定书》则重在保护环境。《马拉喀什建立世界贸易组织协定》序言中开宗明义地指出"认识到在处理它们在贸易和经济领域的关系时，应以提高生活水平、保证充分就业、保证实际收入和有效需求的大幅稳定增长以及扩大货物和服务的生产和贸易为目的，同时应依照可持续发展的目标，考虑对世界资源的最佳利用，寻求既保护和维护环境，又以与它们各自在不同经济发展水平的需要和关注相一致的方式，加强为此采取的措施。"从措辞不难看出，WTO 的首要目标是促进货物和服务贸易自由化，通过达成互惠互利安排，实质性削减关税和其他贸易壁垒，消除国际贸易关系中的歧视待遇。其次再考虑与贸易有关的环境、人权、健康保护、可持续发展、发展中国家待遇等问题。而《卡塔赫纳生物安全议定书》是《生物多样性公约》重要组成部分。其目标是依循《关于环境与发展的里约宣言》原则 15 所订立的预先防范办法，协助确保在安全转移、处理和使用凭借现代生物技术获得的、可能对生物多样性的保护和可持续使用产生不利影响的改性活生物体

[①]　https://www.cbd.int/doc/strategic-plan/2011-2020/Aichi-Targets-EN.pdf.

领域内采取充分的保护措施，同时顾及对人类健康所构成的风险并特别侧重越境转移问题。

其次，核心原则不同：预防原则与科学原则。WTO 支持科学原则，而《卡塔赫纳生物安全议定书》则适用预防原则。WTO 在荷尔蒙牛肉案和转基因食品案中都肯定科学原则的重要性和唯一适用性，从而排除了预防原则的适用。相反《卡塔赫纳生物安全议定书》则肯定预防原则。议定书在序言和目标中使用相同的措辞明确了预防原则，指出"本议定书的目标是依循《关于环境与发展的里约宣言》原则 15 所订立的预先防范办法。"在谈判过程中预防原则的地位作为五大核心议题之一备受关注，最终欧盟和意见相同集团（发展中国家的多数，包括七十七国集团和中国）在预防原则适用上立场基本一致，要求制定严格的改性活生物体越境转移、过境、处理和使用制度。美国因其主张应适用科学原则，从始至终坚决反对将预防原则纳入议定书。议定书最终确认了预防原则，阿根廷、澳大利亚、加拿大、智利和美国五国拒绝签署和批准，截至目前，上述国家仍未成为议定书的成员国。

（三）国际转基因食品安全立法统一进程缓慢 [①]

为协调欧美间及 WTO 和《卡塔赫纳生物安全议定书》间的对立和冲突，国际食品法典委员会（CAC）、联合国粮食与农业组织（FAO）、世界卫生组织（WHO）、和经济合作与发展组织（OECD）也进行了统一标准的尝试。遗憾的是，从效果看，由于欧美间的对立，统一标准的进程缓慢且收效甚微。

例如在转基因食品标签方面，国际食品法典委员会（Codex Alimentarius Commission, CAC）曾于 2003 年出台《含有转基因成分食品和添加剂标签指导原则草案》规定："当含有转基因成分和添加剂食品在组成、营养价值或用途上与传统食品不一致，或含有过敏源时都应标识。在标识的具体内容

---

① 该部分详细分析可进一步参考陈亚芸：《转基因食品国际法律冲突协调——试析国际组织 "软法" 的作用》，《西部法学评论》2014 年第 5 期。

上首先要符合国际食品法典委员会有关一般食品标签和包装的基本规定，在此基础上如转基因食品在成分、营养价值或用途上较传统食品不同，标签应注明食品名称、成分、含量以及提醒消费者注意的其他情形。如果食品储存和烹饪方式也与传统食品不同，标签同样需要作出特别提醒和说明。"① 在转基因食品风险评估方面，食品法典委员会于2003年专门出台了《转基因食品风险评估原则》（后经2008年修订）②。再如OECD于2006年2月发布了《转基因发明许可指南》，该文件为成员国处理医疗卫生转基因发明许可问题提供了行为指南。③

客观地说，在欧美转基因食品立法对立以及国际协定原则和规则存在冲突的情形下，上述国际组织的立法尝试起到积极的协调和缓冲作用，在WTO和《卡特赫纳生物安全议定书》之外提供了新的讨论场所，基于成员国的广泛性可以让更多成员参与到文件的讨论和制定过程中来，充分体现各方利益并尽可能达成一致。尽管其作用值得肯定，但是从目前进展来看还存在以下不足：第一，多为自愿性和指导性法律文件。第二，规定较为模糊，不具有可操作性。例如2003年的《转基因食品风险评估原则》，其第三部分先规定了风险评估原则，紧接着又讨论风险管理原则，而所有原则都建立在科学原则基础之上，依赖信息收集和科学分析。粗略地解读，似乎这样的规定并无矛盾，风险评估注重的是将转基因最终产品与传统产品进行比较，用科学检测手段监测其是否符合一般安全标准。而风险管理则是一个动态的更为宽泛的概念，其不仅涉及最终产品上市环节监管，还延伸至生产过程监管和上市后产品的监管和召回，其涉及生产、销售和售后各个环节。风险评估和风险管理实质上反映的是对转基因食品安全性认识态度差异，是预防原则

① Appendix V. Proposed Draft Recommendations for the Labelling of Foods Obtained through Certain Techniques of Genetic Modification/Genetic Engineering. http://www.fao.org/docrep/meeting/005/y0651e/y0651e0o.htm.

② Principles for the Risk Analysisi of Foods Derived from Modern Biotechnology, CAC/GL 44-2003.

③ http://www.oecd.org/document/26/0, 3746, en_2649_34537_34317658_1_1_1_1, 00.html.

和科学原则差异的外在表现之一。欧盟委员会曾专门区分风险管理和风险评估，前者为政策制定需考虑的综合社会因素，后者为科学范畴，指的是对产品本身特性的科学检测和判断，欧盟侧重的是风险管理。欧盟委员会预防原则通讯在第 4 段指出："预防原则在风险分析上包括三个要素：风险评估、风险管理和风险交流。预防原则与风险管理关系最为密切。"① 从措辞看，似乎《转基因食品风险评估原则》更为倾向于动态和系统的风险管理，不仅对最终产品进行科学分析，还强调售前和售后风险监测和信息交流等众多社会因素和环节。但该文件明确表示坚持的是科学原则，因此整体上看立场并不十分明显，还是众多因素的揉合。

二、国际转基因食品安全立法热点

（一）转基因作物和非转基因作物共存法律制度

随着转基因作物的批准种植，难免在田间地头会出现转基因作物和传统有机作物共存的局面。风力和蜜蜂传粉等自然因素，可能会造成转基因作物及其种子向传统有机作物种植区漂移。这种自然界植物混同和选择十分正常，实际上农民在上千年的播种实践中也运用这种方法不断地留种选种。但是由于转基因食品的安全性还存在争议，传统有机作物在人员投入、产量、管理成本和售价上与转基因作物存在差异，因此就产生了转基因作物种植可能对传统有机作物造成经济损失及其赔偿的问题。转基因作物和非转基因作物共存问题由此产生。

1. 欧盟在转基因作物和非转基因作物混同问题上立法最为严格和积极

《允许成员国限制或者禁止在本国国内种植转基因作物 2015/412 号指令》②

---

① Communication（2000），On the Precautionary Principle，para.4.

② Directive（EU）2015/412 of the European Parliament and of the Council of 11 March 2015 amending Directive 2001/18/EC as regards the possibility for the Member States to restrict or prohibit the cultivation of genetically modified organisms（GMOs）in their territory.

最终于 2015 年 3 月最终批准通过。从立法背景看，2014 年欧盟理事会发起允许成员国限制和禁止转基因作物种植动议。① 欧盟理事会提案建议在《转基因生物有意环境释放同时废止 90/220/EEC 指令》(2001/18/EC) 第 26a 款规定（成员国可以采取适当措施防止转基因在其他产品中的偶然出现，并要求欧盟委员会观察共存问题在成员国中的发展情况，并就转基因作物、传统农业作物和有机作物共存问题出具指导意见）基础上新增第 26b 条款，允许成员国在其领土内自由决定限制或者禁止转基因作物种植。这种限制或禁止可以基于任何理由，而不限于传统的健康和环境考虑。具体的执行措施分为以下两个步骤：首先，成员国在欧盟批准转基因食品时通过欧盟委员会要求转基因作物公司在审批申请中详细说明转基因作物不能在某些成员国部分或全境种植；其次，成员国可以最终决定是否在其境内种植审批后的转基因作物，且如出现新情势保留在 10 年内重新启动转基因作物商业种植评估程序的权利。

欧盟理事会的该项提议并非偶然，早在 2009 年 13 个成员国要求欧盟委员会赋予成员国商业种植已审批的转基因作物更大的自主权。"欧盟委员会 2010 年建议序言第 5 段指出：'在特殊情况下，结合成员国经济和自然条件特殊情况，可以大面积排除转基因作物的种植。前提条件是成员国应提供充分的证据证明该区域确实不适合种植转基因作物，或者采取其他措施无法有效防止转基因作物和传统有机作物混同，此外该措施应符合比例适当原则，与其目的相符，例如是为了特别保护某种传统和有机作物。'但是，欧盟委员会同时在建议中指出不能因此改变欧盟转基因作物审批程序，审批权利仍然属于欧盟。2011 年欧洲议会对欧盟委员会 2010 年建议进行一读，2014 年 6 月 12 日欧盟理事会达成允许成员国限制和禁止转基因作物种植动议。该提案最终于 2015 年 3 月最终批准通过。"②

从内容上看该指令一共有 4 条，第 1 条主要在 2001/18/EC 指令基础上

---

① http://ec.europa.eu/food/plant/gmo/legislation/future_rules_en.htm.

② 参见陈亚芸：《欧盟转基因和非转基因作物共存的法律问题研究》，《德国研究》2015 年第 1 期。

新增了部分条款。第 2 条规定在 2019 年 4 月 3 日之前要求委员会向欧盟议会和理事会提交一份报告，专门评估该条例实施后成员国限制和禁止转基因作物在国内部分和全境种植的效果。同时在该报告中还需评估由此带来的环境影响。第 3 条规定 2017 年 4 月 3 日之前，委员会需要根据 2001/18/EC 指令第 27 条的规定更新附件关于环境风险评估的相关内容。第 4 条是关于指令生效时间的规定，从欧盟官方公报公布 20 日起，指令生效。其中最为重要的是第 1 条，分别对原 2001/18 指令第 26 条 a、b、c 三款进行增补，而除第 26 条 c 款增补的主要是过渡措施等程序性问题之外，其余两条非常的重要。原文如下：

第 1 条

2001/18/EC 指令被修改如下：

（1）第 26 条 a 款插入以下条款：1a. 从 2017 年 4 月 3 日起，除非基于特殊的地理环境没有必要，成员国应在边境地区采取措施以防止转基因作物的跨界转移，特别是对禁止转基因作物种植的邻国造成混同。成员国采取的防止混同措施需要在欧盟委员会备案。

（2）原第 26 条 b 款转基因作物种植条款被插入：

1）允许成员国在申请批准阶段或者超过有效期重新申请批准阶段，要求在国内部分地区或者全境禁止种植已经通过欧盟审批的转基因作物。该申请应最迟于根据第 14 条第 2 款评估报告发布后第 45 天提交至欧盟委员会，或者根据 1829/2003 条例第 6 条第 6 款和第 18 条第 6 款收到欧洲食品安全管理局意见之后第 45 天提出。欧盟委员会收到成员国要求后应毫不迟延将该要求告知申请者和其他成员国。同时欧盟委员会还应将该请求通过电子方式公之于众。

2）在欧盟委员会散发成员国限制或者禁止转基因作物种植申请 30 天内，申请者可以调整或者确认先前转基因生物种植范围。若申请者调整转基因作物播种范围，应根据本指令第 19 条和 1929/2003 条例第 7 条和第 19 条作出书面同意决定。如按照第一段的规定，成员国的该申请应最迟于根据第 14 条第 2 款评估报告作出之后，或者根据 1829/2003

条例第6条第6款和第18条第6款收到欧洲食品安全管理局意见之后提出要求，根据指令第15条作出的书面同意或者根据1829/2003条例第7条和19条提交给委员会的决议草案应延长15天，无论提出限制或者禁止的成员国数量为何。

3）即便成员国没有根据第1条第1段提出限制和禁止播种申请，申请者也确认了其之前的申请种植地理范围。成员国仍然可以基于以下理由，在不违背欧盟法、在合理推理以及符合比例和非歧视原则的基础上采取措施限制和禁止根据本指令C部分和1829/2003条例获得授权的转基因作物，这些理由例如：

（a）环境政策目标；

（b）城镇规划；

（c）土地使用；

（d）社会经济影响；

（e）在不违背第26条a款的情况下避免转基因生物出现在其他产品之中；

（f）农业政策目标；

（g）公共政策。

上述理由除了g款之外均可以单独或者联合援引，g款不能单独援引。在成员国全境或者局部地区特殊的环境下，可以适用该措施，但不得与1829/2003条例以及本指令规定的环境风险评估相冲突。

4）如果成员国打算根据本条第3段采取措施，首先应拟草案将拟采取的措施以及理由提交给欧盟委员会。该草案可以在欧盟委员会根据本指令C部分决定授权之前提交或者根据1829/2003条例完成授权之后提交。欧盟委员会在收到草案75天内：

（a）相关成员国可以放弃限制和禁止播种转基因作物措施；

（b）相关成员国可以确保转基因播种者停止种植相关禁播转基因生物品种；

（c）欧盟委员会可以作出适当评论。

75 天期间经过之后，相关成员国可以开始实施之前的限制或禁止播种措施或者实施考虑欧盟委员会提出的不具有法律拘束力的评论修改之后的方案。不论为何应毫不迟延地将最终结果通报给欧盟委员会、其他成员国以及授权获得者，并将之公之于众，以便相关方包括种植者在内知晓。

5）如成员国希望取消之前的限制或者禁止转基因作物决定。其需要向做出书面同意的当局或者根据 1829/2003 向欧盟委员会提出要求。后者根据要求应相应地修改转基因作物的授权播种范围。

6）如根据第 5 段提出调整转基因作物播种范围；若转基因作物是根据指令批准授权，做出书面同意的当局应相应修改转基因作物播种面积并通知欧盟委员会、成员国和申请获得者。若转基因作物是通过 1829/2003 条例获得授权，应由欧盟委员会相应地作出修改的决定，并执行条例第 35 条第 2 款的规定。欧盟委员会应通知成员国和申请获得者。

7）当成员国援引第 3 段和第 4 段的内容，应及时地通知欧盟委员会和其它成员国。

8）根据本条采取的措施不应影响已经获得批准的转基因生物和产品的自由流通。

相较 2001/18/EC 指令，2015/412 指令有如下几个特点：首先，赋予了成员国更多合理的理由限制和禁止转基因作物。超越了之前的环境和人类健康安全考量，广泛地吸纳了环境政策目标、城镇规划、土地使用、社会经济影响、与非转基因混同、农业政策目标以及公共政策。除了公共政策不能单独被援引之外，其余各项都可以单独或者共同援引作为限制和禁止转基因作物的理由。而从这些援引理由的设置看，范围宽泛，措辞模糊，留给成员国极大的解释和适用空间。而且从第 26 条 b 款第 3 段所列的限制和禁止理由来看，措辞为："例如：(a) 环境政策目标；(b) 城镇规划；(c) 土地使用；(d) 社会经济影响；(e) 在不违背第 26 条 a 款的情况下避免转基因生物出现在其他产品之中；(f) 农业政策目标；(g) 公共政策。"这意味着指令该条为举例列举并未穷尽所有情形，成员国可以基于其他合理因素限制和禁止转基因作物在国内的种植。例如该指令前言第 15 段就载明，除上述列明的因素之外成员国还可以引用其他合理理由包括文化传统在内。在实践中一些国别研究报告还将其他合理理由扩展至伦理价值和民主价值。①

其次，成员国选择限制或者禁止转基因作物播种的决定是单方面和双向的。即在作出限制和禁止决定时只需要履行相应的通知程序，经过一定期间和符合公开透明的程序即可。欧盟委员会对成员国的决定并无实质的否决权。而且不论是在转基因作物审批时还是审批之后，都享有限制和禁止播种的权利。双向意为成员国可以随时限制和禁止播种，也可以在其后随时恢复播种，且无需特别理由，书面同意当局和欧盟委员会应无条件批准恢复播种的决定。仅需遵守一些程序性规定和告知义务。

最后，从效力位阶上看，作为指令，成员国不论基于何种理由援引不得违背欧盟法以及比例原则和非歧视原则。言下之意，作为二级立法不得违背欧洲联盟运行条约第 34 条"禁止对成员国之间的进口施加数量限制或采取具有同等效果的措施"和第 36 条"不排除基于公共道德、公共秩序或公共安全方面的原因，基于保护人类、动物或植物健康与生命方面的原因，基于保护具有艺术、历史或考古价值的国宝方面的原因，或者基于保护工商业产权方面的原因而禁止或限制进出口或货物过境。但此类限制不应构成对成员国之间贸易的一种任意歧视手段或者一种变相限制"的规定。② 且根据指令前言第 16 段的补充，限制和禁止政策不得违背一般的条约，意味着还需要遵守一般国际条约的规定，特别如《实施卫生与植物卫生措施协定》（SPS 协定）、《技术性贸易壁垒协定》（TBT 协定）以及《关税和贸易总协定》

---

① Gerd Winter, National Cultivation Restrictions and Bans of Genetically Modified Crops and Their Compatibility with Constitutional, European Union and International Law, Legal Report Commissioned by the Federal Nature Conservation Agency, May 2015, pp.22–24.

② Ville Edström: Opting out of GM agriculture—The scope for EU Member States to restrict cultivation of genetically modified crops, master of law graduate thesis, 2015, pp.53–55. http://lup.lub.lu.se/luur/download?func=downloadFile&recordOId=5435328&fileOId=5469746.

（GATT）的规定。

根据 2001/18/EC 指令第 26 条 a（1a）的规定，从 2017 年 4 月 3 日起，除非基于特殊的地理环境，成员国应在边境地区采取措施以防止转基因作物的跨界转移，特别是对禁止转基因作物种植的邻国造成混同。成员国采取的防止混同措施需要在欧盟委员会备案。最新报告显示，仅有四个国家（捷克、西班牙、斯洛伐克和罗马尼亚）向欧盟委员会提交了防止混同国内立法措施。[①] 其中捷克立法包括两个部分：（1）农业 252/1997 号法案 2i 部分第 2 分段和第 4 分段。前者规定在捷克境内种植转基因作物的自然或法人应遵守捷克境内关于最小距离的规定。后者强调对种植单品种转基因作物，距离捷克边境应符合最小距离的规定；（2）执行 2016 年 11 月 29 日第 392 号法令第 1 条 2a 部分及附件。第 1 条 2a 部分将在捷克共和国的边界种植转基因品种应遵守的最小距离规定在附件中。附件规定在捷克共和国边境种植转基因马铃薯、玉米和大豆作物应距离边界最少 400 米。

西班牙立法为皇家法令 364/2017。附加条款旨在防止对邻近转基因生物种植国而本国又禁止播种转基因作物的成员国造成跨境污染。（a）在禁止从事该活动的一个或多个成员国的土地上种植转基因作物的，应当采取适当措施，防止可能的跨境污染。（b）这些措施在国家生物安全委员会已经提交风险评估报告且与可能遭受影响的自治区进行磋商之后，由农业部和渔业、食品和环境部出台命令执行。（c）这些措施应适当、非歧视、以预防和预防原则为基础，并在个案基础上进行。如果风险评估报告认定，由于特定的地理原因，没有必要采取这些措施，则不应强制采取这些措施。（d）上述 b 款中提到的命令应在欧盟批准或延长这些转基因生物的授权，且邻近成员国禁止在其本国种植这些转基因作物时出台。（e）在规则出台后 60 天内应通知欧盟委员会。自治社区负责对本条款所述措施的后续监督和控制，以及在必要时实施惩罚措施。

---

① Adoption of National Legislation in Accordance with Article 26a（1a）of Directive 2001/18/EC. https://ec.europa.eu/food/sites/food/files/plant/docs/plant_gmo_auth_nat-measures_summary-cross-border-national-measures.pdf.

斯洛伐克共存相关立法包括两项：（1）在农业生产中培育转基因作物184/2006 法案第 5 部分和第 13 部分。其中第 5 部分第 1 款 b 段规定种植转基因作物时，种植者应依照第 13 部分（a）的规定在转基因作物和周围非转基因作物之间保持缓冲带。第 13 部分（a）规定农业部出台的一般执行法案应详细说明种植和处理转基因作物相关技术措施、种植转基因作物和根据第 5 部分第 1 款规定的缓冲区专家计划。（2）执行 184/2006 法案的 69/2007 号指令第 4 部分及附件。第 4 部分指出相同种类转基因作物和非转基因作物最小距离缓冲区规定在附件中。附件则详细列明了不同种类作物与转基因作物的最小缓冲区。其中传统耕种作物与转基因作物最小缓冲区分别为：玉米 200 米、甘蓝油菜 400 米、甜菜 50 米、土豆 20 米。土地生态耕种作物与转基因作物最小缓冲区分别为：玉米 300 米、甘蓝油菜 600 米、甜菜 50 米、土豆 20 米。

罗马尼亚关于共存立法涉及一项，即农业和农村发展部第 73/20-3-2017 指令第 1 条的规定。该条禁止在罗马尼亚和保加利亚边界的 200 米范围内种植转基因作物。禁止在罗马尼亚和匈牙利边界的 200 米范围内种植转基因作物。

截至目前，围绕共存问题立法欧盟成员国内出现了一定的司法实践，尽管该类司法实践数量非常有限，司法机关裁决基本认可了转基因种植及共存问题的合法性和必要性。比较有代表性的如下：

第一，法国有机蜂农诉转基因种植者案①。2007 年有机蜂农向法院提起诉讼，其蜂房附近种植了转基因玉米，担心转基因作物花粉可能会影响蜂蜜品质造成经济损失。法院在判决中认可紧急情况和损失可能性的存在，但最终判决仍驳回了原告的起诉，理由有三：首先，通常在紧急案例情形下，法院判决采取措施应只针对个案，不能具有普遍适用性。而本案则是针对转基因作物是否对有机农业构成紧急情况这一普遍现象。其次，有机蜂农并没有采取一切可能采取的措施，如可以轻易地从转基因作物地区搬走。再次，本

---

① CA Agen, Civ 1, 12 July 2007, No 07/00842.

案中转基因玉米已经获得欧盟和法国批准，其存在是合法的，不应取缔或限制其生产种植。法院特别强调了转基因作物事前审批的重要性，没有合理理由不能限制其存在。

第二，意大利宪法法院决议。2003 年欧盟委员会出台共存问题指导文件，意大利普利亚区和马尔凯区立即宣布其为非转基因作物种植区。中央政府针对该行为向宪法法院提请认定其合法性，认为地区的做法违反了《转基因生物有意环境释放同时废止 90/220/EEC 指令》以及意大利宪法第 117 条，转基因环境和贸易应该属于联邦立法事项，地方政府无权单独做出禁止种植的声明。法院做出第一份决定[①]，指出虽然 2001/18/EC 指令第 22 条和第 23 条赋予成员国暂时拒绝种植转基因作物的权利，该保障条款具有严格适用条件，本案中地方政府并不符合。另外，地区措施仅限于农业措施，而无权对环境和转基因贸易问题进行规定。与此同时，中央政府为限制地方宣称非转基因种植区的行为专门出台了第 279/2004 号立法，规范共存问题。马尔凯区向宪法法院提起诉讼认为该中央立法不合宪，是对宪法第 117 条的违反和滥用，侵犯了其赋予地区规范农业措施的权力。宪法法院就此做出第二份决定[②]，认可中央政府有权针对共存问题制定原则规定，然而具体执行措施应该归属地方。上述两份决定虽然措辞都较为含糊，并没有就实质问题做出清晰的权能界定，但其立场可见一斑，即转基因种植是合法的，地方无权取缔和限制其种植，中央政府根据欧盟立法和欧盟委员会建议有权就共存问题制定原则性规定。

2. 美国转基因作物与非转基因作物混同案

2010 年美国最高法院审理的孟山都公司诉吉尔森种子农场案（Monsanto Co. V. Geertson Seed Farms）[③]非常具有代表性且广受争议。案件的缘由是 2004 年孟山都公司研发和推广两种转基因苜蓿种子（Roundup Ready Alfalfa，RRA），其特性是可以抗草甘膦除草剂。按照规定某些转基因植物

---

① Judgment 150/2005, issued on 12 April 2005.

② Judgment 116/2006, issued on 17 March 2006.

③ https://www.justice.gov/osg/brief/monsanto-co-v-geertson-seed-farms-brief-merits.

通常被认为是"植物害虫"，因此受《植物保护法》(PPA) 的规制和美国农业部下属动物和植物卫生检验局 (APHIS) 的监管。根据《国家环境保护法》(NPEA) 的规定，APHIS 若要批准转基因植物上市，需要提交一份完整的环境影响报告书 (EIS)，确认转基因植物不会对环境造成危害后方可进行。环境影响报告书评估的对象仅限于拟申请的内容，而不包括暂时没有现实紧迫性的内容。当 APHIS 认为行动不会对环境产生重大影响，在出台一份简短的环境评估 (Environmental Assessment，EA) 后，无需再出台环境影响报告书。孟山都公司向 APHIS 申请批准种植 RRA，APHIS 出具了环境评估 (EA)，在听取公众反馈之后没有出具环境影响报告书，也批准了转基因首蓿的种植。

有机首蓿种植者不赞同 APHIS 的审批结果，向加利福尼亚州地方法院提起诉讼，认为 APHIS 放松监管 RRA 的行为违反了《国家环境保护法》(NPEA)、《植物保护法》(PPA) 和《濒危物种法》(ESA)。RRA 批准上市后，已有3000 农户播种，在 48 个州内播种面积达 8.9 万公顷。地方法院认为尽管 RRA 对人类或家畜健康无害，但 APHIS 未能完成环境影响报告书，违反了《国家环境保护法》。同时现有的环境评估也存在两个不足：(1) 抗草甘膦性基因在多大程度上可能传播到其他地区的首蓿株；(2) 抗草甘膦基因可能传播到其他植物并催生综合容忍杂草的可能性。最终地区法院裁定在 APHIS 完成环境影响报告书之前禁止种植 RRA。但为了减轻农民潜在的经济损失，允许已经购买 RRA 的农民免除禁令，可以种植 RRA 直到 2007 年 3 月 30 日止。

孟山都公司不服地方法院判决向第九巡回法庭上诉法院提起上诉，上诉的内容主要涉及判决的范围，对违反 NEPA 的裁决并没有异议。上诉法院判决书包括两个大的方面：其一，请愿人有申请救济的权利；其二，地区法院在 APHIS 完成详细的环境影响报告书之前禁止种植 RRA，构成自由裁量权的滥用。主要理由包括在法院作出永久禁令裁定之前，应满足以下四个条件：(1) 受到不可弥补的伤害；(2) 法律规定的补救办法如金钱损害赔偿，不足以承担损害赔偿责任；(3) 考虑到原告与被告之间的平衡，实现公平；(4) 永久禁令不影响公共利益。在本案中并不满足以上条件。上诉法院最终以 7 比 1 的投票判决推翻地方法院的判决，认为其在采取部分禁令时没有充分考虑相关条件。①

法院对于 NEPA 相关条款的解读以及转基因作物播种禁令条件的适用也遭致学者的诸多批评。有学者认为，上诉法院对于 NEPA 的解读人为地扩大了 APHIS 出台环境影响报告书时所应考虑的利益范围。"在该案之前，环境影响报告书主要目的在于预防环境风险，保护环境利益。而在本案中最高法院似乎将没有环境利益的上诉原告孟山都公司可能遭受的经济损失作为主要因素，要求出台 EIS 时予以充分考量。因此，本案最高法院的解释可能违背了 NEPA 的初衷，也将最终影响其效力。"② 还有学者评论道："美国最高法院的做法无疑是去除了 NEPA 唯一的利牙。"③

3. 澳大利亚转基因作物和非转基因作物混同案

澳大利亚在司法实践中也受理了有关转基因作物和非转基因作物混同的案例，从现有实践看，法院立场相对保守。最具代表性的案例为 2014 年的马什诉巴斯特案（Marsh v. Baxter），该案涉及澳大利亚两个相邻的农场主，其中之一诉对方因为种植转基因作物而导致其失去了有机食品认证。

（1）案情简介和诉讼经过

史蒂夫·马什（Steve Marsh）和他的妻子为西澳大利亚科杰纳普（Kojonup）有机农场主，已经和澳大利亚可持续农业协会有限公司（NASAA）签订了有机认证合同。他们的农场与迈克尔·巴斯特（Michael Baxter）经营的农场相邻，中间隔着一条 20 米宽的公路。2010 年初巴斯特在与马什相邻的农场中种植孟山都的农达（RR）转基因油菜，并告知马什

---

① Wright, John（2013），"Monsanto Co. v. Geertson Seed Farms", *Public Land and Resources Law Review*, Vol, 0. http://scholarship.law.umt.edu/cgi/viewcontent.cgi?article=1037&context=plrlr.

② Alexander MacDonald, Monsanto v. Geertson Farms: Congressional Intent, Judicial Infidelity, and the National Environmental Policy Act, 37 *Wm.& Mary Envtl. L.& Pol'y Rev.* 319（2012），http://scholarship.law.wm.edu/wmelpr/vol37/iss1/9.

③ Madeline Gwyn, Monsanto Co. v. Geertson Seed Farms: Irreparable Injury to the National Environmental Policy Act? *Emory Law Journal*.vol.61, issue 2, p.348.

此事件。2010年9月29日，马什向巴斯特转交了"有意采取法律行动的通知"，内容包括：（1）种植转基因作物（包括转基因油菜）可能对有机农业造成潜在灾难性影响；（2）传统有机农业可能面临商业损失，包括出售的有机作物溢价损失，或者因转基因作物污染而投入的其他成本和费用。2010年10月25日，马什还在当地报纸上发表声明，称自己的农场是有机农场不含转基因作物。到了2010年11月收获的季节，巴斯特种植的油菜籽被风吹落在马什的田地中。经NASAA检测，马什有机农场70%农作物受到转基因作物的污染，根据相关规定撤销了马什的有机农业认证。马什进而起诉巴斯特，要求其对造成有机农业认证损失赔偿85000澳元。主要理由是巴斯特的行为构成疏忽大意和私人妨害。而在其后的案件审理中，这两项诉由都被西澳大利亚最高法院和西澳大利亚上诉法院驳回。

马什的第一项指控认为巴斯特存在疏忽大意的过失，原因是巴斯特明知马什农场为有机农场，没有采取合理措施阻止转基因油菜种子的进入。没有尽到勤勉的义务杜绝转基因作物的环境迁移从而对有机农业造成损失。对于该指控，西澳大利亚最高法院马丁法官指出，过失侵权索赔是受到法律支持的，但是由于法律在经济损失可以弥补的情况下不愿意无限制地扩大其适用范围，因此在认定上仍是一个全新和充满未知的领域。法官认为在本案中马什控诉的是巴斯特收割转基因油菜的方式而非种植转基因作物该事实本身，而在播种过程中巴斯特已经尽到了一定注意的义务，比如设置隔离区，由于自然界风力等不可抗拒的季节因素，要求巴斯特确保转基因油菜籽绝对不越界进入有机食品种植区，此种注意义务要求过高。

为此，法官还援引了之前澳大利亚最高法院1999年裁判的类似案例，佩雷诉阿庞德（Perre v. Apand），在该案中被告阿庞德是土豆种子供应商，其向南澳大利亚斯帕农斯（Sparnons）地区供应的土豆种子被细菌性枯萎病污染。佩雷为土豆种植户，其收获的土豆主要销往西澳大利亚，在西澳大利亚的销售价格都高于其它地区。西澳大利亚立法禁止收购感染细菌性枯萎病土豆以及距离感染区20公里以内的土豆。佩雷的农场正好在感染区20公里范围内，虽然其土豆并没有遭到实质感染。但是因为西澳大利亚的立法规定，其往西澳大利亚的销售途径受阻并遭受经济损失。因此向法院起诉要求被告赔偿经济损失，高院一致通过认为被告阿庞德对原告享有注意义务以避免经济损失的发生，判决原告胜诉。法官对比了这两个案件，认为二者有不同。佩雷案中，阿庞德销售的被细菌污染的土豆种子给该地区的土豆种植户造成了实质的病虫损害，因此对造成的经济损失应承担责任。而在本案中转基因油菜从健康的角度说没有造成实质危害，而造成马什损失的因果关系是其与 NASAA 签订的有机认证合同。因为合同条款从而导致了有机认证被取消，而不应归因于巴斯特播种和收割转基因油菜的行为。

而西澳大利亚上诉法院在审查马什提出的过失侵权指控时指出，转基因作物的播种没有对传统有机作物构成实质损害，即便有少量的混同，在次年春季播种时可以被识别出来由农场主拔掉，避免其生根发芽结子。尽管有一位法官持不同意见，大多数法官（2:1）裁定维持西澳大利亚最高法院的判决，认定被告巴斯特在本案中不存在疏忽大意的过失侵权责任。①

马什的第二项指控认为巴斯特的行为构成私人妨害，理由是导致其不能自由地行使对其土地享有的权利。西澳大利亚最高法院马丁法官认为应在巴斯特有权合法种植转基因油菜和马什有权在自己土地上排除他人妨害之间取得平衡。其注意到巴斯特的收割方法并没有特别之处，采用的是该区域传统的做法。其没有理由为其合法种植转基因油菜并听取农业技师建议采用传统收割方法的行为承担法律责任。他有正当理由收割油菜以控制杂草。而且从主观上说，巴斯特并没有让马什遭受损失的故意。当时法律上也没有规定在收割转基因油菜时应保留多宽的缓冲带以避免对有机作物的混同。风力作用将转基因油菜种子吹进马什的农场对巴斯特而言属于不可抗力，不具有可预见性。②西澳大利亚上诉法院基本支持西澳大利亚最高法院的裁判，大多数法官认为在科杰纳普地区，巴斯特收割方式非常传统普遍和高效，是对其土地的合理使用。认为上诉的法院的判决无误。

---

① Marsh v. Baxter, WASCA 169（2015）.

② [2014] WASC187 at [714].

（2）该案对澳大利亚有机农业的影响

该案以原告败诉告终，在这场传统有机农业和转基因农业的对抗中，似乎后者占了上风。但是也不能简单地认为在将来类似案件中，转基因作物播种者就可以高枕无忧。该案只是说明在此类案件的审理中法官对于疏忽大意过失侵权认定较为严格。本案中，澳大利亚有机农业认定过于严苛，对于转基因成分零容忍也是造成矛盾的主要导火索。统观全球，即便是在欧洲对转基因作物十分谨慎且监管十分严格的地区，其要求标注的最低门槛为0.9%，这意味着即便产品含有转基因成分，只要含量不高于0.9%可以免于标注，当作传统有机食品对待。该案一出，西澳大利亚政府也开始和有机农业协会沟通商议，提高转基因成分门槛，与国际社会保持一致。

总体来看，该案的裁判并不意外，澳大利亚政府对转基因作物持积极的态度。澳大利亚农业、渔业和森林部曾多次表态认可转基因作物对于缓解世界粮食危机的积极贡献。早在1999年，澳大利亚农业、渔业和森林部出台题为《转基因食品——我们担心吗？》的报告，指出："在20世纪末，在一个仍然受到严重营养和健康问题困扰的世界里，生物技术如果在伦理上谨慎和适当使用，其有巨大的潜力来提高最贫穷国家的生活质量。"[1] 其后，2011年的《生物技术和澳大利亚农业——致力于发展将生物技术应用于澳大利亚农业的愿景和战略》认为，转基因作物可以有效地缓解世界粮食供应危机并减少植物病虫害。[2] 截至目前，澳大利亚共两种转基因作物被批准商业种植，其一为转基因棉花（1996年批准种植），其二为转基因油菜（2003年批准种植）。而其他转基因粮食可以审批进口用作粮食加工原料。2012—2013年度澳大利亚转基因油菜占国内生产总量的15%—20%，且所占比例仍在增长。

---

[1]　Genetically Modified Foods-Are We Worried Yet?，https://www.aph.gov.au/About_Parliament/Parliamentary_Departments/Parliamentary_Library/Publications_Archive/CIB/cib9899/99cib12.

[2]　Australian Department of Agriculture, Fisheries, and Forestry.（2011）Biotechnology and Australian agriculture—Towards the Development of a Vision and Strategy for the Application of Biotechnology to Australian Agriculture. Canberra: Author.

转基因技术给澳大利亚农业带来了巨大的经济利益，根据统计 2015 年其所产生的经济效益在 15 亿美元到 58 亿美元之间。

（二）强制标签制度

美国自 20 世纪以来一直实施自愿标签制度为主、强制标签制度为例外的转基因食品标签制度。"《联邦食品、药品和化妆品法案》第 403（a）（1）条规定不得使用虚假的或具有误导性的标签，第 201（n）条规定如果标签没有反应实质性信息就具有误导性。1992 年 FDA 解释《联邦食品、药品和化妆品法案》误导性时指出只有与食品本身特征有关的信息才是实质性的信息。因此当食品可能引起特殊的健康或环境风险，或食品标签上的其他陈述可能具有误导性，或食品表面上使消费者以为与另一种食品实质性相似但却不相似时才需要贴上特殊的标签予以说明。由于转基因技术是在分子水平上不同于传统生产方式，其目的与传统生产一致，因此 FDA 并不认为该类食品应在标签上注明。同时应注意，转基因食品自愿标识制度并非是绝对的，在特殊情况下还应做出标识。1992 年的声明做了笼统规定：如转基因食品与传统食品存在差异以致原有名称不再适用或存在应当告知消费者存在安全及特殊食用方法问题则应明确标识。"① 尽管 1992 年 FDA 政策文件并未要求对转基因食品进行强制标识，基于其后食品行业和消费者的反馈，为满足部分消费者知情权以及协助部分食品制造行业自愿标识其产品是否经由转基因技术制造以及最终产品是否含有转基因成分，2001 年 FDA 出台了一份题为《表明食品是否使用生物工程开发自愿标签行业指导》（草案）② 的文件。文件中给出了自愿标识转基因食品的模板，并对各种措辞进行释义。应注意的是，该文件仅是一份草案，目的在于接受各方面信息反馈并不具有法律效力。

---

① 陈亚芸：《转基因食品的国际法律冲突及协调研究》，法律出版社 2015 年版，第 70 页。

② FDA, Guidance for Industry: Voluntary Labeling Indicating Whether Foods Have or Have not Been Developed Using Bioengineering, 2001. https://www.fda.gov/ohrms/dockets/98fr/001598gd.pdf.

美国实施自愿标签制度的原因包括经济、消费者态度以及文化接受性诸多方面。根本上看经济因素占主导地位，1996 年自转基因食品商业化种植以来，美国转基因作物播种面积一直蝉联世界首位，产量远超世界其他国家。2016 年数据显示，2015 年美国转基因作物产量为 7000 万公顷，远超排名第二的巴西 4400 万公顷。主要作物为转基因玉米（3500 万公顷）、转基因大豆（3184 千万公顷）和转基因棉花（370 万公顷）。其他转基因品种还包括苜蓿（123 万公顷）、油菜（62 万公顷）、甜菜（47 万公顷）、抗病毒番木瓜和南瓜（各 1000 公顷）和土豆（2500 公顷）。1996—2015 年转基因作物商业化生产 20 年间，美国获得了高达 729 亿美元的经济收益，仅 2015 年收益就达 69 亿美元。[①] 从消费者态度上看，美国历次消费者调查显示民众对于转基因食品排斥程度较低。从文化可接受性上看，美国民众对于科技更为开放。[②] 美国从根本上认为转基因食品与传统食品无实质差异。在标签制度上，一直坚持自愿标签制度为主、强制标签制度为例外的原则。

然而美国转基因食品标签制度自 2016 年 8 月以来发生了重要变化，参议院通过了第 764 号法案，规定了强制标签制度。奥巴马总统签署了第 764 号法案，规定了转基因食品联邦标准。该法案副标题 E 项下第 293 部分详细规定了建立国家生物技术食品标识标准。一共分为 7 个方面，依次为：（a）制定强制性标准。不迟于本决议草案生效日期后 2 年建立国家强制性生物技术食品的标识标准和必要的执行标准。（b）一般规则。转基因食品只能按照本规则进行标识。具体要求包括：禁止仅因动物食用了含有转基因食品的饲料而将其肉制品视为转基因食品；确定食品中转基因成分的含量；应建立认定转基因食品的标准和程序；转基因食品标识的形式为文字、符号或电子或数字链接，但不包括定位器未嵌入链接的互联网网站，具体采用何种形式由食品制造商选择；对于小包装和非常小包装的食品提供替代的合理标识手

---

①　ISAAA Briefs 52, Global Status of Commercialized Biotech/GM Crops:2016. pp.5–16. http://www.isaaa.org/resources/publications/briefs/52/download/isaaa-brief-52-2016.pdf.

②　陈亚芸：《转基因食品的国际法律冲突及协调研究》，法律出版社 2015 年版，第 86—87 页。

段；就小食品生产商而言，执行日期不早于该规定颁布后1年，可以选择提供电话号码并用适当语言提示可以了解更多附加信息或者通过网站；免除标识的例外规定包括两类，餐厅供应的食物或类似零售店供应的食物和非常小的食品制造商生产的食品。在安全性方面，若转基因食品在上市前完成了联邦食品监管审查程序，则相比非转基因食品，不应被视为比其更安全或者更危险，仅因食品生产是通过生物技术完成。(c) 电子或数字链接标识方式研究。本法案颁布后，不迟于1年应当进行研究以确定影响消费者通过该方式有效获得相关信息的潜在技术难题，为此秘书应征求并审议来自公众的意见。研究报告应考虑的因素包括：无线互联网或蜂窝网络的可用性、商店里有线电话的可用性、小零售商和农村零售商面临的挑战、零售商和其他实体所做的用于解决潜在技术和基础设施困难的努力、在零售店安装电子或数字链接扫描仪或其他披露食品信息技术的成本和收益。如果秘书在前述研究中得出结论，消费者在购物时通过电子或数字化的披露方式无法获得足够的信息，秘书在咨询食品零售商和制造商后，应提供额外适用的获得生物技术食品信息的方式。(d) 披露方式。包装语言若以电子或数字链接的方式披露，指出电子或数字链接将提供访问的互联网网站或提示在这里扫描更多的食物信息。以电话号码方式披露，提示使用该电话号码将提供更多的信息。电子或数字链接应以显眼的方式在第一个页面上出现产品信息，不应出现营销和促销信息。除此之外，该种方式不能分析或出售任何关于消费者的个人身份信息。如果为了本规定研究的目的必须收集消费者信息，使用完毕后应立即删除，不得用于任何其他目的。电子或数字链接也应提供相应的电话号码，尺寸足够保证轻松有效地扫描或读取。(e) 州食品标签标准方面，任何州及职能机构都不得订立与本立法强制标签制度相冲突的生物技术食品标签制度。(f) 法律协调方面。秘书应考虑本法与1990年《有机食品生产法》及其执行措施间的一致性。(g) 执法方面。禁止违反规定不按要求进行标识，并向秘书提供标识记录。秘书处对生物技术产品标识进行审查和审计，可以召开听证会并公布结果。但是秘书处无权召回应强制标识的生物技术食品。[①]

2016 年第 764 号法案的通过看似突然，实则有着量变的过程。尽管在此之前美国联邦立法层面并没有对转基因食品强制标签制度作出规定，但部分州已经启动转基因食品强制标签制度立法进程，极个别州甚至通过了相关立法。例如 2013 年康涅狄格州制定了《基因工程食品标签法》，规定为了不误导消费者应标明"产自基因工程"。这些食品包括产自或者部分产自转基因食品的批发和零售食品、原始农产品、种子或种子库存。2014 年缅因州颁布了《保护缅因州食品消费者基因工程食品和种子库存知情权法》，该法案要求任何转基因食品或种子库存标记为"用遗传工程生产"。转基因食品若不按要求标注将面临制裁，同时又规定餐饮、酒精饮料和医疗食品可以免于标注。2014 年佛蒙特州制定了有关基因工程生产食品标签的法案。要求转基因食品标签使用以下措辞之一："部分通过遗传工程生产"、"可能通过遗传工程生产"或"用遗传工程生产"。如果全部或部分来自转基因食品，该法案还禁止制造商将该食品标记为"天然"。除此之外还规定了免除标识的情形，包括酒精饮料、转基因食品成分不超过食品总重量的 0.9%、医疗食品和餐厅供应的食物。佛蒙特州的立法于 2016 年 7 月 1 日起施行。然而康涅狄格州和缅因州的立法都包含了一项条款，即规定州不会强制执行相应的标签要求，直到必要数量的州通过类似立法。实际上州的转基因食品强制标签立法还面临各种法律问题，如强制标签要求是否违反制造厂商第一修正案的权利、州立法是否应从属于联邦立法以及这些法律是否会对州际贸易构成了不必要的负担等。[②]

围绕着第 764 号立法，对于是否应该采取强制标签制度，民众、消费者、机构团体以及学者间争议很大，褒贬不一。支持强制标签制度的观点包括保护消费者的知情权和选择权，帮助消费者避开其希望避开的食品类

---

① https://www.congress.gov/114/plaws/publ216/PLAW-114publ216.pdf.

② Emily M. Lanza, Legal Issues with Federal Labeling of Genetically Engineered Food: In Brief, Congressional Research Service, September 22, 2015, pp.4–5.https://fas.org/sgp/crs/misc/R43705.pdf.

型（特别是出于宗教和伦理的原因）。① 自愿标签不足以告知消费者转基因成分的存在，调查报告显示消费者支持强制标签制度以及世界上已有 64 个国家实施强制标签制度。反对强制标签制度的理由包括：（1）转基因食品标签间接隐射对健康的警告，而事实上其与传统食品无异；② （2）强制标签相关费用将由大多数消费者承担；（3）想购买非转基因食品的消费者已经有选择，如购买经过验证的非转基因食品或有机认证食品；（4）欧盟、日本和新西兰的强制标签制度并没有导致更多的消费者选择，，相反会增加消费者对转基因产品的排斥，零售商更倾向于销售传统有机食品；（5）美国的食品基础设施（仓储、加工和运输设施）目前无法满足转基因和非转基因产品的隔离需求。③

关于转基因食品强制标签制度的经济成本，不同机构、团体和学者基于不同视角、统计模式、变量和地域，得出结论也不相同。FDA 曾专门出台一份研究报告，分析了包装的种类、标签类型和印制方法，回顾了标签变化的频率和影响、解释说明了数据、计算方法以及模型的使用。④ 由于是 FDA 发布，较为权威，因此其计算模型被诸多机构和学者参考使用。消费者联盟作为一个非盈利机构，积极支持转基因食品强制标签立法，认为经济成本转嫁于消费者的部分非常低。"我们得出结论，在相关模型的研究中，标签的

---

① Thomas A. Hemphill and Syagnik Banerjee, Genetically Modified Organisms and the U.S. Retail Food Labeling Controversy: Consumer Perceptions, Regulation, and Public Policy, *Business and Society Review*, pp.438–439.

② Domingo，J.L., and Bordonaba, J.G., A Literature Review on the Safety Assessment of Genetically Modified Plants. *Environment International,*（2011），37（4）:734–742.

③ Labeling of Genetically Modified Foods, Colorado State University, Fact Sheet No.9.371. http://extension.colostate.edu/topic-areas/nutrition-food-safety-health/labeling-of-genetically-modified-foods-9-371/.

④ Muth, M.K., Ball, M.J., Coglaiti, M.C., Shawn A. Karns, Model to Estimate Costs of Using Labeling as a Risk Reduction Strategy for Consumer Products Regulated by the Food and Drug Administration Contract No. GS-10F-0097L, Task Order 5. Revised Final Report, October 2012. https://www.rti.org/sites/default/files/resources/13629128_finalreport_fdalabelingcostmodel_revisedoct2012.pdf.

成本为每人每年 2.30 美元。在我们审查的研究中，相关成本估算值从 32 美元到 15.01 美元不等。"[1] 还有部分学者对于个别州转基因强制标签立法成本进行研究，如莱赛（Lesser.W）和林奇（Lynch.S）对纽约州成本进行研究，指出评估转基因产品标签成本的三个因素，包括标签设计、贴标签的行为、仓储附加项目的成本以及超市的库存和跟踪新产品的成本。由于仓储和跟踪新产品的成本不属于标签成本（根据 FDA 的定义）的一部分，仅考察前两项。得出结论，全州标签的直接成本达到 630 万美元（按纽约州当时人口普查人数 1960 万估算，相当于美国全国每年 32 美分的人均标签成本）。[2] 谢泼德—贝利曾对加州和华盛顿州转基因食品标签立法提案针对食品生产商、食品零售商和消费者成本进行过分析，指出对食品生产商而言，根据 FDA 的上述研究 75% 的食品每 30 个月至少进行一次常规标签更换，因此生产商变更强制性标签只需要附加少量成本。对于食品零售商而言，每个商店为所有商品重新设计广告标语的成本达 2820 美元（2012）。对于消费者而言，加州人均年均需要增加 1.27 美元支出，华盛顿州人均年均增加 2.2 美元支出。[3] 但也有学者表示审慎的乐观，认为在计算成本时还要考虑很多其他变量。如为了迎合消费者的习惯和需求，部分生产商和零售商可能选择按要求标志转基因食品成分，或者改变食品成分以避免标签的要求。[4]

---

[1]　https://consumersunion.org/wp-content/uploads/2014/09/GMO_labeling_cost_findings_Exe_ Summ.pdf.

[2]　Lesser, W. and Lynch, S.2014. Costs of Labeling Genetically Modified Food Products in N.Y. State. Dyson School of Applied Economics and Management, Cornell University. http://publications.dyson.cornell.edu/docs/LabelingNY.pdf.

[3]　Sheperd-Bailey，J.Ph.D., Emory University School of Law.2012, Economic Assessment：Proposed California Right to Know Genetically Engineered Food Act.Prepared for the Alliance for Natural Health USA. Sheperd-Bailey，J.Ph.D., Emory University School of Law.2013, Economic Assessment of Washington Initiative 522.Prepared for the Alliance for Natural Health USA.

[4]　The Potential Impacts of Mandatory Labeling for Genetically Engineered Food in the United States, CAST Issue Paper, April 2014，p.9.https://www.castscience.org/download.cfm?PublicationID=282271&File=1e3069c036e425fac63b535f644b6e217a20TR.

第 764 号法案的影响是多方面的，包括建立一个系统的产品成分追踪和监管系统与公共执法系统，进口产品同样需要遵守美国食品标签制度的规定。同时该法案还存在一些不确定性授权美国农业部在 2 年内补充。其中包括非常重要的问题，例如生物工程食品的定义和范围以及应该标注什么内容，留下了很大的解释空间。标签的方式可能会给消费者的直接访问带来障碍。消费者必须扫描 QR 码或致电小食品制造商了解信息，这意味着每个人都应该有一个智能手机。这显然将立法成本过多地转移给消费者。

（三）转基因作物新品种知识产权保护

1. 主要发达国家转基因作物新品种知识产权保护现状

转基因商业种植和研发大国美国对转基因作物新品种知识产权保护历史由来已久。"1930 年《植物专利法》为无性繁殖的植物（块茎繁殖的植物除外）提供植物专利保护，1970 年《植物品种保护法》为有性繁殖的植物新品种提供植物品种保证证书。美国法院通过司法实践逐步确立了植物获发明专利保护制度。"[1] 其中转基因作物新品种知识产权保护主要与植物发明专利保护制度相关。而转基因技术专利在美国得到了强有力的保护。美国宪法授权国会"促进科学和实用艺术的进步，确保作家和发明者在有限的时间内享有对其各自著作权和发明的专属权利"。[2] 为了实现该权利，1952 年《美国专利法》确立了对实用专利的广泛保护，只要满足新颖性、不明显性、披露性、可专利性和实用性的要求，发明者将拥有 20 年的专利权。该法在第 101 条定义可申请专利的范围时指出，任何新的和有用的过程、机器、制造或物质成分以及新的有用的改进，都可以成为专利的对象。法院在司法实

---

① 李菊丹：《国际植物新品种保护制度研究》，浙江大学出版社 2011 年版，第 1—2 页。该书第一编"美国植物品种保护制度研究"下设三章专门讨论了美国植物专利法、美国植物品种保护法和美国植物发明专利保护制度。非常详尽地回溯了美国不同时期植物品种保护立法的缘起、内容、特点及其影响，为了解美国转基因植物品种保护制度提供了重要的参考资料。

② U.S. CONST. art.I, § 8, cl.8.

践中更是对该定义进行广义的解读。如在戴蒙德诉查克拉巴蒂（Diamond v. Chakrabarty）案中，美国最高法院裁定活的基因工程的微生物属于第 101 条所规定的可申请专利的范围。① 有评论认为该案件具有里程碑的意义，因为法院的裁定将可专利的范围拓展至几乎任何非自然发生的领域，只要其符合专利的要求即可。② 其后，植物包括转基因生物在内的可专利性在系列案件中得以确认。1970 年《植物品种保护法》确立了对任何有性繁殖或块茎繁殖的植物品种 20 年的保护期，设立了植物品种保护局并对这些植物颁发植物品种保护证书。

尽管欧盟在转基因生物安全问题上与美国大相径庭，但是在植物新品种保护问题上采取了积极的态度，对转基因动植物进行专利保护，其制度设计也颇具特色。"由于各种错综复杂的历史原因，欧洲选择了一种不同于美国的植物品种保护方式，通过缔结《国际植物新品种保护联盟公约》开辟了一条独立于传统专利的保护道路，即采用专门的育种者权保护制度来激励植物育种者创新以及保护育种者的权利。"③1961 年《国际植物新品种保护联盟公约》（UPOV）开启了国际植物新品种保护的另一模式，欧洲国家是该公约的主要推动国。公约自 1961 年制定，经过 1972 年、1978 年和 1991 年三次修订，截至 2017 年 10 月共有 75 个成员。我国也是公约缔约方之一，于 1999 年 4 月 23 日正式提交批准书接受 1978 年公约，并附加保留该法案不适用于中国香港地区。1991 年公约第三章规定了授予育种者权利的条件，包括新颖性、特殊性、一致性和稳定性方面的要求。第五章规定了育种者权利的内容，包括权利的范围、例外、用尽的情形、限制、商业措施和持续时间。第七章规定了育种者权利的无效和取消情形。④

除此之外，在欧盟层面为统一欧盟各国的植物品种保护制度，欧盟理事

---

① Diamond v. Chakrabarty, 447U.S.303（1980）.

② Zachary Lerner, Rethinking What Agriculture Could Use: A Proposed Heightened Utility Standard for Genetically Modified Food Patents, 55 *U.KAN.L.REV.* 991, 1007（2007）.

③ 李菊丹：《国际植物新品种保护制度研究》，浙江大学出版社 2011 年版，第 121—244 页。

④ http://www.upov.int/export/sites/upov/upovlex/en/conventions/1991/pdf/act1991.pdf.

会于 1994 年制定了《欧共体植物品种保护条例》(The Council Regulation on Community Plant Variety Right)^①及其之后欧盟委员会的执行条例^②。欧盟议会于 1995 年出台并于 1998 年最终通过《生物技术发明保护指令》(European Directive on the Legal Protection of Biotechnological Inventions)。其中《欧共体植物品种保护条例》后经 7 次修改（1994 年 9 月 2100/94、2506/95、2470/96、1650/2003、873/2004、15/2008），规定了一般条款、植物品种权保护的一般条件、授权对象、权利持有者的权利和禁止行为、植物品种权的减损和合理限制、植物品种权的用尽、植物品种权的存续和终止、植物品种权的无效和撤销、植物品种权在成员国的适用、植物品种权的侵权与救济等。该条例在统一欧共体境内各国植物品种权保护问题上具有里程碑意义。其在一般条款中既说明了条例在欧共体统一适用不得减损的特性，同时考虑到成员国既存的立法现状，在不违背第 92 条第 1 款的前提下不影响成员国根据其国内法授予植物品种权。在植物品种权保护一般条件方面，条例明确指出了需要符合四个要件，即特异性、一致性、稳定性和新颖性，并对上述四个特性进行了明确的界定。植物品种权合理限制的情形包括私人行为和非商业目的行为、为实验目的的行为、为繁殖或开发其他新品种的行为。与此同时该条例专门成立了欧盟植物品种局（CPVO），作为欧共体的机构之一其拥有法律人格，全面履行条例所赋予的各项权能。同时条例还详细规定了欧盟植物品种局的人员组成、特权和豁免、责任、获取信息的权利、语言、决定的做出程序、行政管理委员会的组成和职权、会议和表决制度、主席的职权、上诉委员会的组成和职权以及权利人的申请程序等。

---

① Council Regulation (EC) No 2100/94 of 27 July 1994 on Community plant variety rights (OJ L 227 of 01.09.94 p.1).

② COMMISSION REGULATION (EC) No 874/2009 of 17 September 2009 establishing implementing rules for the application of Council Regulation (EC) No 2100/94 as regards proceedings before the Community Plant Variety Office (OJ L 251 of 24.09.09 p.3). Commission Regulation (EC) No 1768/95 of 24 July 1995 implementing rules on the agricultural exemption provided for in Article 14 (3) of Council Regulation (EC) No 2100/94 on Community plant variety rights (OJ L 17325.07.95 p.14).

1998 年《生物技术发明保护指令》①的出台是为了整合各国专利法实践，缩小与美国和日本之间的差异，为欧盟的科技创新提供更为强劲的动力。指令包含五章 18 个条款，分别规定了专利要件、专利范围、强制性交叉许可、存储和获取生物材料等。指令第 1 条规定成员国应通过国内专利法保护生物技术发明，且该指令通过后国内法应尽可能与之保持一致。第 4 条专利的范围指出，不包括植物和动物品种以及本质上是产生动物和植物的生物过程，但是微生物和其他技术方法可以获得发明专利。

除此之外世界范围内诸多公约和组织都纷纷出台相关文件规范转基因生物的知识产权保护，其中包括 WTO 项下 TRIPS 协定、1983 年《植物遗传资源国际协定》、1992 年《生物多样性公约》以及 2001 年《粮食与农业植物遗传资源国际公约》。其他典型的地区立法还包括安第斯共同体《关于遗传资源获取的共同制度》、非洲联盟的《保护当地社区、农民和育种者的权利以及规范生物资源获取的非洲示范法》等。②除此之外很多发达国家和部分发展中国家国内法也纷纷出台植物新品种保护立法，以不同模式保护植物新品种的知识产权。总体上看，尽管各国和地区在对植物新品种保护的模式和力度上存在差异，积极立法促进对生物技术知识产权的保护则是大趋势。

2. 值得关注的司法实践

在司法实践过程中也出现了许多有影响力且值得密切关注的案例。较早的案例如 2004 年加拿大的孟山都加拿大分公司诉施梅哲（Monsanto Canada, Inc. V. Schmeiser）案，该案阐释了发达国家对于转基因植物新品种保护的坚定立场。其后在美国也有系列涉及转基因植物种子侵权的案例，新近的比较有代表性的如鲍曼诉孟山都（Bowman v. Monsanto）案。这些案例很好地揭示了作为转基因种植大国、技术研发强国和转基因产品输出国，国际司法对于转基因作物新品种保护的立场。尽管实践中仍存在一定争议，遭到民众、

① Directive 98/44/EC of the European Parliament and of the Council of 6 July 1998 on the Legal Protection of Biotechnological Inventions. http://eur-lex.europa.eu/legal-content/EN/TXT/?qid=1526994462439&uri=CELEX:31998L0044.

② 李菊丹：《国际植物新品种保护制度研究》，浙江大学出版社 2011 年版，第 243 页。

学术机构以及农民团体基于传统农民育种权、防止转基因作物新品种公司技术垄断以及社会伦理担忧等各种质疑和反对。从现有司法判例实践看，发达国家司法机构坚决维护转基因作物新品种知识产权，打击侵权行为的立场和决心在短时期内很难动摇。

（1）孟山都加拿大分公司诉施梅哲案 ①

该案为加拿大最高法院 2004 年裁判的案例，虽然案件裁判的时间较早，但是在当时很好地阐释了法院对于植物新品种知识产权保护的立场。这起案件涉及在未获得许可的前提下大规模商业种植转基因菜籽油，因此涉嫌违反专利法 R.S.C.1985，c.P-4 的规定。案件的起因是在萨斯喀彻温省耕种已有 50 多年的珀西·施梅哲 1996 年将其农场业务委托给一家公司经营，其本人和妻子是该公司的唯一股东和董事。其公司在农场上主要种植小麦、豌豆和油菜。20 世纪 90 年代，施梅哲先生所在地区其他 5 位农民开始种植孟山都公司研发的转基因油菜（Roundup Ready Canola），孟山都公司允许农民使用抗草甘膦油菜。施梅哲先生从未购买过抗草甘膦油菜籽，也没有获得种植许可。然而孟山都公司 1998 年检测出他的 1000 英亩的油菜作物中 95% 到 98% 的作物是抗草甘膦油菜。而这些可疑转基因种子的来源很可能是周边种植被风吹至施梅哲的土地，然后被其搜集再次播种。孟山都公司要求其签署一份专利许可协议并支付许可费用。施梅哲先生表示拒绝，其坚持认为抗草甘膦油菜在其田间生长是偶然事件，他对其收获的种子享有完全排他的所有权和支配权。双方协商无果，孟山都公司于 1998 年 8 月 6 日将施梅哲先生起诉至加拿大联邦法院，2000 年 6 月 5 日经审理加拿大联邦法院做出裁判，裁决支持孟山都公司的诉求，认为施梅哲先生的行为构成侵权。2002 年 5 月 15 日，联邦上诉法院听取了该案件的审理，维持原判。施梅哲先生不服，要求加拿大最高法院审理此案。加拿大最高法院于 2004 年 1 月 20 日开始审理，并最终于 2004 年 5 月 21 日做出裁决。在加拿大最高法院审理过程中，

---

① Monsanto Canada, Inc. V. Schmeiser[2004] 1 S.C.R.902（Can）. https://scc-csc.lexum.com/scc-csc/scc-csc/en/item/2147/index.do.

原告为珀西·施梅哲与施梅哲有限公司，被告为孟山都加拿大分公司和孟山都公司，其他个人和组织如安大略省总检察长、加拿大种子贸易协会、加拿大菜籽油种植协会、阿格韦斯特（Agwest）生物技术公司、国际技术评估中心等作为第三方参与诉讼。

加拿大最高法院需要解决的核心问题是施梅哲先生的行为是否侵犯孟山都公司专利。法院从专利的范围和效力、具体侵权的方式、对专利"使用"的界定以及赔偿数额四个方面进行审查。

其一，专利的范围和效力。加拿大最高法院法官首先审查了孟山都公司抗草甘膦油菜专利的合法性和范围问题。孟山都公司持有抗草甘膦油菜专利，在加拿大专利编号为1313830。这项专利1993年2月23日发布，并于2010年2月23日到期。其核心技术是将有关基因插入到油菜中，大大提高对除草剂的耐受性。从1996年起孟山都公司开始在加拿大销售抗草甘膦油菜。1996年大约有600名加拿大农民种植抗草甘膦油菜，播种面积达5万英亩。2000年大约2万名农民播种抗草甘膦油菜，播种面积为450万至500万英亩，占全国油菜播种面积的40%。

孟山都要求每一位种植抗草甘膦油菜的农民签署一份技术使用协议，并参加种植者登记会议。会上孟山都公司会告知该技术及其许可条款。签订协议之后农民有权从授权的经销商那购买转基因种子，将种子用于单一种植并将作物出售给孟山都授权的收购商用作消费之用，不得将种子卖给第三方或者留种再种植。该协议授权孟山都可以视察农民承包的土地以确保其遵守该协议，农民为此还需支付许可证费用，1998年许可证费用为每亩15美元。

加拿大联邦法院法官认为这项专利是有效的，在范围上是没有争议的，没有违反"植物育种人权利法"S.C.1990，c.20的规定。加拿大联邦法院法官还驳斥了基因和细胞不可专利的说法，主张构成本发明的是"基因及其插入的过程…以及从该过程中衍生出来的细胞"。联邦上诉法院同样认可"抗草甘膦的基因和细胞"专利的主张，认为孟山都并没有要求对转基因植物本身进行保护，而是对组成植物的基因和修饰细胞进行保护。

上诉人施梅哲争辩说，专利中声称的标的物是不可专利的。在承认孟山都只对基因和细胞进行保护的同时，施梅哲认为扩大这种保护的结果是限制使用一种植物和一种子。其引用了 2002 年加拿大"哈佛鼠"案例，认为植物和种子应是不可专利的更高生命。加拿大最高法院法官认为本案与"哈佛鼠"案不同，标的并非一种哺乳动物。还应注意到在"哈佛鼠"案中专利员认为质粒和体细胞培养权利要求仍然不存在争议。实际上，在哈佛鼠案中大多数法官认为一个基因和一个细胞可以获得专利。具体而言，一个经基因改造的受精卵，无论最终发展成为何物，如一只老鼠，都是可申请专利的标的物。因此，从这个意义上说，"哈佛鼠"案对于基因细胞可专利性的解读与本案是一致的。因此，加拿大最高法院支持加拿大联邦法院的主张，认为孟山都公司对于抗草甘膦油菜的专利是合法有效的，驳回施梅哲认为专利无效的主张。

其二，施梅哲是"制造"（make）还是"建造"（construct）专利基因和细胞从而构成侵权呢？加拿大最高法院之所以审查该问题，是因为专利法赋予专利权人"制作、建造和使用并将其出售给他人使用的专有权利、特权和自由"。孟山都认为施梅哲种植和种植抗草甘膦的油菜种子，他必须通过制造基因或细胞来侵犯他们的专利。法院对此诉求的意见是不主张审查区分施梅哲是通过制造还是建造的方式侵犯专利权，因为无论如何其违反了专利法使用专利细胞和基因。最终加拿大最高法院没有对被告这项诉求发表意见。

其三，上诉法院审查了施梅哲是否"使用"了专利基因或细胞从而侵犯了专利权。该案的中心问题是施梅哲通过收集、保存和种植含有孟山都专利基因和细胞的种子，是否构成专利法上的"使用"从而构成侵权。侵权的证明责任在于孟山都公司。加拿大最高法院首先对"使用"一词进行了辞源解读，其次在解释过程中提请注意三个问题：结合专利法保护的目的、结合上下文考虑与其他条款的关系以及考虑既有判例。从立法目的来看，专利法第 42 条授予专利持有人的专有权利，并且禁止任何妨碍专利权人以垄断的行为。而这种专有权利很大程度上是保护专利权人的商业利益。从上下文来看，如果涉及专利物体的商业获得，则极有可能构成侵权。从大量相关判例的解读可以看出，即使该发明是更广泛的非专利结构或程序的一部分，也有可能通过使用构成侵权。

　　加拿大最高法院得出以下几个基本的判断标准：（1）"使用"或"利用"一般意义上是指为了生产或者实现某种优势而使用；（2）判断是否"使用"了一项专利发明的原则是看是否全部或者部分、直接或者间接剥夺了权利人的专利垄断；（3）如果从发明中获得商业利益，则应属于专利权人；（4）如果某种专利对象或者程序属于更大的未获得专利保护的对象的一部分，使用该对象或者程序同样构成侵权；（5）占有专利对象或者专利特征的物体也可能构成"使用"并最终构成侵权；（6）在商业情形下占有构成可辩解和可反驳的"使用"推定；（7）虽然在确定是否"使用"并构成侵权的情形时，主观目的并不是决定因素，但是如果缺乏从发明中获得商业利益和好处的主观故意，可以作为"使用"推定的有利反驳。

　　具体到此案，联邦法院法官认为，首先，施梅哲先生土地上存在孟山都公司研发的抗草甘膦种子是不争的事实。虽然施梅哲先生最开始一直是自己育种留种，但是在无意中使用和发现孟山都公司研发的抗草甘膦油菜之后并没有把最终的油菜籽卖掉，而是将其与传统油菜籽分开并储存起来。1997年孟山都公司调查员在施梅哲先生的田地中发现抗草甘膦油菜，并于1998年3月拜访并通知其未获得许可播种抗草甘膦油菜的事实。然而施梅哲先生还是继续将收获的抗草甘膦油菜籽留种使用，其次年播种面积约为100英亩。其次，联邦法院法官在分析抗草甘膦油菜为何会出现在施梅哲土地上的原因时驳回了转基因油菜种子是被风吹出或无意中存在于施梅哲先生土地上的说法。理由是即便最初的混同是无意的，但是从次年播种的范围和密度来看，是人为的选种和播种为之。施梅哲先生保存、种植、收获和出售抗草甘膦油菜的行为是否构成对孟山都专利的"使用"呢？加拿大最高法院对照上述七项判断标准，结合案情最后支持联邦法院和联邦上诉法院的结论，认为施梅哲先生使用孟山都公司专利基因和细胞，构成侵权。

　　其四，赔偿的数额。加拿大联邦法官判决原告种植抗草甘膦油菜给孟山都公司造成损失，应赔偿总额为19832美元。该数额具体如何得出并不十分清楚，大致是基于销售的利润。加拿大最高法院基本维持该判决，只是在赔偿数额上有所不同。专利法允许两种不同的补救办法：损害赔偿和核算利润。前者是指发明人的损失，包括专利持有人从销售中损失的利润或者专利费的损失。后者则以侵权人的利润而非发明人的损失来计算。加拿大最高法院基本认同该裁定及其推理，只是核查是否在数额上出错。鉴于孟山都公司选择利润核算，因此无法获得损害赔偿。根据既有法律和判例，发明人只有权获得侵权人因发明而产生的部分利润。联邦法院法官裁决的困难之处在于，它没有确定上诉人通过种植抗草甘膦油菜与获得利润之间的因果关系。从现有事实看，上诉人没有因此而获利。本案中利润核算应建立在出售普通油菜和抗草甘膦油菜差价之上。而事实是施梅哲先生虽然种植了抗草甘膦油菜，但是以普通油菜籽出售，且种植期间没有喷撒农达除草剂来杀灭杂草。因此，其并没有从种植抗草甘膦油菜中获得任何农业优势，更没有得到任何溢价。其利润完全是基于普通作物的品质，而不能归于发明。从这个方面说，上诉人没有从发明中获得任何利润，孟山都公司无权取得赔偿。

加拿大最高法院最终以5比4的多数票通过裁决，支持孟山都公司的主张。上诉人施梅哲先生也取得了部分胜利，主要在于赔偿数额方面，由于施梅哲先生未从侵权中实质获利因此免于支付给孟山都公司赔偿金。考虑到判决实际，双方各自承担诉讼费用。该案最大的意义在于明确了植物发明专利中"使用"的内涵和外延，并且认为，在当事人特定主观故意的情况下，转基因作物和非转基因作物的意外混同也构成专利侵权。

（2）鲍曼诉孟山都案 ①

鲍曼诉孟山都公司案是美国最高法院于2013年裁判的案件，案件围绕转基因作物商业育种权知识产权保护问题展开。孟山都公司拥有抗草甘膦大豆（Roundup Ready soybean）种子的知识产权，该大豆通过基因选择和改变可以耐草甘膦除草剂。其在销售抗草甘膦大豆时与农民签订专利使用权转让协定，明确规定农民购买的大豆种子只能种一季，农民可以食用和销售作物

---

① Bowman v. Monsanto Company Co., 133 S.Ct.1761（2013）.

收成，但是不能将其作为种子再次种植。美国印第安纳州农民鲍曼在第二季度种植大豆时，因担心天气导致收成欠佳，没有从孟山都公司购买抗草甘膦大豆种子，而是以较低的价格从附近储存大豆的仓库直接购买。这些种子中包含了第一季收获的抗草甘膦大豆，鲍曼在种植过程中也以抗草甘膦大豆方式使用相应的除草剂。除草剂将非抗草甘膦大豆与杂草一并杀死，并将剩余作物收成留种在其后使用。2007 年孟山都公司对鲍曼农场进行调查，发现其第二季度种植的大豆具有抗草甘膦的属性，遂起诉鲍曼侵权。

原告向印第安纳州法院起诉，根据美国专利法 Nos.5，352，605 和 RE39，247E 关于保护基因序列的规定，要求法院判决的行为构成侵权并赔偿原告相应经济损失。被告鲍曼根据专利法上的"权利穷竭原则"（exhaustion doctrine）认为孟山都公司在第一次销售其抗草甘膦大豆种子时专利权已经终止，其在第二季度购买含有抗草甘膦大豆种子的行为并不够成侵权。印第安纳法院判决支持了孟山都公司的主张，并要求被告支付8.4万美元的赔偿。被告不服，上诉至美国联邦巡回上诉法院，联邦巡回上诉法院维持原判。被告于2011年申请美国联邦最高法院复审令。2012年复审申请被批准，并经口头辩论，最高法院法官一致同意维持第一审法院的判决，驳回了鲍曼的上诉请求，认定其行为构成侵权。

卡根（Kagan）大法官在判决书开篇指出："专利穷竭原则允许购买者和产品后续所有者使用和再次销售的权利。但是再次销售不允许购买者对专利产品进行复制。本案中的问题是未经专利持有人的同意，农民购买了专利种子是否可以将作物收成作为种子用于再生产？答案是否定的。"[1] 法院其后详细论述了专利穷竭原则的内涵和外延。法院在论述专利穷竭原则时引用了诸多一致的先例，如 Quanta Computer Inc. V.LG Electronics Inc.[2]、United States

---

[1]　Supreme Court of the United States, No.11-796, Vernon Hugh Bowman, Petitioner v. Monsanto Company et al. on Writ of Certiorari to the United States Court of Appeals for the Federal Circuit, May 13, 2013.p.1.

[2]　Quanta Computer, Inc. v. LG Electronics, Inc., 553 U.S.617, 625（2008）.

V.Univis Lens CO. [①]、Mitchell V.Hawley [②]、Wilbur-Ellis Co. V.Kuther [③] 和 Mfg. Co. v. Convertible Top Replacement, 等等[④]。指出该原则的内容是专利持有者在第一次出售商品获得回报时其权利终止，不应限制和阻碍商品的再次出售。但需注意的是，权利终止的情形仅限于商品再次出售，而不包括对商品的复制，若需复制需要得到专利持有者的许可。该原则的目的在于在限制专利持有者的垄断和保护专利持有者利益之间获得平衡。

随后法院针对鲍曼提出的两个论点逐一进行反驳。鲍曼的第一个论点是其行为符合专利穷竭原则。法院指出结论恰恰相反，本案中鲍曼有权利再次出售其生产的抗草甘膦大豆、自己食用或者用作饲料喂养牲口。但是专利穷竭原则并未授权其在未征得孟山都公司明示或默示授权的前提下再次生产该大豆。鲍曼的第二个论点是种子的特殊性，除非特殊储存否则其自身可以生根发芽，因此是大豆本身而不是鲍曼侵权。法院认为该论点不成立，原因是本案中鲍曼的行为并不是被动的，相反从第二季购买种子、使用除草剂留种再到次年再次播种，整个行为都是主动的。把原因归咎于大豆本身是不合理的。

而在法院审理过程中，相关方出具了 22 份法庭之友意见书（amici briefs），17 份支持孟山都公司，5 份支持鲍曼。其中具有代表性的如美国种子贸易协会和美国大豆协会支持孟山都公司，食品安全和育种中心支持鲍曼。

法院对该案的判决释放出诸多信号，从判决结果和法官的措辞看，法院沿袭了之前的立场，保护转基因种子专利持有者的权利。其理由是转基因作物商业育种是促进农业发展的最强动力，而知识产权保护又是推动转基因作物商业育种的最佳途径。对该案的判决，学者和机构褒贬不一，支持者认同法院的立场，认为转基因作物育种是应对人口增长和气候变化的最佳途径，

---

① United States v. Univis Lens Co., 316 U.S.241, 249–250（1942）.
② Mitchell v. Hawley, 16 Wall.544, 548（1873）.
③ Wilbur-Ellis Co. v.Kuther, 377 U.S.422, 424（1964）.
④ Mfg.Co. v. Convertible Top Replacement Co., 365 U.S.336, 346（1961）.

而知识产权保护可以最大程度鼓励新的转基因作物品种进入市场。[①] 批评者认为，对孟山都等转基因作物种子商业巨头过多的知识产权保护会导致行业垄断。[②] 突出体现了法院对于商业转基因作物育种权过多保护，而忽略了公共财政支持植物育种权相关知识产权保护。[③]

　　该案并非孟山都公司与农民关于转基因作物育种权的第一案。实际上，在此之前，围绕抗草甘膦大豆种子侵权问题已有数起纠纷。[④] 实践中，孟山都公司为了保护抗草甘膦大豆的育种权，在农民购买种子时往往签署一份技术合同，要求农民遵守孟山都公司禁止农民私自留种和育种的规定。

（四）跨国公司转基因巨头技术和种业垄断的规制

　　目前世界范围内转基因种子的销售和研发主要集中于孟山都（Monsanto）、杜邦（Dupont）、先正达（Syngenta）、拜耳（Bayer）、陶氏（Dow）和巴斯夫（BASF）六大跨国公司，六大跨国公司总部都位于美国。而在十年前有学者对世界范围内的前十家种子和生物技术公司市场份额做过统计，位列前十的公司其总部及市场份额依次是：孟山都（美国；27%）、

①　Tait，J. and Barker, G.2011. Global Food Security and the Governance of Modern Biotechnologies. EMBO Reports, 12, 763–768; Thompson, P.2011. Agro-technology: A Philosophical Introduction, Cambridge: Cambridge University Press on the necessity of GMOs and intellectual property over GMOs.

②　Center for Food Safety and Save our Seeds.2013.Seed Giants vs. U.S. Farmers. Washington, DC: Center for Food Safety.

③　Berris Charnley, Cui bono? Gauging the Sucesses of Publicly-funded Plant Breeding in Retrospect, in Charles Lawson and Berris Charnley（eds.）, *Intellectual Property and Genetically Modified Organisms: A Convergence in Laws*, Ashgate Publishing Limited, 2015, pp.7–8.

④　Monsanto Company v. David, 516 F.3d 1009（2008）; Monsanto Company v. Parr, 545 F.Supp.2d 836（2008）; Monsanto Company v.Vanderhoof 2007 WL 1240258（2007）; Monsanto Company v.Strickland, 2007 WL 3046700（2007）; Monsanto Company v.Scruggs, 459 F.3d 1328（2006）; Monsanto Company v.Good, 2004 WL 1664013（2003）; Monsanto Company v. McFarling, 302 F.3d 1291,（2002）; Monsanto Company v. Trantham, 156F.Supp.2d（2001）and Monsanto Company v. Dawson, 2000WL 33953542（2000）.

杜邦先锋（美国；17%）、先正达（瑞士；9%）、利马格兰种业集团（法国；5%）、温菲尔德土地湖泊解决方案（Land O' Lakes/Winfield Solutions 美国；4%）、KWS AG（德国；4%）、拜耳作物科学（德国；3%）、陶氏（美国；2%）、Sakata（日本；2%）、DLF—Trifolium A/S（丹麦；1%）。排名前十的十家公司市场份额占全球73%。[1]

　　目前六巨头鼎立的局面并非一簇而就，在历史上大致经历了三个兼并的高潮。早在20世纪70年代种子市场就出现了激烈的竞争，当时30家独立的公司兼并成今天所熟悉的六大公司，占全球种子市场和化学市场60%和76%的份额。[2] 第一波合并的高潮出现在20世纪80年代中期。第二波合并的高潮出现在20世纪90年代末至2000年左右。包括阿斯利康（AstraZeneca）和诺华公司（Novartis Seeds）合并组成先正达（2000年），拜耳收购安万特作物科学公司（Aventis Crop Sciences）（2002年）和巴斯夫（2000年）收购氰胺公司（Cyanamid）（2000年）。在此期间，先锋、德卡布、特洛伊、诺森特、嘉吉和金秋等种子公司也遭到兼并。[3] 在第二波兼并高潮中，仅孟山都公司就兼并了40家农业生物技术公司和种子公司。[4] 孟山都公司收购了75%的中小型企业。杜邦公司最大手笔是于20世纪90年代合并了当时全球最大的种子公司先锋公司。第三波合并的高潮由2014年杜邦公司和陶氏化学公司合并开启。杜邦公司和陶氏化学公司的合并拟在18至24个月内

---

[1]　Hope Shand, The Big Six: A Profile of Corporate Power in Seeds, Agrochemicals &Biotech. https://www.seedsavers.org/site/pdf/HeritageFarmCompanion_BigSix.pdf.

[2]　Howard, Philip H."Intellectual property and consolidation in the seed industry." Crop Science 55.6（2015）:2489–2495. http://www.apbrebes.org/files/seeds/files/Howard_seed_industry_patents_concentration_2015.pdf.

[3]　Diana L. Moss, Transgenic Seed Platforms: Competition Between a Rock and a Hard Place? American Antitrust Institute（Oct.23, 2009）, http://antitrustinstitute.org/sites/default/files/AAI_Platforms%20 and%20Transgenic%20Seed_102320091053.pdf. See also Gregory D. Graff, Gordon C. Rausser & Arthur A. Small, Agricultural Biotechnology's Complementary Intellectual Assets, Calif., mimeo at 19–20（Aug.2001）.

[4]　Carl Pray, James F. Oehmke & Anwar Naseem, Innovation and Dynamic Efficiency in Plant Biotechnology: An Introduction to the Reaserachable Issues, 8 AgBioForum 52, 60（2005）.

结束，产生三家独立的上市公司。第一，成立一家新的农业公司，由杜邦农作物保护公司、杜邦先锋和陶氏益农公司组成，总部设在美国特拉华州威尔明顿市（之前杜邦公司总部）。分部设在爱荷华州约翰斯顿和印第安纳州印第安纳波利斯，主要负责研发、全球供应链和全球商业销售。第二，成立一家新的性能材料公司，由杜邦公司性能材料部分以及陶氏化学的性能塑料、性能材料和化学品、基础设施解决方案和消费者解决方案（不包括陶氏电子材料公司）组成，该公司位于密歇根州的米德兰，也是之前陶氏化学总部所在地。第三，成立一家新的专业产品公司，由杜邦公司营养与食品公司和陶氏电子材料公司组成，位于特拉华州威尔明顿。① 接着是中国化工提出以430 亿美元收购先正达公司。先正达目前是北美最大的杀虫剂销售商，这笔交易可能会促进中国和新兴市场的销售。然后是拜耳宣布了一项以 66 亿美元收购孟山都的协议，该交易将使拜耳将孟山都的种子产品特质纳入自己先前的化学优势中。②

跨国公司转基因巨头兼并的原因主要包括以下几个方面：

第一，经济利益的驱动和转基因种子研发高投入及高风险的特征所致。早在 2009 年美国反垄断协会就出台题为《转基因种子平台：岩石与硬地间的竞争》的白皮书。③ 首先，白皮书回顾了美国转基因种子迅速崛起的过程。转基因种子借助其在农药和杂草剂方面的优势，于 20 世纪 90 年代迅速占据美国农业种子市场。截至 1999 年，仅在其商业推广几年后，转基因大豆、

---

① Testimony of James C. Collins, Jr. Executive Vice President DuPontSenate Committee on Judiciary Hearing on "Competition and Consolidation in the U.S. Seed and Agrochemical Industry" September 20, 2016. https://www.judiciary.senate.gov/imo/media/doc/09-20-16%20Collins%20Testimony.pdf.

② Opening Statement Consolidation and Competition in the U.S. Seed and Agrochemical Industry，Senator Mike Lee，September 20, 2016. https://www.judiciary.senate.gov/imo/media/doc/9-20-16%20Lee%20Statement1.pdf.

③ The Amercian Antitrust Institute: Transgenic Seed Platforms: Competition between a Rock and a Hard Place?, October 23, 2009. http://www.antitrustinstitute.org/sites/default/files/AAI_Platforms%20and%20Transgenic%20Seed_102320091053_0.pdf.

棉花和玉米分别增长60%、40%和20%。① 从播种面积看，2000年至2009年转基因玉米、棉花和土豆的播种面积年度平均增长7%。与此同时，转基因种子市场却逐步由少数几家公司占领，分别是孟山都、先锋（杜邦）、先正达、陶氏和拜耳。② 其次，白皮书回顾了美国转基因种子知识产权保护的进程、分析了转基因作物研发的收益以及带来的影响。转基因种子知识产权保护制度的逐步确立增加了研发者的投资热情，也从一定程度上加大了农民对于转基因种子的获取和使用难度。从收益分配上看，以孟山都抗农达大豆（Roundup Ready Ht soybean）1999年销售利润为例，60%回馈给了研发者，26%回报给生产者，而14%落入消费者的手中。③ 经济利益的驱动，加上知识产权保护制度的推动，使得越来越多的私人研发者加入转基因种子研发中。数据显示，1987年至2000年间，转基因生物工程研发投入年增长率为20%，远远超出同期其他研发领域。④ 再次，白皮书也梳理了历史上转基因种子公司两个主要兼并阶段：20世纪80年代中期和21世纪初。20世纪80年代由于生物技术和转基因种子研发投入大和风险大的特点，导致公司间迅速整合与兼并，以产生规模效应。到了21世纪初，兼并的步伐进一步加快。典型的案例包括2000年阿斯利康公司和诺华公司合并成立先正达公司，2002年拜耳收购安万特作物科学公司，2000年巴斯夫兼并氰胺公司。在此时期，光是孟山都公司就兼并了40余家转基因生物公司和种子公司，建立起在棉花、玉米和土豆转基因种业的商业帝国。⑤

① Jorge Fernandez-Cornejo, "The Seed Industry in U.S. Agriculture," U.S. Department of Agriculture, Economic Research Service, Agriculture Information Bulletin No.786（2004）, at 4.

② Marvin L.Hayenga, "Structural Change in the Biotech Seed and Chemical Industrial Complex," 1 AgBioForum（1998）43, at 48.

③ GianCarlo Moschini, "Economic Benefits and Costs of Biotechnoloy Innovations in Agruculture," Iowa State University, Center for Agricultural and Rural Development, Working Paper01-WP-264（January 2001）, at 13.

④ "Agricultural Biotechnology Intellectual Property: Standard Tables," table on "Utility Patents by Year and Technology Class," U.S. Department of Agriculture, Economic Research Service.

⑤ Carl Pray, James F. Oemhke, and Anwar Naseem, "Innovation and Dynamic Efficiency in Plant Biotechnology: An Introduction to the Researchable Issues," 8 AgBioForum 52, at 60.

转基因种子研发高投入也是众说周知，据报道："开发转基因新作物的成本在飞涨，1995 年将一种新产品推向市场的研发和监管成本平均为 1.52 亿美元。今天成本大约是 2.86 亿美元。"[①] 成本的剧增主要有两方面因素。其一与单纯的研究成本有关，即为了发明新的品种，在确定可行方案之前，先测试数万种用于控制的化合物，然后再进行开发。这项支出导致 1995 年以来成本增加 50%。其二是与市场发展有关系，全球范围内越来越复杂而又大相径庭的法律监管增加了开发产品商业化的成本。这导致平均开发阶段的成本从 1995 年以来的大约 6700 万美元增长到 1.46 亿美元。[②]

第二，巨头间强强联合以打败竞争对手，在国际市场上立于不败地位。发达国家特别是美国的转基因种子跨国公司巨头在世界市场上独占鳌头。为了打败竞争对手，实现强强联合，整合各自的优势资源和市场份额，实现世界霸主的地位，也是兼并的重要原因之一。以杜邦公司和陶氏化学公司兼并为例，据相关负责人介绍，陶氏化学位列全球第 4 位，杜邦公司位列全球第 6 位，其兼并之后新成立的农业公司将位列全球第 3 位。[③] 杜邦和陶氏化学的市场份额分别为 41% 和 38%，主要是转基因玉米和大豆种子。2014 年全球与农业相关的收入靠前的几大公司是，其中包括孟山都（160 亿美元）、先正达（140 亿美元）、拜耳（120 亿美元）、杜邦（110 亿美元）、陶氏（70 亿美元）和巴斯夫（70 亿美元）。[④] 陶氏与杜邦的合并将缔造一家超越孟山都的公司成为市场的最大领导者，同时孟山都和拜耳的合并将产生两大航空

[①] Phillips McDougall, Agrochemical Research and Development, A Consultancy Study for Crop Life America and the European Crop Protection Association, March 2016, p.3（showing AI costs for 1995 and 2010-2014）.

[②] Phillips McDougall, Agrochemical Research and Development, A Consultancy Study for Crop Life America and the European Crop Protection Association, March 2016, p.3（showing AI costs for 1995 and 2010-2014）.

[③] https://www.judiciary.senate.gov/imo/media/doc/09-20-16%20Hassinger%20Testimony.pdf.

[④] DuPont and Dow to Combine in Merger of Equals,（Dec.15, 2015）, at 8.Presentation can be found at http://www.dow.com/en-us/investor-relations/investor-presentations.

母舰：孟山都—拜耳和陶氏—杜邦。①

第三，转基因种子严格的知识产权保护与反垄断法之间的矛盾。在兼并对经济影响到底是利大于弊还是弊大于利问题上，学界与理论界还存在一定的分歧。有理论家分析兼并带来的集中效应能很好地抵御高投资和高风险的弊端，增加市场的创新机制。② 也有学者反对，认为集中效应最直接的后果是知识产权过于集中，从而减弱了新市场主体和竞争对手的研发积极性。③《转基因种子平台：岩石与硬地间的竞争》的白皮书指出，现有集中兼并的态势急需反垄断执法救济，缓解转基因种子危机需要协调专利法和反垄断法之间的关系。

美国反垄断法有着悠久的历史。1890 年《谢尔曼法》（Sherman Act）④ 是联邦第一部反垄断法，禁止企业采取行动保护现有垄断，签订扼杀竞争的协议保护消费者。随着时间的推移，企业找到了规避竞争的新方法，合并变得越来越频繁。国会针对新情况于 1914 年通过了《克莱顿反托拉斯法》（Clayton Antitrust Act）⑤ 禁止生产商价格歧视、签订独家交易协议、捆绑销售、合并和收购。1936 年国会修正了《克莱顿反托拉斯法》，出台《罗宾逊—帕特曼法》（Robinson-Patman Act）。⑥ 该法旨在禁止生产者的反竞争行为，特别是价格歧视。第一次阻止了不公平的价格歧视，要求卖方在给定的交易水平上向客户提供同样的价格条件。1950 年美国国会修改了《克莱顿反托

---

① Testimony of Roger Johnson President National Farmers Union Submitted to the U.S. Senate Committee on the Judiciary Regarding Consolidation and Competition in the U.S. Seed and Agrochemical Industry September 20, 2016, Washington DC. https://www.judiciary.senate.gov/imo/media/doc/09-20-16%20Johnson%20Testimony.pdf.

② Margaret Brennan, Carl Pray, Anwar Naseem, and James F. Oehmke, "An Innovation Market Approach to Analyzing Impacts of Mergers and Acquisitions in the Plant Biotechnology Indutry," 8 AgBioForum 89（2005），at 94.

③ William Lesser, "Intellectual Property Rights and Concentration in Agricultural Biotechnology," 1 AgBioForum 56, at 58.

④ 15 U.S.C. § 1-7.

⑤ 15 U.S.C. § 12-27, 29 U.S.C. § § 52-53.

⑥ 15 U.S.C. § 13.

拉斯法》，旨在填补漏洞保护当地经济和小企业，并将政府干预的时间提早到反竞争的早期阶段。为此美国国会成立了一个专门致力于调查和阻止反竞争行为的机构。然而在过去几十年，联邦执法行动已经减弱，尤其是合并后的公司可以提供证明为消费者提供更低的价格。事实上当竞争受到限制时，这种暂时的规模效应降低价格是没有长期保障的。

美国对植物新品种的知识产权保护制度也是独具一格，严格的知识产权保护使得生物技术知识产权近些年在美国激增。有学者做过统计，2000年前后美国新增了2976项植物专利。1996—2000年期间授予了2725项遗传转化专利。在授予的所有生物技术专利中，从专利主体上看美国公司占了4331家，非美国公司3051家，美国非营利组织2344家。美国政府也拥有421项专利，主要通过与私营企业合作。[1] 专利数量的迅速增加一定程度上激发了企业兼并的进程，使得专利的所有权集中在少数几家公司。而兼并的推进、研发实力的提升，又使得专利更为集中，从而产生恶性循环。一项调查显示，在所有农业生物技术专利中，71%为该领域前五大公司所有。其中法玛西亚（Pharmacia，后被美国Pfizer制药公司兼并）占有21%的专利，数量为287项。杜邦公司占20%，279项专利。先正达占有13%，专利173项。陶氏占11%，专利157项。安万特占6%，专利77项。[2]

转基因种子跨国公司巨头兼并和垄断的负面影响是多方面的。第一，阻碍新公司的进入和充分的市场竞争。在1994年到2009年间，四大公司的市场份额翻了一倍多，达到了54%。[3]2007年四家最大的公司占有美国72%的玉米种子和55%的大豆种子，而孟山都在玉米和大豆中所占的份额接近

---

[1] Andres A. Gallo& Jay P.Kesan, Property Rights Legislation in Agricultural Biotechnology: United States and Argentina, 7MINN.J.L SCI&TECH.565, 580（2006）.

[2] Debra M. Strauss, Genetically Modified Organisms in Food: A Model of Labeling and Monitoring With Positive Implications for International Trade, 40 INT'L LAW.95, 96（2006）.

[3] Keith O. Fuglie, et al., Research Investments and Market Structure in the Food, Processing, Agricultural Input and BioFuels Industries Worldwide, U.S. Dep't of Agric., Econ. Res. Serv. Rep. No.130（Dec.2011）.http://www.ers.usda.gov/media/193646/eib90_1_.pdf.

65%。①2009 年美国最大的四家公司占据了美国棉籽市场 95% 的市场份额，孟山都和拜耳公司占据了最大的份额。

机构经济学家认为，当四家公司控制了 40% 到 50% 的市场时，其就不再具有竞争力。因为一家公司发出某种信号，如表明它想提高价格，其他公司便纷纷效仿。更为重要的是当强强联合，组合形成航空母舰，在原本高投入、高风险的行业新企业的进入和生存变得更加艰难。特别是市场已经被四分天下的情况下，新公司很难打开局面，即便在某个小领域立足也难逃再次被兼并的命运。以 2014 年前后陶氏化学和杜邦公司的兼并为例，其消极影响除了消除作物公司和化学品巨头的直接竞争外，拟议中的合并将消除农业生物技术创新市场的直接竞争，在性状、种子和化学物质之间建立实质性的垂直整合。这可能提高较小竞争对手的进入壁垒，使其无法获得有效竞争所需的技术和资源。②

第二，增加农民购买种子的成本。《转基因种子平台：岩石与硬地间的竞争（附录）》非常值得关注的是其第四部分，关于对竞争和消费者的损害。在竞争问题上，附录指出白皮书强调保护创新的重要性，创新一直是提高玉米、大豆和棉花产量的核心。同时，对于专利的使用还应考虑到反垄断的规定。孟山都的报告错误地解读了白皮书对专利法和反托拉斯法交叉关系的讨论。例如，它声称白皮书的基本出发点是对专利制度的一种呼吁，因为它适用于生物技术。而白皮书的目的并不在于此。在对消费者损害问题上，附录指出转基因种子成本过高，早已经招致农民和媒体的批评。白皮书注意到了在过去几年里玉米、大豆和棉花产量的增长和种子成本增长的关系。分析表明，转基因种子价格的增长速度已经超过了产量的增长。白皮书虽没有对不同增长率的原因得出任何结论，但表示不排除市场力量可能是其中一个原因。而这些论断都有具体数据作为支撑。

数据显示，农业净收益在 2013 年到达顶峰，为 1238 亿美元。美国农业

---

① U.S. Dep't. of Agric., Nat'l Agric. Stat. Serv., Acreage, June 29, 2001 through June 30, 2015 Reports, http://usda.mannlib.cornell.edu/MannUsda/viewDocumentInfo.do?documentID=1000.

② https://www.judiciary.senate.gov/imo/media/doc/09-20-16%20Johnson%20Testimony.pdf.

部（USDA）当时预计 2016 年净收益为 715 亿美元，为有史以来收入降幅最大的一次。分析农民收入下降的原因，其中很大一部分是种子支出成本增加。转基因种子成本支出从 2000 年 70 亿美元增至 2012 年 220 亿美元。而从 2012 年之后，种子成本一直保持在 210 亿和 220 亿美元之间。① 过去 10 年农民投入的成本一直在增加，更多的经济利益已经流向了制造商，而不是生产者。"从 2004 年到 2016 年，种子成本不断增长。2004 年春小麦价格为每蒲式耳 5.75 美元、千粒转基因玉米 1.34 美元、菜籽油每磅 3 美元、冬小麦每蒲式耳 4.75 美元。2016 年这些种子成本为春小麦每蒲式耳 9.25 美元、千粒转基因玉米 2.70 美元、油菜籽每磅 10.25 美元、冬小麦每蒲式耳 8.00 美元。种子成本翻了一倍或者几乎翻了一倍。"② 虽然农产品卖出的价格同时也提高了，毛收入在增加，但是数据显示真正的盈利主要被种子制造商收入囊中，种子价格的增长对农民是不合理的。"对 2004 年和 2016 年的数据进行对比，种植春小麦的农民在一英亩土地上劳作和管理。2016 年的成本估计是每英亩 14.07 美元。假定农民可以在北达科他州以每蒲式耳 5.26 美元的价格出售他的春小麦（这个价格非常乐观，北达科他州目前的春季小麦价格是每蒲式耳 3.83 美元）。如果我们把小麦的实际价格代入，重新计算收入，生产者就会损失一英亩的价格。与此同时农民的直接成本已从 2004 年的 55.17 美元增至 2016 年的 153.23 美元。这清楚地表明，成本增加并没有导致整个农场的盈利能力提高。"③

---

① To the senate committee on the judiciary "Consolidation and Competition in the U.S. Seed and Agrochemical Industry" September 20, 2016.Presented by Bob Young on behalf of the American Farm Bureau Federation. https://www.judiciary.senate.gov/imo/media/doc/09-20-16%20 Young%20-%20Testimony.pdf.

② Testimony of Roger Johnson President National Farmers Union Submitted to the U.S. Senate Committee on the Judiciary Regarding Consolidation and Competition in the U.S. Seed and Agrochemical Industry September 20, 2016, Washington DC. https://www.judiciary.senate.gov/imo/media/doc/09-20-16%20Johnson%20Testimony.pdf.

③ Testimony of Roger Johnson President National Farmers Union Submitted to the U.S. Senate Committee on the Judiciary Regarding Consolidation and Competition in the U.S. Seed and Agrochemical Industry September 20, 2016, Washington DC. https://www.judiciary.senate.gov/imo/media/doc/09-20-16%20Johnson%20Testimony.pdf.

第三，在农业经济低迷的大背景下进行，可能会直接导致裁员。在巨头联合、野心勃勃和一片欣欣向荣的景象背后，比较容易忽略的是兼并发生的大背景，即低迷的农业经济。诚如全国农民联盟（NFU，National Farmers Union）主席罗杰·约翰逊（Roger Johnson）在出席听证会中指出的那样："所有的种子和农用化学品公司的公告都是在一个艰难的农业经济中出现的。正如我今年早些时候在众议院农业委员会作证时所做的那样，所有的生产商都受到大宗商品价格低迷、投入成本高以及安全网络的重大考验。预计2016年净现金收入为94.1亿美元，比2015年估计下降13.3%。农业债务预计今年将超过372亿美元，经通胀调整后，是自上世纪70年代末以来最高的农业债务。"[1]而当企业谈论合并带来的协同效应时，通常意味着裁员。通常情况下那些被裁掉的工作都在农村地区，农民和他们的社区承受着失去好工作和更高投入成本的双重打击。孟山都已经宣布了在全球裁员3600人的计划，陶氏化学宣布裁员2500人，杜邦公司宣布在特拉华州取消1700个工作岗位。[2]

第四，市场主体过度集中，强强联合未必能激发最大创新力。相反滥用市场地位会造成诸多不利后果。该论点与巨头兼并时所津津乐道的增加研发投入和创新不同，事实上由于市场份额已被几家大公司占有，随着市场主体的减少，平行研发压力必然降低。合并后的巨头们研发创新的现实压力骤然降低，因此很难说强强联合一定会带来最大的研发收益。

转基因跨国公司巨头的兼并和垄断也受到美国政府、学者和公众的关注，诸多跨国转基因种子公司也参与讨论以证清白。白皮书总体上强调了农业的重要性，以及竞争对保障农民选择权的作用。特别针对转基因种子市场的结构和态势进行剖析，指出现有专利法和反托拉斯法之间的矛盾。特别指

---

[1]　Gerlock, Grant."With Economy Stuck In The Mud, Farmers Sink Deeper Into Debt." The Salt. NPR, 3 Mar.2016. Web.19 Sept.2016. http://www.npr.org/sections/thealt/2016/03/03/468887506/with-economy-stuck-in-the-mud-farmers-sink-deeper-into-debt.

[2]　Testimony of Roger Johnson President National Farmers Union Submitted to the U.S. Senate Committee on the Judiciary Regarding Consolidation and Competition in the U.S. Seed and Agrochemical Industry September 20, 2016, Washington DC. https://www.judiciary.senate.gov/imo/media/doc/09-20-16%20Johnson%20Testimony.pdf.

出孟山都公司是转基因种子市场最大的主导者，尽管没有得出结论说该公司有滥用市场地位、损害竞争对手和消费者的行为。实际上，鲜有能与孟山都公司匹敌的竞争对手存在，因此市场竞争严重受到限制。上述白皮书的出台，也引起了孟山都公司的不满。其随后于 2009 年 12 月 31 日出台了《美国农业竞争和创新》报告，① 试图驳倒白皮书中的不利质疑，为自己辩解。其论点主要包括：第一，白皮书存在诸多事实上的错误，例如其夸大了孟山都公司转基因种子市场份额（比实际大一倍），同时也夸大了孟山都公司专利占有份额（比实际大一倍以上）。第二，报告没有评估种子或特性的竞争，而是主要集中于兼并对创新的影响，并将其与最近的并购活动联系在一起，并认为这主要是由孟山都推动的。第三，白皮书的标题和章节措辞容易给人以危险的误导且与实际不符。

针对孟山都公司提交的辩解报告，2010 年美国反垄断协会发布了《转基因种子平台：岩石与硬地间的竞争（附录）》② 再次进行批驳。附录共分为六个部分，除第一部分和第六部分介绍和结论外。第二部分分析了转基因种子的垂直竞争问题。第三部分讨论的是市场结构，包括玉米、大豆和棉花的性状和种子，以及围绕创新和过去收购的问题。第四部分讨论了与潜在的竞争和消费者损害有关的争论。第五部分讨论了一般竞争的发展。认为孟山都虽然提供了在售的转基因种子诸多有用信息，但在数据使用有效性上仍存在瑕疵。"附录强调，对垂直竞争问题的讨论必须承认孟山都在上游市场的垄断地位，以获得在玉米、大豆和棉花中对除草剂耐性（Ht）和昆虫抗性（Bt）的遗传特性。对种子的下游市场结构的评估也必须准确地反映出农民有哪些选择。这意味着基于控制的股票，对孟山都和它的被许可人拥有的资产进行

---

① Competetion and Innovation in American Agriculture：A Response to the American Antitrust Institute's "Transgenic Seed Platforms: Competition Between a Rock and a Hard Place?", December 31, 2009. http://www.monsanto.com/pdf/competition_innovation_in_american_agriculture.pdf.

② http://www.antitrustinstitute.org/sites/default/files/Addendum%20to%20AAI%20White%20Paper_Transgenic%20Seed.4.5_040520101107.pdf.

控制。孟山都的报告要么回避这些问题，要么无法有效地解决这些问题。知识产权保护发挥重要作用，垄断企业可能会引发人们对专利使用权可能利用不当控制或影响竞争的担忧。专利法和反垄断法之间的紧张关系是围绕着孟山都在基因特性市场上的主导地位的一个核心问题。附录最终得出结论，除了立法补救促进市场竞争之外还可以从以下四个方面进行改进。第一，开发一个独立的、第三方的协会，以代表通用开发人员和用户的利益。第二，获得孟山都的 RR1 数据包或获得 RR1 本身，以便允许开发通用数据包，以便快速获得外国注册，并向专利持有者提供适当的补偿。第三，对孟山都的外国注册进行 RR1 的延期，允许有足够的时间取得通用产品的注册。第四，在孟山都公司的 RR1 许可证中去除反码的规定，在一段时间内，允许研发以一种速度进行，在专利到期时将仿制产品推向市场。

2010 年美国司法部、反垄断局、农业部举办了 5 个联合研讨会，探讨 21 世纪影响农业领域的竞争以及该行业反垄断和监管执法问题。[①] 此次研讨会参与方与议题众多。参与方包括农民、大农场主、加工者、零售商、工人、学者、执法者、立法者以及联邦、州和地方各级官员。议题也十分宽泛，涵盖农产品诸多种类包括行栽作物、奶制品、猪、牛和家禽。正如当时首席检察官助理克里斯丁在就职演说中提到的那样："农业是美国经济关键部门。秩序良好的农业市场不仅涉及经济效率，同时还与国家安全和公共健康息息相关。"[②] 研讨会最终于 2012 年 5 月出台了题为《竞争与农业：21 世纪经济下农业和反托拉斯法执法研讨会及前景》的报告。[③] 报告中总结了讨

---

① https://www.justice.gov/atr/events/public-workshops-agriculture-and-antitrust-enforcement-issues-our-21st-century-economy-10.

② Christine A. Varney, Assistant Attorney Gen., Antitrust Div., U.S. Dep't of Justice, A Shared Vision for American Agricultural Markets 2（Mar.12, 2010）. www. justice. gov/atr/public/ speeches/257284.htm.

③ Report: Competition and Agriculture: Voices from the Workshops on Agriculture and Antitrust Enforcement in our 21st Century Economy and Thoughts on the Way Forward, issued by the U.S. Department of Justice, May 2012. https://www.justice.gov/sites/default/files/atr/lega-cy/2012/05/16/283291.pdf.

论过程中提及的诸多问题，包括不正当的合并、市场高度集中、垄断、价格、资金匮乏、市场透明度、市场操控以及转基因种子等。其中值得注意的是涉及转基因种子的讨论。许多农民提出转基因种子获得需要支付高额的费用，在使用上存在诸多限制，在转基因种子和传统种子选择上余地不多。比如，爱荷华州在公开听证会上就指出，农民为转基因种子支出了高昂的费用，且对传统玉米和土豆种子获取的途径大为减少。农民担心优势种子基因都掌握在大种子公司手中，因为知识产权问题需要支出更多的费用。也有部分代表认为种子特征是自然界的产物，不应该赋予知识产权保护，认为目前美国对于转基因种子的知识产权保护阻碍了研发和竞争。报告中，还有部分代表肯定转基因种子和作物的优越性，特别是在增加产量、降低农药投入以及减少对环境损害方面。值得注意的是，虽然此次研讨会议题涉及转基因种子，各方代表特别是农民表达了对转基因种子成本过高的不满，对于转基因种子知识产权保护和市场垄断行为进行质疑。总体而言，由于议题众多，会议在转基因作物问题上不够深入，没有产生实质的影响和效果。

三、国际转基因食品安全立法发展趋势

（一）欧美之间转基因食品安全立法对立短期内很难消融

目前仅在转基因食品标识上美国立场有所改变，但是从根本上看欧美之间的对立仍未消融。科学原则和预防原则在监管初衷和方法上存在严重对立和冲突，其实质反映的是二者对于转基因食品安全性的原则性分歧，且该分歧进一步造成标签制度、管理模式、市场准入风险评估机制等系列差异。差异的产生有着深刻的经济原因、消费者态度因素和文化因素，短期内这些因素很难改变且有愈演愈烈之势。

最有力的例证之一是欧盟通过了转基因作物共存立法。若除去早期间接立法阶段，从欧盟 2003 年立法动议至 2015 年提案的最终通过，历经了 12 年，足见问题的复杂程度。从根本上说，深层原因在于欧盟绝大部分消费者

对转基因食品普遍持谨慎、怀疑甚至反对的态度。而欧盟内部成员国之间种植转基因作物的实践又各有不同，仅在西班牙、葡萄牙、捷克、罗马尼亚和斯洛伐克种植，且播种面积十分有限。其他欧盟成员国基本无转基因作物商业种植实践，基本还是恪守传统和有机食品的种植。因此，在欧盟 1998 年首次批准转基因玉米 MON810 商业种植以来，一直存在着欧盟积极立法与成员国态度消极之间的矛盾，且存在欧盟和成员国立法主导权的博弈。因此，一方面，由于消费者对转基因作物的普遍抵制导致对共存问题的讨论始终没有销声匿迹。另一方面，由于欧盟境内转基因作物种植实践十分有限，许多成员国内部尚无播种实践，因此立法紧迫性并不强。[1]

从欧盟 2001/18/EC 开始论及转基因作物和非转基因作物共存问题算起，历经 14 年的讨论、调研和修改，最终才出台《允许成员国限制或者禁止在本国内种植转基因作物 2015/412 号指令》，可见该问题的复杂程度。但是从历届报告和欧盟委员会立法动议看，不难梳理出如下几个发展趋势：(1) 尽管欧盟境内通过审批的转基因商业种植作物数量很少（仅 2 种），播种的国家和面积也非常有限，但该议题讨论日渐升温且立法草案越来越严格。(2) 始终存在欧盟层面和成员国对立法主导权的博弈，从近期立法动议看，成员国占据上风。欧盟试图维持对内和对外各项义务（如 WTO 项下取消贸易限制和隐形壁垒义务和《卡塔赫纳生物安全议定书》项下义务）的平衡，在避免欧盟再次被其他支持转基因食品国家诉诸 WTO 的同时，最大限度地尊重各成员国的转基因作物种植实践和立法选择。这种相对保守的立场也是不得已的选择，一方面，现实的情况是大部分成员国反对转基因作物的商业种植，极力维护传统作物和有机作物经济利益，没有成员国的支持，欧盟共存立法也很难通过；另一方面，欧盟不得不考虑如美国、加拿大、新西兰等转基因食品支持国的国际压力，之前在 WTO1996 年荷尔蒙牛肉案和 2003 年转基因食品案中两次败诉，确保成员国自主立法不构成转基因食品进出口和转基因作物种子销售的隐形限制。但是欧盟委员会 2014 年动议是否会间接

---

[1]　陈亚芸：《欧盟转基因和非转基因作物共存的法律问题研究》，《德国研究》2015 年第 1 期。

影响转基因作物及种子的销售从而违背其在 WTO 项下的义务，再次被诉诸 WTO 争端解决机构，还取决于成员国具体立法严格程度和对转基因食品和种子销售经济影响的严重程度。总体上看，虽然欧盟在转基因作物共存立法问题上对成员国立法主导权做出了让步，但其明确指出不能因此改变现有欧盟转基因作物审批程序。（3）欧盟委员会对成员国履行欧盟层面共存立法情况施行严格监管。欧盟共存局作为负责机关，组织交换成员国共存的最佳农业管理信息，并追踪转基因玉米 MON810 的商业种植。2013 年 6 月 20 日欧盟委员会向欧盟法院起诉波兰，追究其没有严格履行 2001/18/EC 相关条款的法律责任。[①]

从美国方面看，转基因食品标识上立场的改变，更多的是体现了对消费者知情权的保护。从根本上说，美国政府和民众对转基因食品安全性认可并未发生变化。过去 21 年，美国转基因作物播种面积全球最高。近几年，美国转基因作物播种面积在世界范围内更是遥遥领先，基本维持在 700 万公顷以上，且持续增长，占世界转基因作物播种面积的 40%。自 1996 年以来，美国已批准 19 个转基因作物 197 个品种。1996 年至 2016 年的 20 年中，美国从转基因作物商业种植中获益 803 亿美元，仅 2016 年一年经济效益就高达 73 亿美元。美国国内有 43 万农民种植转基因作物。[②] 在此巨大贸易出口经济刺激下，美国对待转基因食品安全性态度很难发生变化。从国内政策来说，奥巴马和特朗普都曾表示积极发展转基因技术。奥巴马在意大利米兰的一个演讲中指出："我在担任美国总统期间采取的方法，就像我让科学决定我的气候变化政策一样。试图让科学来决定我对食品生产和新技术的态度。"[③] 特朗普 2018 年在纳什维尔举行的美国农业局联合会上对 7400 名农民说："我们正在精简阻碍尖端生物技术发展的法规，让我们的农民自由创新、

① http://europa.eu/rapid/press-release_IP-13-571_en.htm.

② Clive James，Global Status of Commercialized Biotech/GM Crops in 2017:Biotech Crop Adoption Surges as Economic Benefits Accumulate in 22 Years，p.3. http://www.isaaa.org/resources/publications/briefs/53/download/isaaa-brief-53-2017.pdf.

③ Crop Biotech Update, 2017.http://www.isaaa.org/kc/cropbiotechupdate/default.asp.

繁荣和发展。"[1]

欧美对转基因食品态度和立法的差异将长期存在并产生不利影响。其一，引发争端并加剧转基因食品国际协定的对立。欧盟和美国在转基因食品安全性上的分歧和相关立法的不同，直接导致其在世界范围内的农产品贸易剑拔弩张。荷尔蒙牛肉案和转基因食品案是两个最为典型的案例。对美国而言，借助 WTO 争端解决机制的目的不仅在于强迫欧盟打开市场，还在于可以起到杀一儆百的效果，警告其他国家特别是非洲和发展中国家不要采取类似的限制措施。[2] 欧盟在 WTO 争端解决机制败诉后积极促成《卡塔赫纳生物安全议定书》的谈判和生效，积极将自己主张的预防原则纳入议定书机制，并尽可能说服发展中国家认同和接受。其二，深化国际转基因食品对外援助的矛盾，不利于缓解最不发达国家的粮食短缺现状。美国对外援助主要以转基因粮食产品实物为主，有转嫁国内剩余转基因农产品之嫌，国内为提高农产品出口信贷和补贴，并为食品援助拨付专项资金。欧盟方面则指责美国海外转基因食品援助并非单纯的人道援助，而是另有所谋。目的在于转嫁剩余转基因食品，争夺海外市场，进而影响受援国的转基因食品立法选择。

欧美长期以来对待转基因食品安全性截然不同的态度所产生的消极影响也是长期的。首先，直接催生了支持和反对两大阵营——世界贸易组织和《卡塔赫纳生物安全议定书》。2003 年转基因食品案就是很好的一个例证。WTO 基本采取美国的立场，积极推进世界范围内转基因食品的贸易和流通，尽量减少各国国内立法的阻力。相反，《卡塔赫纳生物安全议定书》则主要体现了欧盟的利益诉求，严格监管转基因生物的跨界转移。二者一攻一守，泾渭分明。其次，欧美转基因食品安全立法的差异，还会影响第三世界诸多发展中国家国内转基因立法政策的选择以及最不发达国家对于国际转基因食

① Clive James，Global Status of Commercialized Biotech/GM Crops in 2017:Biotech Crop Adoption Surges as Economic Benefits Accumulate in 22 Years，p.15. http://www.isaaa.org/resources/publications/briefs/53/download/isaaa-brief-53-2017.pdf.

② Scott Miller, Scott Kilman, EU Loses a Round on Biotech Crops, The Wall Street Journal, 9 Fuburary 2006. http://yaleglobal.yale.edu/content/eu-loses-round-biotech-crops.

品援助的接受。许多非洲和亚洲发展中国家在制定国内转基因食品政策时，不得不考虑出口市场的态度。由于欧盟地区转基因食品监管和进口审批十分严苛，为了迎合市场需求，很多非洲小国不得不放弃转基因水稻的种植。在转基因食品援助方面，欧美之间的火药味更浓。近些年美国对于最不发达国家的援助多以实物援助为主，直接援助转基因大豆、小麦和玉米，一定程度上也考验受援国的立场和态度。一方面是国内粮食短缺的困境，另一方面不得不考虑欧盟经济援助所提供的替代条件。① 还应注意到，欧盟和美国的对立导致国际社会很多致力于食品标准协调的国际组织在统一规范转基因食品标准问题上进程缓慢、收效甚微。比如 FAO、WHO、CAC 和 OECD 统一标准的尝试最终都因为欧美的严重对立而搁置。②

从有利的角度来说，欧盟和美国为了积极游说发展中国家接受各自的态度和立法，在世界范围内扩大各自的阵营，在 WTO 和《卡塔赫纳生物安全议定书》项下积极开展对外援助，用于支持发展中国家和最不发达国家国内转基因能力建设。但是从目前来看，支持的力度和效果不佳，很难从根本上弥补发展中国家和最不发达国家转基因能力建设的空缺。从根本上说，各发展中国家还应依靠自身实力，提升自身转基因技术研发水平和立法监管水平。

（二）发达国家对转基因作物新品种知识产权的强势保护对发展中国家十分不利

以美国为例，其国内推崇对转基因作物知识产权的严格保护，在国际上其极力将转基因作物知识产权纳入 TRIPS 协定，在 TRIPS 谈判中将其作为首要目标。TRIPS 协定于 1995 年 1 月 1 日正式生效，其在序言中指出"希望消除对国际贸易的扭曲和阻碍，并考虑到促进知识产权的充分和有效保护

---

① 参见陈亚芸：《转基因食品国际援助法律问题研究——兼论发展中国家的应对措施》，载《太平洋学报》2014 年第 3 期。

② 参见陈亚芸：《转基因食品国际法律冲突协调——试析国际组织"软法"的作用》，载《西部法学评论》2014 年第 5 期。

的必要性，以及确保行使知识产权的措施和程序本身对合法贸易不构成障碍 ...”。然而实践中美国这一政策目标与发展中国家利益产生冲突，特别是知识产权保护所推崇的个人利益保护与社会集体利益的冲突。考虑到许多发展中国家利益，TRIPS 协定在第 27 条“能够获得专利保护的对象”第 2 款和第 3 款（b）做了例外规定。第 27 条第 2 款规定：“如果为了保护公共利益或社会公德，包括保护人类、动物或植物的寿命及健康，或者为避免对环境的严重污染，有必要在已缔约方的领土上禁止一个发明的商业性实施，该缔约方可以排斥该发明的可专利性，其条件是这样的排除不是仅仅因为该发明的实施为其国内法律所禁止。”第 27 条第 3 款（b）项指出：“缔约方还可以排除下列各项的可专利性：...（b）除微生物之外植物和动物，以及本质上为生产植物和动物的除非生物方法和微生物方法之外的生物方法。”尽管如此，在具体争端案件中专家组和上诉机构对上述条款的援引有着严格的适用条件。美国为摆脱此种不利局面，积极推进 TRIPS-plus 双边协定的谈判，以敦促发展中国家在过渡期后迅速与 TRIPS 相关规定接轨。TRIPS-plus 为发展中国家设置了更为严格的知识产权保护标准，并要求后者遵守其他国际知识产权协定的规定。

正如学者批评的那样，把西方知识产权保护价值观强加于发展中国家而疏于对发展中国家传统丰富基因资源的保护是非常不公平的。① 因为总体上说，发达国家有转基因技术优势，而发展中国家在生物多样性方面提供了丰富的自然基因选择。发达国家需要从发展中国家自然资源中选择基因，但是当其受到本国知识产权保护后，发展中国家再次利用如果未获许可则构成剽窃侵权。发展中国家为改变这一不利局面，积极寻求在《生物多样性公约》项下增强对发展中国家的利益保护。《生物多样性公约》做出了诸多与TRIPS 协定不同的安排。包括公约其后的补充《卡塔赫纳生物安全议定书》，在调整转基因生物跨国转移方面也与发达国家的传统思路截然不同。应该说

---

① Neil D.Hamilton, Biodiversity, Biotechnology, and the Legal Protection of Traditional Knowledge: Forced Feeding:New Legal Issues in the Biotechnology Policy Debate, 17 WASH. U.J.L.&POL'Y 37, 52–53（2005）.

《生物多样性公约》体现了发达国家和发展中国家利益的折衷协调。遗憾的是，尽管世界绝大多数国家已签署并通过了《生物多样性公约》，美国提出对公约第 16 条和第 19 条的反对，认为其与现行的知识产权保护规则不符从而拒绝签署该公约。美国反而积极投身于 TRIPS 协定的谈判、签署和修改，希望以贸易之名达到在全球范围内保护其强大转基因技术知识产权之实，借TRIPS 作为其前沿阵地实现对抗《生物多样性公约》的目的。

不可再次繁殖种子（sterile seed）技术也可能带来伦理问题。正如前面案例所揭示的那样，诸多转基因生物种子公司在向农民出售转基因种子时都附带一份销售合同，声明禁止农民将转基因作物留种用作次年种子，第二年应再次从生物公司购买转基因种子。为此，转基因生物公司还委派调查员去种植户田间地头进行实地调查检测取样，以确保种植户遵守购买合同中规定的条款。如发现侵权，进行协商时首先要求农户补缴购买种子的费用和许可证费用。若协商未果，则转基因生物公司多诉诸法律要求农户进行赔偿。该模式在施梅哲案和孟山都案中都得到很好的贯彻和体现，从实践角度来看，在发达国家内部转基因生物公司的诉求也绝大多数得到法院的支持。但是从世界范围来看，从发达国家出口到发展中国家的种子，禁止农民留种次年种植变得不太可控。

为了应对上述情形，发达国家一些大的生物种子公司开始研发新技术试图让转基因作物种植一季就自我终结，不再具有再繁殖能力，从而迫使农民在次年不得不重新购种。例如在 20 世纪 90 年代，美国农业部和 Delta and Pine Land Company 共同研发了"终结者技术"（Terminator Technology），获得三项专利保护，分别是 1999 年 11 月 2 日批准的专利号 5977441、1999 年 7 月 20 号批准的专利号 5925808 和 1998 年 3 月 3 日批准的专利号 5723765。后 Delta and Pine Land Company 被孟山都公司兼并。[1] 这种终结者技术遭到

① Debra M. Strauss, Defying Nature: The Ethical Implications of Genetically Modified Plants, 3 J.Food L.&POL'Y 1, 8–9（2007）. Brian Tokar, Resisting Biotechnology and the Commodifiation of Life, 18 SYNTHESIS/REGENERATION, Winter 1999, available at http://www.greens.org/s-r/18/18-01.html.

很多质疑，正如学者说的那样"该技术从商业角度说，对于转基因生物种子公司前景光明，但是从社会伦理角度上说，其是病态的。"① 也有学者评论说，这种技术的出现是对转基因种子生物技术知识产权的极端保护，不利于自然界生物多样性保护，也不利于世界粮食供应。② 对于发展中国家而言，该技术已更为不利。一方面与传统的农民育种权相冲突，另一方面对农业安全也会产生负面影响。

---

① Lara E.Ewens, Seedwars: Biotechnology, Intellectual Property, and the Quest for High Yield Seeds, 23 B.C. INT'L &COMP.L.REV.（2000）at 307.

② Samatha M. Ohlgart, The Terminator Gene: Intellectual Property Rights v. The Farmers' Common Law Right to Save Seed, 7 DRAKE J. AGRIC.L 473（2002）.

第二章　欧盟转基因食品安全立法、司法实践及经验

一、欧盟转基因食品安全立法

（一）欧盟转基因食品安全立法回溯

根据欧盟立法，转基因生物被定义为"其DNA通过人为方式发生改变的生物"。欧盟转基因食品安全立法经历了从无到有并不断丰富的过程。在欧共体成立的较长时期内，其重心在于制定和完善共同农业政策。随着20世纪80年代转基因技术的产生和发展，欧共体开始着手对其进行法律规制。转基因技术虽然至今发展时间并不长，仍存在科学上的不确定性，其安全性也不断遭受消费者质疑。但基于其在世界范围内的迅猛发展，转基因食品已经成为欧盟共同农业政策和食品安全监管的重要组成部分。欧盟转基因食品安全立法成果丰硕，已经成为世界立法的典范，其发展过程从内容和时间上看，大致可分为两个阶段。

第一阶段从20世纪90年代初至中期，主要集中监管转基因工程试验阶段的安全性。代表性的法规为1990年《关于含有使用转基因微生物指令》（90/219/EEC）[1]、《关于转基因生物有意环境释放指令》（90/220/EEC）[2]、《保

---

[1]　Council Directive 90/219/EEC of 23 April 1990 on the contained use of genetically modified micro-organisms, OJ N0. L 117 of 8.5.1990, p.1.

[2]　Council Directive of 3 April 1990on the deliberate release into the environment of genetically modified organisms（90/220/EEC）.

护生物制剂工作人员安全指令》（90/679/EEC）①、《关于成员国危险品公路运输指令》（94/55/EC）②。该阶段立法主要调整实验阶段转基因微生物安全，防止其泄漏造成工作人员健康和生态环境危害。

第二阶段从 21 世纪初至今，该阶段主要致力于对转基因食品商业化生产和上市销售的监管，立法主要规范转基因食品标识、转基因产品回溯和召回、转基因产品上市审批、转基因食品运输，并对转基因食品立法基本原则进行梳理和总结。该阶段具体立法如《转基因生物有意环境释放同时废止 90/220/EEC 指令》（2001/18/EC）③、《转基因食品和饲料管理条例》（1829/2003/EC）④、《转基因生物追溯性及标志办法以及含转基因生物物质的食品及饲料成品的追溯性管理条例》（1830/2003/EC）⑤、《转基因食品跨界运输条例》（1946/2003/EC）⑥、《关于未经授权 Bt10 转基因玉米应急措施决定》（2005/317/EC）⑦、《根据 1829/2003/EC 条例批准 1507 号转基因玉米及制成品上市决定》（2006/197/EC）⑧ 等。而

---

① Council Directive of 26 November 1990 on the Protection of Workers from riskes related to exposure to biological agents at work(90/679/EEC).http://www.biosafety.be/GB/Dir.Eur.GB/Other/90_679/TC.html.

② Council Directive 94/55/EC of 21 November 1994 on the approximation of the laws of the Member States with regard to the transport of dangerous goods by road, OJ L 319, 12.12.1994, P.7, 94/55/EC.

③ Directive 2001/18/EC of the European Parliament and of the Council of 12 March 2001 on the deliberate release into the environment of genetically modified organisms and repealing Council Directive 90/220/EEC, OJ.L 106/1.

④ Regulation on Genetically Modified Food and Feed, 1829/2003/EC.

⑤ Regulation on Traceability and Labeling of Genetically Modified Organisms and the Traceability of Food and Feed Products Produced From Genetically Modified Organisms, 1830/2003/EC.

⑥ Regulation 1946/2003/EC of the European Parliament and of the Council on transboundary movements of genetically modified organisms, OJ.L287/1.

⑦ Commission Decision of 18 April 2005 on emergeny measures regarding the non-auhorized genetically modified organism Bt 10 in maize products, 2005/317/EEC, OJ. L 101/14.

⑧ Commission Decision of 3 March 2006 authorising the placing on the market of food containing, consisting of, or produced from genetically modified maize line 1507 pursuant to Regulation（EC）No 1829/2003 of the European Parliament and of the Council（2006/197/EC），OJ. L70/82.

在上述系列立法中，最为重要的当属《转基因生物有意环境释放同时废止
90/220/EEC 指令》(2001/18/EC) 和《转基因食品和饲料管理条例》(1829/2003/
EC)。

　　欧盟转基因食品安全立法目标主要包含以下四个方面。其一，保护人类
健康和环境。转基因生物或者转基因食品只有在科学评估健康和环境的风险
且按照欧盟具体程序审批之后才能投向市场。其二，制定统一、高效和透明
的转基因作物风险评估和审批程序。其三，建立转基因食品标签制度，确保
消费者、农民和食品饲料供应商知情并作出选择。其四，建立上市的转基因
作物的追溯制度。①

　　从上述对欧盟转基因食品安全立法发展过程梳理看，新千年来欧盟在立
法数量、调整的范围、调整手段上都有量和质的突破。立法增强了欧盟成员
国间的合作与协调，扩大了欧盟活动范围。这一方面源于转基因技术及生产
实践的发展，另一方面也体现出欧盟对于食品安全监管的日益重视和审慎的
态度。还应看到，转基因食品安全立法多为二级立法，欧盟行动能力有限，
在欧盟基础条约中还没有专门针对转基因食品安全的相关规定，目前立法仅
做了分散而笼统的规定。如《马斯特里赫特条约》第二编"为建立欧洲共同
体而修改建立欧洲经济共同体条约的条款"新增了"公共卫生"和"消费者
保护"条款。第 129 条 A"共同体在采取特别行动以支持和补充成员国在对
不消费者的健康、安全和利益的保护以及在保证向消费者提供适当信息方面
所执行的政策…依照第二款而采取的行动不得阻止成员国维持或采取更为严
格的保护措施"。2009 年 12 月 1 日生效的《欧洲联盟运行条约》第十四编、
第十五编和第二十编延续了之前《马斯特里赫特条约》的规定，指出"在确
定和实施联盟所有政策与行动时，应确保对人类健康的高水平保护…为促进
消费者的利益，确保对消费者的高水平保护，联盟应致力于保护消费者健
康、安全和经济利益，促进其知情权、受教育权…欧盟环境政策应致力于保

———————
① http://ec.europa.eu/food/plant/gmo/legislation/index_en.htm.

持、保护和改善环境质量、保护人类健康、谨慎合理使用自然资源…"① 根据欧盟和成员国权能的划分，消费者保护和环境属于共享权能，而在保护和改善人类健康上欧盟仅享有补充权能。转基因食品安全与环境、消费者保护和人类健康保护息息相关，欧盟在该领域权能和行动范围的扩展还有很大的上升空间。

欧盟转基因食品安全立法主要内容包括如下几个方面：②

第一，上市审批制度。对转基因成份使用的首次规定为1990年《关于含有使用基因改造微生物指令》（90/219/EEC），该指令共23条，核心条款为第7至19条。指令第5条明确规定指令不适用于转基因微生物运输以及上市销售转基因食品的储存、运输及损毁处理，主要针对的是用于教学和科研目的的转基因微生物的非商业小规模使用。指令将转基因微生物按照用途不同分为两类区别对待。同时还规定了成员国和欧盟机构系列义务，如设立监管当局、通知、咨询、信息沟通和事故应急处理义务。其后，1990年《关于含有使用转基因改造微生物指令》（90/219/EEC）被2009年欧盟议会和理事会新出台的《含有转基因微生物使用指令》（2009/41/EC）③ 所替代。

随着转基因作物从实验室走向市场，欧盟1829/2003条例规定了严格的转基因食品和饲料审批和监管制度，以确保欧盟境内与转基因相关的人类生命健康、动物健康福利、环境及消费者利益的高水平保护以及内部市场的有效运行。其核心规定包括未经该条例审批和授权，任何转基因食品和饲料不得在欧盟境内上市销售。建立单一、高效、透明的欧盟审批制度，对于转基因作物使用包括将来可能的种植实施单一申请、风险评估和审批制度。批准与否主要依据欧盟食品安全管理局风险评估意见。任何转基因食品和饲料上

---

① 程卫东、李靖堃译：《欧洲联合基础条约——经〈里斯本条约〉修订》，社会科学文献出版社2010年版，第112、113、119、120页。

② Damien Plan, Guy Van den Eede, The EU Legislation on GMOS:An Overview, JRC Scientific and Technical Reports.

③ Directive 2009/41/EC of the European Parliamen and of the council of 6 May 2009 on the contained use of genetically modified micro-organisms, OJ L125/75, 2009/41/EC.

市有效期最长为 10 年，其后需要重新进行风险评估和再次审批。

　　而对于审批后的监管制度，欧盟立法也有相关规定。2001/18/EC 指令附件 7 分别对转基因作物种植和转基因食品和饲料上市销售的后续环境监测作出明确规定。要求跟踪监测因种植和销售产生的不可预测的负面影响，在个案基础上监测其对环境可能造成的直接和间接影响。① 根据 882/2004 号条例②的规定，成员国对于欧盟境内转基因作物环境释放以及处于进口和上市阶段的转基因种子、转基因食品和转基因饲料负有主要监管责任。实际监管和控制包括审计、监督、后续记录、甄别取样等。委员会食品和兽医办公室（Commission Food and Veterinary Office, FVO）负责监督成员国认真履行监管和控制的义务。除此之外，成员国对于未经批准的转基因作物可能造成的健康和环境风险作出应急预案，一旦发现应及时提交通知至食品和饲料快速应急系统（Rapid Alert System for Food and Feed, RASFF），以便成员国间合作并作出有效应对。早先类似的，欧盟委员会对来源于美国未经授权的 Bt10 转基因玉米和 601 大米出台过应急预案决定。③

　　第二，环境释放监管。《关于转基因生物有意环境释放指令》（90/220/EEC）该指令规定，在任何转基因生物、转基因产品或含有转基因生物的产品在环境释放或投放市场之前，必须对其可能会给人类健康和环境所带来的风险进行评估，并且依据评估结果对其进行逐级审批。《转基因生物有意环境释放同时废止 90/220/EEC 指令》（2001/18/EC），专门调整规范为田间试验和商业目的产生的转基因生物环境释放问题以及欧共体层面的批准程序。其核心内容包括以下几个方面。第一，在第 2 条中对转基因生物进行法律界定，指出转基因生物是指除人类转基因之外的其他 DNA 非自然改变的生

---

① http://ec.europa.eu/food/plant/gmo/post_authorisation/plans_reports_opinions/index_en.htm，访问日期 2015 年 11 月 11 日。

② Regulation（EC）No 882/2004 Official controls performed to ensure compliance with feed and food law, OJL 16530.04.2004（corrigendum in OJL 19128.05.2004）.

③ Commission Decision 2005/317/EC repealed by Commission Decision 2007/157/EC；Commission Decision 2006/601/EC repealed by Commission Decision 2010/315/EU.

物。第二，规定了为田间试验目的而产生的转基因环境释放的批准程序。该程序要求申请者根据该指令 B 部分的规定向成员国有关当局提交包含环境风险评估的申请，而审批权由成员国当局排他行使。第三，规定了为商业目的而产生的转基因环境释放的批准程序。与田间试验目的不同，商业目的转基因环境释放的审批权由成员国和欧盟共同行使，而最终审批权不在成员国而是在欧盟层面。理由是，一旦批准转基因生物会在欧盟全境自由流动，因而应由所有成员国共同决定。更确切地说，申请者根据该指令 C 部分的规定，首先向成员国当局提交包含转基因生物具体信息、环境评估风险、不超过十年的申请同意期限、上市后监管计划和标签等内容的申请书。成员国当局收到申请书后先期进行评估和审理，如给出肯定答复则需要提交给欧盟委员会再次进行评估和审批；如给出否定意见则审批程序终止，无需再提交给欧盟委员会。欧盟委员会在收到申请后，主要授权欧洲食品安全管理局（European Food Safety Authority, EFSA）进行审查。欧盟食品安全管理局召集医学、营养学、毒理学、生物学、化学和其他相关领域专家，对指令附件 II 列明的事项进行评估。包括查明此种转基因生物是否存在可能产生副作用的特性、评估每种副作用可能导致的不良后果、评估副作用发生概率以及总体风险评估等。如果欧盟食品安全管理局给出肯定意见，委员会向成员国代表组成的监管委员会（Regulatory Committee）提交决议草案并征求意见。如监管委员会经特定多数通过，则决议草案通过；相反则需进一步提交给欧盟理事会通过特定多数票表决；如理事会在三个月内没有作出表决，则委员会有权通过决议草案。

第三，可追溯性和标签制度。1829/2003/EC 条例旨在加强对转基因食品的公共卫生和环境监管，制定了转基因食品批准和监管程序以及标签制度。根据条例第 3 条的规定，"可追溯性"是指"可以在上市销售的任何阶段追踪到转基因食品及其衍生品"。具体制度包括转基因食品标签验证、必要情况下有目的监测对健康和环境的潜在影响以及转基因食品召回等机制。第二部分第 12 至 14 条专门对转基因食品标签制度作出详细规定，指出当转基因食品与传统食品存在不同特征或者宗教和种族担心时应特别标识，其中产品本身特征指的是组成、营养价值和效果、用途以及对特定人群影响。1830/2003/EC 条例的目标在于建立转基因产品追踪制度、方便正确标签、检测对环境可能造成的影响，并在必要时候召回危害产品。第 4 条专门规定了转基因产品追溯和标签管理，其中（b）款对转基因食品标签做了说明，要求不管食品是包装好的还是散装，都应在特殊位置提醒消费者产品为转基因食品或者含有转基因成份。第 7 条对 2001/18/EC 指令第 21 条作出修订，将免贴标签的转基因食品条件规定为：食品中混入的转基因成份是在偶然或是技术上不可避免的情况下，含量小于 0.9% 时才可以不贴标签。

第四，转基因成分检测制度。1829/2003/EC 条例第 5 条、第 17 条和第 32 条专门规定了转基因作物审批过程中的检测制度。特别是第 32 条及其附件的规定，专门设立了欧盟转基因食品和饲料参考实验室（Community Reference Laboratory for GM Food Feed）负责具体工作。经 1981/2006 号条例① 附件 3 修订后，该实验室作为欧盟联合试验中心的一部分，其职责主要包括：第一，负责转基因作物控制样本的接受、准备、储存和发放，并对数据保密。第二，根据 882/2004 号条例② 第 32 条的规定，将上述控制样本分发给成员国参考实验室并确保数据不外泄。第三，评估试验数据，为欧盟批准转基因作物上市提供依据。第四，向欧盟食品安全管理局提交最终报告。第五，当成员国对分析结果提出异议时，为欧盟委员会提供科学技术支持。882/2004 号条例还分别补充规定了欧盟参考实验室和成员国参考实验室各自的职责。在二者关系上，条例指出前者应为后者分析方法提供技术指导，并帮助成员国培训试验人员。

第五，共存法律制度。共存法律制度的目标是在转基因作物种植区域为避免转基因作物和非转基因作物的混同，并减少由此对传统有机作物造成的经济损失。需要指出的是，由于转基因作物在播种之前已经通过欧盟严格的

① Regulation（EC）No 1981/2006 on Detailed rules for implementation of article 32 of Regulation（EC）No 1929/2003 on the CRL for GMOs, OJL 36823.12.2006.
② Regulation（EC）No 882/2004 Official controls performed to ensure compliance with feed and food law, OJL 16530.04.2004（corrigendum in OJL 19128.05.2004）.

人类健康及环境安全风险评估，因此共存立法重点不在潜在风险控制，而仅涉及经济损失，特别是转基因作物在田间存在可能对传统有机作物造成的经济损失。在立法方面包括：《欧盟委员会 2003 年关于发展国家战略和确保转基因作物和传统及有机农业作物最佳共存指导文件》①《欧盟委员会 2010 年关于发展国家战略和确保转基因作物和传统及有机农业作物最佳共存建议》②《2003 年欧盟议会关于共存问题的决议》③ 和《2006 年欧盟理事会关于共存问题的决定》④。上述多为指导性法律文件，不具有法律拘束力。2015 年 3 月 11 日欧盟议会和理事会出台了 2015/412 号指令，允许成员国限制或者禁止在本国内种植转基因作物。⑤ 允许成员国在申请批准阶段或者超过有效期重新申请批准阶段，要求在国内部分地区或者全境设立转基因作物禁止种植区。

第六，转基因食品跨境运输和出口制度。欧盟是《卡塔赫纳生物安全议定书》的缔约方，2002 年欧盟通过决议正式加入该议定书，该议定书在 2003 年 9 月 11 日正式生效后对欧盟产生拘束力。此后欧盟积极出台立法将议定书项下义务转化为欧盟立法。特别是以 2001/18/EC 指令为代表，积极规制转基因作物进口。在欧盟转基因食品出口方面，1946/2003 条例⑥ 进行

---

① Commission Recommendation of 23 July 2003 on guidelines for the development of national strategies and best practices to ensure the coexistence of genetically modified crops with conventional and organic farming（[2003] OJL189/36）.

② European Commission Recommendation of 13 July 2010 on guidelines for the development of national co-existence measures to avoid the unintended presence of GMOs in conventional and organic crops（2010/C 200/01）.

③ European Parliament resolution on coexistence between genetically modified crops and conventional and organic crops（2003/2098 INI）.

④ Council of the European Union Conclusion on Coexistence of genetically modified, conventional and organic crops-freedom of choice（9810/06）.

⑤ Directive（EU）2015/412 of the European Parliament and of the Council of 11 March 2015 amending Directive 2001/18/EC as regards the possibility for the Member States to restrict or prohibit the cultivation of genetically modified organisms（GMOs）in their territory.

⑥ Regulation（EC）No 1946/2003 on the transboundary movements of GMOs（OJL 287 of 05.11.2003）.

了细致规定。包括转基因食品出口环境释放方面的通知义务、向公众及贸易伙伴提供欧盟转基因食品实践及立法信息、对转基因食品和饲料出口的具体规制以及向《卡塔赫纳生物安全议定书》项下生物安全信息交换中心（Biosafety Clearing House）提供相关信息等。

（二）欧盟转基因食品安全立法执行评估 ①

1.《转基因生物有意环境释放同时废止 90/220/EEC 指令》（2001/18/EC）执行情况评估

2001/18/EC 指令取代了之前的 90/220/EEC 指令，于 2002 年 10 月 17 日正式生效。根据指令第 31 条第 4 款至第 7 款的规定，每三年成员国应向委员会报告其国内执行该条例采取的办法以及转基因作物和食品相关实践。欧盟委员会在此基础上应向欧盟议会和理事会提交关于该指令 B 和 C 部分运行的报告。自指令生效以来，2003 年 10 月欧盟向理事会和议会提交了第一份报告，2006 年提交了第二份报告。欧盟网站最新资料截止于第二份报告，其后无资料更新。②

评估主要围绕指令 B 和 C 部分展开，欧盟委员会通过向成员国发放调查问卷收集资料，一共设计了 45 个问题。截至 2006 年报告出台，除了葡萄牙没有反馈信息之外，其他欧盟成员国都积极提供了最新数据。B 部分主要涉及成员国当局对于 B 部分咨询公众意见、区别对待程序和逐步淘汰抗生素耐药标记等义务的执行情况。C 部分包括审批后十年的时间限制、审批后监测以及标签和可追溯性要求。其中比较有代表性的问题如，从 2002 年 10 月 17 日 2001/18/EC 指令生效时起，成员国共受理了多少份转基因作物试验

---

① 该部分资料皆来自欧盟网站，访问日期 2019 年 10 月 24 日，http://ec.europa.eu/food/plant/gmo/reports_studies/index_en.htm。

② Commission staff working document - Accompanying document to the second report from the Commission to the Council and the European Parliament on the experience of member states with GMOs placed on the market under Directive 2001/18/EC {COM（2007）81 final}/* SEC/2007/0274*/, http://ec.europa.eu/food/plant/docs/plant_gmo_report-studies_2nd_com_report_experience_ms_gmo_annex_en.pdf。

申请？同意和否决的情况为何？在同意的申请中，完成了多少份田间试验？

表 2—1 欧盟成员国转基因作物试验申请情况统计表

	申请的数量（植物和非植物）	同意	不同意	撤销	未决	总数
奥地利、爱尔兰、卢森堡	0	0	0	0	0	0
比利时	1（植物） 2（临床试验）	2	1	0	0	3
德国	25	21	0	1	3	25
丹麦	1	0	0	1	0	1
西班牙	89	72	9	2	6	89
芬兰	2	2	0	0	0	2
法国	42（植物） 12（临床试验）	42	1	0	11	54
意大利	5	3	0	0	2	5
荷兰	7（植物） 6（临床试验）	13	0	0	0	13
葡萄牙	0	0	0	0	0	0
瑞典	16（植物） 1（临床试验） 1	17	0	0	1	18
英国	9	9	0	0	0	9

从总的执行情况来看，关于该条例的信息反馈不够理想。最终报告止步于 2006 年，并不符合三年提交一次报告的要求。从现有的反馈情况看，部分国家拖延甚至拒绝提供相关数据。委员会部分问卷调查问题设计流于形式，无法精确搜集、反映、总结成员的相关数据和实践，使得报告监督制度没有真正发挥效用。

2.《转基因生物追溯性及标志办法以及含转基因生物物质的食品及饲料成品的追溯性管理条例》（1830/2003/EC）执行情况评估 ①

2006 年 5 月 10 日，根据条例第 12 条的规定，欧盟委员会向欧洲议会和理事会提交一份关于该条例实施情况的报告。由于成员国提供的数据十分有限，欧盟委员会又开始起草新的报告，搜集更多的资料以获得全面的执行情况。23 个成员国提交了相关数据，一些工业协会和公司也提交了相关资料。对成员国资料的搜集主要通过问卷调查的方式进行，问卷设计了 10 个相关问题。分别是：（1）可追溯性规则的解释；（2）可追溯性规则的实施和效果；（3）GMOs 混合物的可追溯性；（4）标签规则的解释；（5）标签规则的实施和效果；（6）低于阈值的可追溯性和标签要求的例外情况；（7）唯一标识；（8）监督和控制措施；（9）《卡塔赫纳生物安全议定书》要求下相关立法措施；（10）其他。该报告于 2008 年 9 月 17 日正式出台。报告分为六个部分。

第一，欧盟境内转基因食品销售情况。欧洲食品和零售行业对转基因食品的营销仍有抵制，在欧洲市场上销售的大多数转基因产品都是用于动物饲料，主要来自进口的大宗商品，主要是大豆和玉米。许多成员国报告说，其境内没有任何转基因作物种植。2006 年 MON810 仍然是 6 个有转基因作物种植的成员国中唯一种植的转基因作物，总面积约为 6 万公顷。2007 年这些地区播种面积增加到 11 万公顷。

第二，可追溯性规则的执行情况。尽管有些人担心立法的复杂性以及条例与监管之间的要求重叠，但大多数成员国在解释追溯规则时都没有出现问题。大多数会员国发现追溯规则对标签和知情选择的影响是积极的，因为它们促进了官方控制、风险管理和整个系统的运作。对进口转基因商品的追踪和监管也产生了积极影响，也减轻了消费者对于转基因食品的安全担忧。同时一些成员国也指出了部分问题。如只有大型企业才具备保证、证书系统和验证系统用以分析报告或采集样本，尽管条例不要求分析报告或抽样。这可

---

① http://eur-lex.europa.eu/legal-content/EN/TXT/PDF/?uri=CELEX:52008DC0560&from=EN.

能实际导致大小企业在追溯制度上成本和效果不一致。再如部分运营商并不总是意识到他们有义务将各自的文档保存 5 年，而且只有少数情况下是这样做的。最后总体上由于欧洲零售商排斥使用含有转基因成分的食品，因此在食品源头上一些生产商为避免强制标签的麻烦，在不易检测的情形下倾向于不合理标识。

第三，大多数成员国报告称，官方对标签规则的解释没有问题，而且总体认可标签制度对于规范市场秩序、保障消费者知情权的积极作用。少数几个成员国指出，还不是太明白"转基因食品和饲料"这一术语的准确解释，特别如转基因成分的产品仅用于工业用途（例如用于清洁煎锅的油）是否需要标注。其他问题还包括错误标签（例如，标签表明产品"可能"含有转基因成分），不符合成员国国内法的标签（例如"非转基因"或"无转基因"），缺乏说明在非预包装产品中存在转基因产品的文件，以及在超过了 0.9% 的阈值的情况下缺乏标签。

第四，标记阈值和 GMOs 的偶然出现问题。当谷物、面粉或加工产品的混合物需要分析时，就会有实际的困难，因为它们可能含有来自同一原料的不同成分，如玉米淀粉和面粉。还有些成员国认为，有必要标识出种子中的转基因成分。一个专业协会指出，0.9% 的门槛构成了一个武断的选择，应该提高到一个更实际的水平。与此同时，几个会员国报告了他们对"转基因成分意外存在"的看法。对转基因作物存在于食品和饲料链中是出于偶然还是由于运营商的疏忽，各成员国认定的方法不同。运营商通常必须提供证据，证明他们有意避免在生产的各个阶段掺杂转基因成分。这些证据包括订购和购买非转基因材料的证书，使用不同的储存区，以及没有转基因生物的生产线。一些会员国还检查生产的顺序、清洗程序以及所有必要的措施，以得出存在是不确定的，技术上是不可避免的。少数几个成员国报告说，如果食品和饲料链中的原始材料被贴上转基因的标签，那么最终的产品也会被贴上转基因的标签，即使它们的含量低于 0.9%。因为在这种情况下，它们的存在并不被认为是偶然的。

第五，统一标识的使用。大多数会员国将独特的标识符视为识别和标记转基因产品的有用工具并报告没有严重问题。少数几个成员国指出，在产品文档中唯一标识符缺失。

第六，成员国执行条例的情况以及执行 2004/787/EC 建议的情况。大多数会员国认为条例的执行基本符合要求，只是具体执行方式上各国实践有所不同。在一些成员国大部分的检测都是记录的，而抽样和分析由于成本因素而受到限制。几个会员国报告了可用资源有限的问题，以及由此导致的检查和控制的减少。在一些成员国中，需要在季节性基础上增加额外的工作人员。一些成员国认为产品不包含任何可检测和可识别的转基因成分，但仍需贴上标签。正如在上一份报告中所指出的，会员国指出了 2004/787/EC 在抽样和检测方面的实施问题。大多数成员国认为它的实施既昂贵又耗时，尤其是在大量货物运输的情形下。他们声称，根据建议对进口的散装货物进行检查和抽样，对当局造成了很大的负担，结果与所花的时间和经济负担不相称。他们认为要求的增量样本数量过高，特别是在超过 500 吨的船只上。一些成员国报告说，他们采用的是旧的饲料抽样指令 76/371/EEC 建立的抽样方法，建立了对饲料的官方控制抽样定量方法。此外，该建议不可能适用于预先包装好的食品或少量的原料。

3.《转基因食品和饲料管理条例》（1829/2003/EC）执行情况评估 ①

《转基因食品和饲料管理条例》（1829/2003/EC）于 2004 年 4 月 1 日起施行。它涵盖了作为食品和饲料直接使用的转基因生物以及含有转基因生物成分的食物和饲料。由此一来，该条例调整的范围很大，所有可能被用作食物或饲料的转基因生物或作为食物或饲料生产的原料，都被认为是用于食品和饲料的转基因生物。本条例所规定的风险评估包括对转基因食品和转基因饲料的安全评估，以及可能的环境风险评估，并为此专门设立了欧洲食品

---

① REPORT FROM THE COMMISSION TO THE COUNCIL AND THE EUROPEAN PARLIA-MENT on the implementation of Regulation（EC）No 1829/2003 of the European Parliament and of the Council on genetically modified food and feed, Brussels, COM（2006）626 final, 25.10.2006. https://eur-lex.europa.eu/legal-content/EN/TXT/PDF/?uri=CELEX:52006DC0626 &from=EN.

安全管理局（EFSA）专门执行相关评估。除此之外，对本条例管辖范围内种植的转基因生物，欧洲食品安全管理局应要求成员国主管机关在 2001/18/EC 指令下进行环境风险评估。根据该条例第 47 条和第 48 条 ① 的规定，欧盟委员会将向欧洲议会和理事会提交一份关于该条例实施情况的报告。条例第 47 条是有关在某些条件下对从有利的风险评估中受益的转基因材料的偶然或技术上不可避免的存在过渡措施的规定，指出"1. 在食品或饲料中含有GMOs，含量不高于 0.5%，不应被视为违反第 4 条（2）或第 16 条（2）项，前提是：（a）这种存在是偶然的，或者在技术上是不可避免的；（b）基因改造材料得到社区科学委员会积极意见支持或管理局在本条例实施之日之前的有利意见；（c）其授权申请未按照有关的社区立法予以驳回；（d）检测方法是公开的。2. 为了证明这种材料的存在是偶然的，或者在技术上是不可避免的，操作者必须能够向主管当局证明他们已经采取了适当的步骤来避免这些材料的存在。3. 第 1 款所指的阈值可以根据第 35（2）条所述的程序降低，特别是对于直接销售给最终消费者的 GMOs。4. 执行本条的详细规则应按照第 35（2）条所述程序进行。5. 本条规定在本条例施行之日起三年内适用"。第 48 条是有关审查的规定，指出"1. 不迟于 2005 年 11 月 7 日，根据所取得的经验，委员会应向欧洲议会和理事会提交一份关于本条例执行情况的报告，特别是第 47 条，并在适当的情况下随附任何适当的建议。该报告和任何建议都应向公众开放。2. 在不影响国家当局权力的情况下，委员会应监督本条例的实施及其对人类和动物健康、消费者保护、消费者信息和内部市场运作的影响，并在必要时尽早提出建议"。

报告一共分为两大部分，第一部分为有关 1829/2003 条例的执行情况，第二部分为制定实施措施和具体说明。具体而言，第一部分项下包括审批程序、根据本条例第 46 条规定的过渡性措施对食品和饲料进行授权、本条例实施之前已经上市销售的转基因食品的通知程序、转基因食品和饲料的标签制度、未经授权的转基因食品和欧盟食品兽医办公室对 13 个成员国的检查。

---

① https://eur-lex.europa.eu/legal-content/EN/TXT/PDF/?uri=CELEX:32003R1829&from=EN.

第二部分包括常设委员会关于食品链和动物卫生开展的活动、出台的实施细则和准则、2001/18/EC 指令和 1829/2003 条例之间的关系、对未经批准或技术上不可避免的转基因材料存在采取的措施、利用转基因生物发酵生产但在最终产品中没有出现转基因成分的食品和饲料、关于条例对标签部分规定的澄清和结论。具体有以下几个方面值得注意：

第一，审批程序。审批程序分三步走。第一步，当事人向成员国提交拟上市销售转基因食品和饲料的申请，成员国毫不迟延地将申请递交给欧洲食品安全管理局（EFSA）。第二步，欧洲食品安全管理局准备和发表意见。欧洲食品安全管理局最长在六个月内出台意见，在此期间在其官方网站上公布申请摘要，并与欧盟委员会和成员国进行协商。第三步，通过是否批准相关申请的决定。截至 2006 年 7 月 1 日，已提交了三十四份申请。为了促进欧洲食品安全管理局、成员国和欧盟委员会之间大量的信息交流，EFSA 已经建立了一个电子系统（称为 GMO EFSAnet），提供了一个安全的数据通信平台。

第二，根据本条例第 46 条规定的过渡性措施对食品和饲料进行授权。在该条例生效之前，转基因食品和饲料的授权程序是在（EC）第 258/97 号和第 2001/18/EC 号指令下进行的。为了确保顺利过渡到新的授权制度，条例第 46 条规定了过渡措施，允许在授权程序的高级阶段的申请继续按照相关立法进行审议和批准。在 2006 年 7 月 1 日之前，根据条例（EC）第 258/97 号条例和 4 项决定，批准了在转基因食品市场上投放的 4 项决定，并在第 2001/18/EC 号指令下通过了对含有或包含转基因食品的饲料市场的决定。

第三，本条例实施之前已经上市销售的转基因食品的通知程序。某些转基因食品和饲料产品早在 1997 年就已在欧盟合法销售，因为它们是在其他法律下获得批准的，或者不需要特定的审批程序。为了覆盖这些转基因产品，条例第 8 条和第 20 条规定，希望继续销售现有产品的经营者必须在 2004 年 10 月 18 日之前通知委员会并提交关于转基因产品的详细信息。欧盟委员会随后审查了这些通知的有效性，并同意将 26 个转基因生物纳入转基因食品和饲料登记的特定部分。其可以在市场上保留 3—9 年，此后运营商必须重新提交申请更新授权。

第四，转基因食品和饲料的标签制度。根据条例第 13 条的规定，食品必须贴上标签标明在特定情况下转基因成分的存在。然而第 12 条规定当转基因成分比例低于 0.9%，且这种存在是偶然的或者在技术上不可避免时，可以免于标注。根据成员国的样本分析报告，欧盟境内未按照规定进行标注的转基因食品比例低于 2%（基于 7129 个分析样本得出的数据）。不遵守转基因饲料标签要求的比例为 6%（2478 个分析样本中的 153 个）。

第五，食品和兽医办公室对 13 个成员国进行了检查，检查结果如下：（1）13 个成员国都指定了主管当局负责转基因食品和饲料的监管。（2）所有成员国都根据委员会 2005/317/EC 号决定对 Bt10 进行充分有效控制。（3）成员国发现的大多数侵权行为都与食品和饲料的错误标签有关。（4）调查结果表明拥有高度区域自治的成员国，在地区和中央层面之间的协调能力较弱，缺乏总体控制。（5）在食品、饲料和种子方面，成员国抽样水平差异很大。具体来说，6 个成员国没有在食品和饲料的进口点进行取样控制。根据 2004/2005 年提供的数据，3 个成员国没有对种子发货进行抽样控制，以监测是否存在转基因生物。（6）委员会关于 GMOs 的取样和检测技术指导 2004/787/EC 建议以及 1830/2003 号条例，在被检查的成员国中并没有被很好遵守。在一些情况下，成员国使用了替代的抽样策略，如国际标准 ISO 2859 或欧共体立法（关于饲料控制的第 76/37/EEC 指令，或关于分支毒素取样的 98/53/EC）。主管当局表示在应用该建议的抽样规定方面存在困难，特别是对大量食品和饲料进行抽样。（7）尽管仍有一些实验室缺乏必要的认证，但官方处理分析的标准通常被认可为 ISO 标准（ISO 17025 或 ISO 45000）。大多数实验室可以定性和定量地分析那些经过认证的参考材料的转基因生物，尽管在不同成员国分析的数量有所不同。（8）仍有 4 个成员国无法对食物或饲料中转基因生物成份进行量化，即无法确定转基因生物成份含量是否高于 0.9%的阈值水平，因此无法执行条例第 12 条规定的标签要求。（9）6 个成员国对种子中含有的微量转基因成分都没有采取行动。

第六，常设委员会关于食品链和动物卫生开展的活动。自该条例于2004年11月7日生效以来，关于转基因食品、饲料和环境风险的章节举行了8次会议。在该委员会会议期间，就应澄清的一些条例的某些方面进行了不同的意见交换。

第七，对未经批准或技术上不可避免存在的转基因材料采取的措施。委员会通过了第641/2004号条例（EC），其中包括执行第47条的细则。在此基础上，委员会于2004年4月18日公布了一份清单，其中包括4种转基因食品和9种转基因饲料产品。

最终结论部分指出，该条例只在有限的时间内运作，其实施方面的经验极为有限，因此只有通过进一步的经验和报告才能真正了解该条例的实施情况，提出修改现行条例的建议还为时过早。关于该条例的第二份报告应用足够长的时间进行准备，以便更深入地了解监管实施的不同方面。截至目前，第二份报告尚未出台。

4. 90/219/EEC指令及替代其的2009/41/EC指令执行情况评估 ①

根据2009/41/EC指令第17条的规定，成员国应定期提交报告汇报关于基因改造微生物使用的情况。指令第17条第2款和第3款规定，欧盟委员会根据各成员国向欧盟委员会提交的报告每三年发布一次报告。迄今为止，根据欧盟网站的资料，欧盟委员会共出台了四份报告，分别是：1996—1999年度报告、2003—2006年度报告、2006—2009年度报告和2009—2014年度报告。下文以最新的2009—2014年度报告为蓝本，分析欧盟各国对2009/41/EC指令的执行情况。

2009—2014年度报告在26份国别报告基础上形成，还有2个国家没有提

---

① COMMISSION WORKING DOCUMENT，Experience of Member States with Directive 2009/41/EC of the European Parliament and of the Council of 6 May 2009 on the contained use of genetically modified micro- organisms（recast）for the period 2009-2014{SWD（2016）445 final}https://ec.europa.eu/food/sites/food/files/plant/docs/gmo_rep-stud_3yrs-report_2009-2014. pdf，访问日期2018年1月8日。

供相关报告。成员国围绕 8 个问题提供信息，分别是活动和设施、通知和审批系统、意外事故、检查和执法问题、条款解释问题、临床试验使用该指令的规定、公众咨询和信息以及废物处理。其中比较重要的部分包括以下几个方面：

第一，活动和设施。根据指令第 2 条 c 款的规定，包含使用的意思是："任何微生物在基因上被改变的活动，或者在任何其他方式中，这些微生物被培养、储存、运输、销毁、处置或使用；而具体的遏制措施是用来限制他们与一般人口和环境的接触。"包含的使用活动分为 4 个类别：类 1 表示不存在或可忽略的风险；类 2、3 和 4 分别代表低、中、高风险的活动。根据指令的规定，第一次使用时，必须将其活动的场所通知国家主管机关。通知之后，类 1 中包含的活动可以继续进行，而不需要进一步通知，其余类别则需要额外的特定通知。捷克共和国目前正在修改立法，要求每一类别包括类 1 在内都需要通知。根据成员国所提供的信息，大多数活动都属于类 1 或类 2。在报告期间，罗马尼亚没有相关活动。大多数活动都与研究有关，少量用于商业用途，如诊断制剂、药物产品或临床试验等。

第二，通知和审批系统。成员国主管当局略有不同。在保加利亚、捷克共和国、丹麦、爱尔兰、马耳他、荷兰、波兰、葡萄牙、罗马尼亚、斯洛伐克和斯洛文尼亚，通知和批准的主管部门是环境部或与环境相关的部门。在其他成员国如奥地利、克罗地亚、塞浦路斯、爱沙尼亚、法国、匈牙利、意大利、拉脱维亚和英国等，主管当局是其他部委或部门联合。如在奥地利、克罗地亚、意大利和英国卫生部参与其中，塞浦路斯和爱沙尼亚包括劳动部，匈牙利和拉脱维亚包含农业和农村发展部，法国包括国家高等教育、科学与研究部，比利时、芬兰和西班牙包括生物技术和生物安全部，瑞典包括工作环境部门，德国包括食品和消费者保护部门。总体而言，除了少数例外，大部分成员国都在规定时间内完成了国内立法及对接部门。

第三，意外事故。芬兰、荷兰、斯洛伐克、瑞典和英国根据指令第 2 条（d）和第 14 条、第 15 条规定的程序报告了事故情况。芬兰报告了一些轻微 2 类事故，且没有造成严重后果。荷兰报告了 13 起事故，没有对环境和健康造成影响。斯洛伐克报告了由病毒学研究所（1 级和 2 级 GMOs）、神经免疫学研究所（1级和2级GMOs）和斯洛伐克技术学院（1级GMOs）等不同设施引起的3起事故。瑞典报道了一起意外事故，学生意外使用注射了转基因病毒疫苗的注射器。英国报告了8起事故。其中6起涉及2类事故，另外2起涉及3类事故。

第四，检查和执法问题。一些成员国的检查由主管部门的专门检查员进行，而部分国家的检查则是在主管当局要求下由其他部门或服务部门的专门检查员进行。参与检查的人员数量在各成员国之间也有所不同。程序包括按照规定的标准（周期性、风险等级等）进行的定期年度检查、临时的检查、第一次批准的设施的审计、材料的抽样以及对文件和过程的审核。在奥地利，检查是根据活动的特点来组织实施（如风险等级、大型设备、动物接种）。在捷克共和国和保加利亚，检查按年度进行。丹麦的检查都是在出现新通知或变化的情况下进行。在芬兰、爱尔兰和英国，检查强度主要基于活动的安全等级。在德国，尽管各个联邦州在检查周期方面有所不同，但在风险分类和使用模式上方法一致。爱沙尼亚和马耳他认为，有必要对核查人员进行培训并与其他成员国开展联合检查。在检查过程中也出现了一些问题，包括：废物管理、文档不准确或过时、对最新的通用技术缺乏了解、职工培训不足、未取得适当的授权与擅自使用、对基因工程设施或实验室的鉴定和标识缺失、标准控制措施不足以及在某些情况下生物安全措施不够（如去污、防护衣等环节）。

第五，条款解释问题。比利时认为2001/41/EC关于细菌转化的商业活动需要进一步解释。特别对于一些新技术使用转基因生物的情形是否属于指令调整的范围提出疑问，并希望委员会根据实践的发展及时地审查和澄清指令的适用范围。

第六，公众咨询和信息。各成员国公共咨询方式各不相同。一些成员国如奥地利、捷克共和国、法国、爱尔兰、罗马尼亚和西班牙对3类和4类活动进行公共磋商和咨询。其他国家如波兰则允许有关部门决定是否需要对这些活动进行公共咨询。大多数成员国建立了网站，定期进行公共咨询。除此之外，其他与公众信息交流的方法还包括咨询机构和研讨会（捷克共和国）、年度报告出版物（克罗地亚、捷克共和国、德国、西班牙和英国）、地方或国家报纸（丹麦、荷兰）、小册子（爱沙尼亚）、相关部门出版物（斯洛伐克）以及会议记录（英国）的出版物。在马耳他，有两个电台采访。一些成员国如奥地利、保加利亚、塞浦路斯、芬兰、葡萄牙和瑞典，因为在报告期内没有收到磋商申请，因此没有进行公开磋商。

（三）欧盟转基因食品安全主要监管机构及职权

1. 欧洲食品安全管理局（European Food Safety Authority）①

为应对 20 世纪 90 年代末的系列食品安全危机，依据 178/2002 号条例② 成立欧洲食品安全管理局。其是欧盟食品和饲料风险评估的核心部门，与成员国当局紧密合作并与利益相关方磋商，针对现存的和新兴的风险提供独立科学建议。欧洲食品安全管理局的主要工作包括以下三个主要方面：(1) 作为风险评估机构，为欧盟政策和立法提供科学意见和建议。职责包括食品和饲料安全、营养、动物健康和福利、植物保护以及植物健康。(2) 通过环境风险评估，监测食物供给对于植物多样性和动物习性的影响。(3) 监控食物链安全风险。

178/2002 号条例专门规定了欧洲食品安全管理局的相关职权。在序言中，条例赋予了其数项宗旨和工作原则。第一，数次强调食品安全管理局的独立性。指出为了实现食品法的一般原则，食品安全管理局应在风险评估方面发表独立科学意见以确保内部市场的有效运行，并供欧盟机构和成员国决策参考，避免各国实施不同决策造成对食品和饲料自由流动不必要的阻碍。同时通过提供科学建议、信息和风险通报增加消费者信心。第二，对于转基因食品和饲料安全，欧洲食品安全管理局应提供科学意见，为避免重复科学评估，应结合 2001/18/EC 指令的规定按照本条例的规则行事。第三，在欧

---

① 本部分资料直接来源于欧洲食品安全管理局网站。参见网址：http://www.efsa.europa.eu/，访问日期 2015 年 11 月 16 日。

② Regulation（EC）No 178/2002 of the European Parliament and of the Council of 28 January 2002 laying down the general principles and requirements of food law, establishing the European Food Safety Authority and laying down procedures in matters of food safety, L31/1.

盟和成员国参与国际食品安全标准和签订贸易协定方面，欧洲食品安全管理局提供科学意见支持。第四，欧洲食品安全管理局独立性的保证是公开透明和高效的工作程序、独立的财政支持以及独立的科研团队。

在该条例的正文部分，第三章项下第22条至第49条分别规定了欧洲食品安全管理局的任务、组织机构、运行以及独立、透明及保密性等制度。第一，根据178/2002号条例第22条的规定，食品安全管理局的主要任务包括以下几个方面：为与食品和饲料安全直接和间接相关的欧盟立法提供科学建议和技术支持；确保欧盟对人类生命健康、动物健康和福利、植物健康和环境安全的高水平保护；收集和分析相关数据用来监控与食品和饲料相关的风险；根据2001/18/EC指令为转基因食品和饲料安全性评估提供科学建议；与欧盟委员会和成员国当局通力合作确保职能的有效运行。

第二，组织机构方面，食品安全管理局主要由四个部分组成。包括：管理委员会（a Management Board）、执行理事（an Executive Director）、咨询论坛（an Advisory Forum）和科学委员会及科学小组（a Scientific Committee and Scientific Panels）。其中管理委员会由14名成员组成，由欧盟理事会从欧盟委员会提供的名单中委任。当中4名成员应有在代表消费者组织或者食物链其他利益团体中任职的经历。每位成员的任期为4年，可以连任一届。管理委员会应选任一名主席，任期为2年。管理委员会应通过其议事规则，在主席或者1/3成员国的要求下召开会议。管理委员会应确保食品安全管理局完成各项任务，在每年1月31日之前，应审议食品安全管理局接下来一年的工作计划，于每年3月30日之前应提交去年一年的工作报告。在欧盟委员会同意以及参考审计法院意见的前提下，管理委员会应制定食品安全管理局的财务规章制度，并根据1977年12月21日欧洲共同体财政条例① 第142条的规定和欧盟反欺诈办公室（European Anti-Fraud Office）行事规则，保证食品安全管理局年度财政预算及执行。

---

① Regulation of 21 December 1977 applicable to the general budget of the European Communities, OJL 356, 31.12.1977.该条例后为762/2001号条例修订（N0762/2001, OJL111, 20.4.2001）（编者注）。

执行理事由管理委员会委任，根据欧盟委员会提供的竞选者名单选举产生，任期为5年，可以连选连任。执行理事会作为食品安全管理局的法律代表主要履行以下8项职责。具体包括食品安全管理局的日常管理、起草食品安全管理局工作计划草案以供与委员会协商、执行管理委员会的工作计划和决定、为科学委员会及科学小组提供必要的科学技术及行政支持、负责起草食品安全管理局的收支计划和执行预算、人事管理、与欧盟议会保持联系确保与相关理事会的日常沟通和对话等。

咨询论坛的人员主要由成员国委派代表组成，从成员国内负责食品安全的政府机构中遴选，一国选派一名代表，在任期内可以替换人选。咨询论坛的人员不能同时为管理委员会的成员。其主要职能是为执行理事会提供工作建议，特别是在执行理事会起草食品安全管理局工作计划时发挥重要的咨询和建议职能。其次作为联系食品安全管理局和成员国当局的重要纽带，避免成员国与食品安全管理局进行重复试验，促进食品安全管理局与成员国当局根据条例第30条第4款充分展开合作。咨询论坛由执行理事担任主席，在主席和不少于1/3成员国提议下召开会议，一年召开会议的次数不得少于4次。其行事程序根据食品安全管理局内部规则进行并向公众披露。

科学委员会及科学小组主要负责为食品安全管理局提供科学意见，在其职能范围内在必要时候组织公众听证会。科学委员会由科学小组主席及6名独立于任何科学小组的科学家组成。

第三，运行机制方面，主要包括科学意见、科学异议、科学和技术支持、科学研究、新风险识别、快速预警系统、网络机构。其中最为特别的是建立快速预警系统（Rapid Alert System）。

第四，食品安全管理局关于独立、透明及保密性制度的规定。在独立性方面，管理委员会、执行理事、咨询论坛和科学委员会及科学小组应以公众利益为唯一的考虑因素，独立地开展工作，避免受到其他因素的控制和干扰。在透明度方面，要求各分支机构第一时间公布相关议题、备忘录、意见、科学研究结果和年度报告。在保密性方面，对有合理理由保密的信息，不得向第三方透露。

转基因食品安全也是欧洲食品安全管理局工作的重心之一，立法依据是1829/2003 条例和 2001/18/EC 指令。其在转基因生物方面的职责主要包括以下几个方面：第一，独立评估转基因食品对于人类健康和环境可能带来的风险，为转基因作物的申请审批提供科学意见，供欧盟委员会和成员国参考最终决定是否审批通过。① 根据欧洲食品安全管理局官网的图示，转基因作物审批流程如下 ②：转基因作物申请首先是递交给成员国并由成员国进行风险评估，然后将结果呈报给欧盟委员会并散发给所有成员国。只有当其他成员国提出异议，且无法形成多数意见时，欧洲食品安全管理局才介入，在 90天内就成员国间的分歧提供科学意见。在此基础上，欧盟委员会和成员国再决定是否通过审批。根据 1829/2003 条例的规定，成员国收到转基因作物申请需立即报送给欧洲食品安全管理局，后者需在 6 个月内出台相关意见。欧洲食品安全管理局将其收到的成员国申请和相关意见散发给成员国，成员国可以就申请提出任何反对意见或作出评论。欧洲食品安全管理局将最后意见呈报给欧盟委员会，并在二者网站上披露让公众知晓。欧盟委员会在一个月内听取民众的意见，和成员国一起作出最终是否批准的决定。由此看出，是否批准申请的决定权在欧盟委员会和成员国，欧洲食品安全管理局主要起到提供科学意见的作用，其意见可能最终会影响欧盟委员会和成员国的决定，但不具备审批的决策权。由此可见，新条例提升了欧洲食品安全管理局在转基因作物审批中的地位，风险评估的权能由之前的成员国转移至欧洲食品安全管理局。但是其始终只是起到提供科学意见的作用，不享有审批的决策权，决策权仍在欧盟委员会和成员国。

第二，转基因生物环境风险评估和上市销售后的监控。2010 年欧洲食品安全管理局专门出台了《转基因作物环境风险评估指导文件》③，对转基因生物环境风险评估和上市销售后的监控做出了具体规定。指出在个案基础上转基因生物环境风险评估分为 6 个步骤：（1）问题制定包括危害识别；（2）风

① http://www.efsa.europa.eu/en/topics/topic/gmo，访问日期 2016 年 8 月 8 日。

② http://www.efsa.europa.eu/sites/default/files/assets/gmoauthorisation.pdf.

③ http://onlinelibrary.wiley.com/doi/10.2903/j.efsa.2010.1879/epdf，访问日期 2016 年 8 月 9 日。

险描述；（3）暴露描述；（4）风险描述；（5）风险管理策略；（6）全面风险评估。而在上市销售环节主要监测转基因作物可能对环境造成的直接和间接影响。

第三，为成员国引用安全条款提供科学意见。根据欧盟立法，成员国出于对转基因生物安全性的担忧可以适用特定的保障条款，在其领土内暂时禁止种植或使用转基因作物。为证明该行为的合理性，欧盟委员会可能要求欧洲食品安全管理局提供科学意见，并在此基础上作出决策。

2. 健康和食品安全总干事（Directorate-General for Health and Food Safety）

健康和食品安全总干事是欧盟委员会下设的一个机构，使命是提高欧洲公民的健康和安全，为委员会的工作、增长、公平和民主变革议程做贡献。[①]其主要职责是确保食品安全、公民健康和消费者权利欧盟法律的实施。其由三个科学委员会组成，分别是消费者安全科学委员会（SCCS）、健康和环境风险科学委员会（SCHER）与紧急和新发现健康风险科学委员会（SCENIHR）。

健康和食品安全总干事负责执行审计、检查和相关非审计活动，以确保欧盟立法在食品和饲料安全、动物健康、动物福利、植物卫生和医疗器械领域得以正确地实施。转基因食品作为食品安全的重要部分，也是其审计和监督的对象。在 2009 年之前，健康和食品安全总干事单独发表年度审计报告，2009 年以后根据 882/2004 号条例第 44 条第 4 款和第 6 款的规定[②]，健康和食品安全总干事年度审计的结果融入欧盟委员会提交给欧盟理事会和欧洲议会有关成员国关于食品安全、动植物福利和植物健康官方控制总体行动报告之中。2009 年之后截至目前共提交了 3 份报告，分别为 2010 年、2012 年和

---

① Directorate-General for Health and Food Safety, Management Plan 2015, Ref.Ares（2015）3117203-24/07/2015. http://ec.europa.eu/info/sites/info/files/management-plan-2015-dg-sante_july2015_en.pdf.

② Regulation（EC）No 882/2004 of the European Parliament and of the Council of 29 April 2004 on official controls performed to ensure the verification of compliance with feed and food law, animal health and animal welfare rules – OJ L 191, 30.04.2004. 该条例第 44 条第 4 款和 6 款要求欧盟委员会应该向欧洲议会和欧盟理事会提交成员国总体控制行为的报告，报告应基于：（a）成员国当局关于其控制活动的年度报告；（b）欧盟理事会在成员国境内实行的控制；（c）任何其他相关信息。

2013 年报告，其中 2012 年和 2013 年报告简要提及转基因生物的审计监管。

欧盟委员会 2012 年报告第 15 页用一段话的篇幅说明了对转基因生物的审计。原文指出：“欧盟食品兽医办公室审计主要关注对市场上的转基因食品、饲料和种子追溯和标签制度的官方控制，以及在紧急情况下防止非授权转基因生物进口。控制从效果看基本符合欧盟要求，缺点主要集中在：中国大米的进口控制、实验室认证、实验室分析抽样不足。”①

欧盟委员会 2013 年报告第 11 页专门提及转基因作物。原文指出：“对转基因生物（GMO）的审计开始于 2011 年，审计对象除了转基因食品和饲料，还首次涵盖试验和培养转基因生物造成的故意环境释放。四个成员国被审计。系统授权有关转基因试验的目的是在地方和官方的检查符合欧盟的要求。成员国之间就控制种植转基因玉米 MON810 存在差异。关于转基因食品和饲料，较之前的审计没有明显变化。两成员国没有遵守传统有机种子转基因生物存在零容忍的规定。在大多数情况下转基因生物实验室充分遵守了相关规定。”② 遗憾的是此份报告提及转基因作物的篇幅十分短小，仅一段话，且比较笼统，没有具体的数据支撑。

二、欧盟转基因食品安全司法实践

（一）欧盟法院受理转基因食品安全案例概况

《里斯本条约》通过后，欧洲法院体系、名称和管辖权都进行了调整。统称为欧盟法院（Court of Justice of the European Union, CJEU），下设三个法庭：

① Report from the Commission to the European Parliament and to the Council on the overall operation of official controls in in the Member States on food safety, animal health and animal welfare, and plant health. Brussels, 23.3.2012 COM（2012）122final.

② Report from the Commission to the European Parliament and to the Council on the overall operation of official controls in in the Member States on food safety, animal health and animal welfare, and plant health. Brussels, 4.10.2013 COM（2013）681final.

（1）法院（Court of Justice），取代之前的欧洲法院（European Court of Justice），主要处理成员国法院的初步裁决、取消某些行为和上诉请求。（2）综合法院（General Court），取代之前的欧洲初审法院（The Court of First Instance），主要受理个人、公司和成员国政府提起的裁定行为无效的请求。实践中很多案件集中在竞争法、国家援助、贸易、农业和贸易商标领域。（3）欧盟公务员法庭（Civil Service Tribunal），主要受理欧盟组织机构和其雇员之间的纠纷。①

自欧盟 20 世纪 90 年代开始转基因立法以来，截至 2019 年 1 月，法院数据库以转基因生物（GMO）为关键词进行全文检索，显示共受理和判决了 17 起案件，而严格意义上统计为 13 个案件。需要说明的是，表 2—2 中 2005 年 T-235/04 奥地利诉欧盟委员会案和 T-366/03 上奥地利省（Land Oberösterreich）诉欧盟委员会案为合并审理的初审法院一审案件。其后的 2007 年 C-454/05 P 奥地利诉欧盟委员会案和 C-439/05 P 上奥地利省诉欧盟委员会案为合并审理的前两案的上诉案件。上述四案实质为一案。另外，威廉姆斯诉欧盟委员会案（T-42/05）仅主题涉及转基因生物立法，特别是 2001/18/EC 指令通过时准备性法律文件。其案件的实质仍是相关立法信息的披露问题，涉及其他欧共体立法的规定。因此严格意义上可以将其排除在外。为了让案件更为直观清晰，列表如下：

表 2—2　欧盟法院受理的转基因食品安全案例

判决时间（数量）	案例编号	争端当事方	涉及的欧盟立法
2014 年（1）	C-478/13	欧盟委员会诉波兰	2001/18/EC 指令
2013 年（2）	C-281/11	欧盟委员会诉波兰	2009/41/EC 指令
	T-240/10	匈牙利诉欧盟委员会	1829/2003 条例；2001/18/EC 指令

---

① http://europa.eu/european-union/about-eu/institutions-bodies/court-justice_en. 关于法院名称与管辖权的改革具体还可以参见程卫东、李靖堃：《欧洲联盟基础条约——经〈里斯本条约〉修订》，社会科学文献出版社 2010 年版，第 20 页。

判决时间（数量）	案例编号	争端当事方	涉及的欧盟立法
2012 年（1）	C-36/11	杜邦先锋公司（Pioneer Hi Bred）诉意大利农业食品和林业部	2001/18/EC 指令
2011 年（2）	C-58/10	孟山都公司及其他诉法国最高行政法院	2001/18/EC 指令；1829/2003 条例；178/2002 条例（初步裁决）
	C-442/09	巴布洛克（Bablok）等诉巴伐利亚州（Freistaat Bayern）	1829/2003 条例（初步裁决）
2009 年（2）	C-165/08	欧盟委员会诉波兰	2001/18/EC 指令；2002/53/EC 指令
	C-552/07	索斯海姆市（Commune de Sausheim）诉阿尔斯凡德勒（Azelvandre）	90/220/EEC 指令；2001/18/EC 指令（初步裁决）
2008 年（2）	C-121/07	欧盟委员会诉法国	2001/18/EC 指令
	T-42/05	威廉姆斯诉欧盟委员会	1049/2001 条例；2001/18/EC 指令
2007 年（2）（两案上诉合并审理）	C-454/05 P C-439/05 P	奥地利诉欧盟委员会 上奥地利省诉欧盟委员会	2001/18/EC 指令
2005 年（2）（两案初审法院合并审理）	T-235/04 T-366/03	奥地利诉欧盟委员会 上奥地利省诉欧盟委员会	2001/18/EC 指令
2003 年（2）	C-296/01	欧盟委员会诉法国	90/220/EEC 指令
	C-236/01	意大利孟山都农业公司及其他（Monsanto Agricoltura Italia and Others）	258/97 条例
2000 年（1）	C-6/99	法国绿色和平组织及其他（Greenpeace France and Others）	90/220/EEC 指令

（二）经典案例述评

1. 杜邦先锋公司诉意大利农业、食品和林业部案（C-36/11）

该案是根据欧洲联盟运行条约第 267 条初步裁决的案件，意大利国务院 2011 年 1 月 14 日决定将杜邦先锋公司诉意大利农业、食品和林业部案涉及的法律解释和适用问题提交给欧盟法院裁定。涉及的欧盟立法包括：《转基因生物有意环境释放同时废止 90/220/EEC 指令》（2001/18/EC）第 26 条 a 款、《欧盟委员会 2003 年关于发展国家战略和确保转基因作物和传统及有机农业作物最佳共存指导文件》[①]和《欧盟委员会 2010 年关于发展国家战略和确保转基因作物和传统及有机农业作物最佳共存建议》[②]。

杜邦先锋公司是一家全球生产和销售传统和转基因作物种子的公司。早在 2004 年 7 月，孟山都欧洲公司按照 1829/2003 条例第 20 条第 1 款 a 项的规定向欧盟委员会提交了 MON810 转基因杂交玉米的通知。2004 年 9 月 8 日，欧盟委员会批准了 17 个源自 MON810 转基因玉米常见目录品种。2006 年 10 月 18 日，杜邦先锋公司欲销售列于欧盟委员会公开的 MON810 转基因玉米品种目录的产品，并向意大利农业、食品和林业部申请在意大利境内上市销售转基因种子。意大利农业、食品和林业部为确保传统有机作物和转基因作物的共存，驳回意大利杜邦先锋申请授权培育已经获得授权的 MON810 转基因玉米杂交品种。

双方争议的焦点是意大利农业、食品和林业部是否有权驳回杜邦先锋公司根据之前孟山都欧洲公司已经取得的 MON810 转基因产品目录育种和销售权。根据《转基因生物有意环境释放同时废止 90/220/EEC 指令》（2001/18/

[①] Commission Recommendation of 23 July 2003 on guidelines for the development of national strategies and best practices to ensure the coexistence of genetically modified crops with conventional and organic farming（[2003] OJL189/36）.

[②] European Commission Recommendation of 13 July 2010 on guidelines for the development of national co-existence measures to avoid the unintended presence of GMOs in conventional and organic crops（2010/C 200/01）.

EC）第 26 条 a 款规定："成员国可以采取适当措施，避免在其他产品中意外出现转基因生物。"意大利农业、食品和林业部认为，在意大利出台具体规则以确保传统有机作物和转基因作物共存之前，不能授权已获批的转基因作物种子在其境内上市销售。而杜邦先锋公司认为意大利无权驳回其申请。双方争执不下。

地方法院最终就此向欧盟法院提交初步裁决，请求法院裁定成员国应根据 2001/18/EC 第 26 条 a 款，结合《欧盟委员会 2003 年关于发展国家战略和确保转基因作物和传统及有机农业作物最佳共存指导文件》和《欧盟委员会 2010 年关于发展国家战略和确保转基因作物和传统及有机农业作物最佳共存建议》采取下列哪些措施：（a）对列明在转基因目录中的品种必须授权；（b）在采取措施之前暂停授权；（c）必须授权，但加上适当的预防的要求，防止在特定的情况下转基因作物和周围传统有机作物意外混同。

最后法院裁定：（1）MON810 转基因玉米已经通过欧盟层面的审批和授权，无须再经过成员国授权；（2）2001/18/EC 指令第 26 条 a 款和 90/220/EEC 指令（后经 2008/27/EC 号指令修订）并未授权成员国在出台具体规则以确保传统有机作物和转基因作物共存之前，通过一般途径禁止转基因作物的播种。①

2. 孟山都公司及其他（C-58/10）②

该案是合并审理的案件（case C-58/10 和 C-68/10），根据《欧洲联盟运行条约》第 267 条的规定，法国最高行政法院（Conseil d'État France）2009 年 11 月 6 号和 12 月 28 号通过决定 2010 年 3 月向欧盟法院提交初步裁决。原告为孟山都公司、法国孟山都农业公司、孟山都国际公司、孟山都科技公

---

① https://eur-lex.europa.eu/legal-content/EN/TXT/?qid=1572184641925&uri=CELEX:62011 CA0036.

② http://curia.europa.eu/juris/document/document.jsf;jsessionid=9ea7d2dc30d59116622d8b4a43 57aef482638f62e05c.e34KaxiLc3qMb40Rch0SaxuTch50?text=GMO&docid=109243&pageIn dex=0&doclang=EN&mode=req&dir=&occ=first&part=1&cid=1088134#ctx1，最后访问日期 2016 年 8 月 28 日。

司、孟山都欧洲公司以及其他个人和法律团体。被告为法国农业和渔业部，法国自然环境协会和农民联盟为第三方。争议的焦点主要是法国出台的两个临时措施的合法性。该措施暂停转基因生物 MON810 玉米种子的转让和使用，并随后禁止种植该玉米品种。

初步裁决主要涉及 2001/18/EC 指令第 12 条和第 23 条，1829/2003 条例第 20 条和第 34 条以及 178/2002 条例第 53 和 54 条的解释和适用问题。2001/18/EC 指令第 12 条规定了"部门立法"，指出第 13 条至第 24 条不适用于任何转基因生物或产品，只要他们根据欧共体立法得到授权，并根据附件Ⅱ的原则和附件Ⅲ的信息提供特定的环境进行风险评估，且严格遵守风险管理、标签、适当地监控、向公众披露信息和保障条款的规定。第 23 条规定了"保障条款"，指出成员国在科学知识的基础上，考虑对人类健康或环境的风险，可以暂时限制或者禁止转基因生物在其领土上使用和销售。此情形只适用于发生严重风险并且应提供信息给公众。同时成员国应当立即通知委员会和其他成员国，说明其决定和理由并提供科学依据。欧盟委员会应在 60 天内作出决定并采取相关措施。

1829/2003 条例第 20 条规定了"现有产品的状态"，第 1 款指出本条例生效之前已经依法在市场上销售的转基因产品只需满足以下两个条件就可以继续上市销售：（1）已被 90/220 指令和 2001/18 指令授权的产品，运营商应在本条例通过后 6 个月内通知欧盟委员会其产品首次上市销售的日期。第 34 条规定了"紧急措施"，指出如授权的产品或者依照本条例很有可能对人类健康、动物健康或环境构成严重威胁，应按照 178/2002 号条例第 53 条和第 54 条采取措施。

178/2002 条例第 53 条规定了"从第三国进口的食品和饲料应急措施"，指出源于欧共体或从第三国进口的饲料可能会对人类健康、动物健康和环境构成严重威胁，如成员国不采取足够措施以应对，欧盟委员会应自行或在成员国的要求下根据情况的严重性立即采取下列一个或多个措施：暂停销售、暂停从第三国进口、暂停使用问题饲料、就问题饲料制定特殊条件或任何其他适当的临时措施。第 54 条规定了"其他紧急措施"，指出国家正式通知欧盟委员会需要采取紧急措施后，如欧盟委员会并没有依照第 53 条采取行动，成员国可以采取临时保护措施。在这种情况下，成员国应立即通知其他成员国和欧盟委员会。

法国国内法方面，2008 年 6 月 27 日生效的环境立法第 535 条（Article L.535-2）规定在任何情况下，行政机关可以针对转基因生物发起一个新的公共卫生和环境风险评估，成本由转基因生物授权持有人或者转基因生物持有者承担，采取以下措施：（1）暂停授权，等待进一步的信息。如果有必要，召回出售的产品或禁止其使用。（2）实施修改后的故意释放条件。（3）撤销授权。

在本案中欧盟委员会应孟山都欧洲公司的申请于 1998 年 4 月 22 日根据 90/220 指令已经授权 MON810 玉米的上市销售。法国农业和渔业部也书面同意销售该转基因玉米。1829/2003 号条例通过后，孟山都欧洲公司根据第 20 条第 1 款 a 项通知欧盟委员会，MON810 玉米属于"现有产品"。2007 年 5 月 4 日，孟山都欧洲公司根据 1829/2003 号条例第 20 条第 4 款的规定重新对 MON810 玉米进行授权申请。2007 年 12 月 5 日，法国农业和渔业部出台一个决定，根据农村立法（Rural Code）和环境立法（Environment Code）暂停该授权，并暂时禁止在国家领土内使用 MON810 玉米种子，直至 2008 年 2 月 9 日最新转基因立法出台。2008 年 2 月 6 日，孟山都公司、法国孟山都农业公司、孟山都国际公司、孟山都科技公司、孟山都欧洲公司向法国最高行政法院提起诉讼，要求撤销法国农业和渔业部的上述决定。

法国最高行政法院向欧盟法院提出请求对三个问题进行初步裁决。（1）在 1829/2003 条例通过之前已经获得授权的转基因饲料，关于成员国采取紧急措施的依据是 1829/2003 条例的第 34 条或者 2001/18 条例的第 23 条？（2）假设紧急措施只能根据 1829/2003 条例第 34 条的规定进行，成员国当局进一步应依照 178/2002 条例第 53 条的规定还是依照第 54 条采取临时保护性措施？（3）假如 2001/18 指令第 23 条和 1829/2003 条例第 34 条都可以成为成员国采取紧急措施的依据，那么在预防原则下成员国认为存在对环境和健康风险紧急的程度到底为何？欧盟法院对第一个问题的回答是，转基因生物如 MON810 玉米被 90/220 指令授权且根据 1829/2003 条例第 20 条通知为"现有产品"，在其后更新申请阶段成员国不能依据 2001/18 指令第 23 条暂停或禁止该转基因生物的使用和出售。如确有必要，也只能依据 1829/2003 条例第 34 条采取类似措施。第二个问题的答案是 1829/2003 号条例授权成员国采取紧急措施只能按照 178/2002 号条例第 54 条的规定进行。第三个问题的答案是根据 1829/2003 号条例第 34 条的规定成员国采取紧急措施，除了紧迫性之外，还需要存在可能影响人类健康、动物健康和环境清晰的和严重的情况。

最后法院得出的结论是，本案中成员国针对"现有产品"采取临时限制和禁止措施只能根据 1829/2003 号条例第 34 条的规定，按照 178/2002 号条例第 54 条程序进行。除了紧迫性要素之外，一定需要满足影响人类健康、动物健康和环境的"清晰"的和"严重"的情形。

3. 巴布洛克等诉巴伐利亚州案（C442/09）①

德国行政法院根据欧共体条约第 234 条于 2009 年 10 月 26 日向欧盟法院提请初步裁决。初步裁决涉及 1829/2003 号条例第 2 条第 5 款、第 10 款；第 3 条第 1 款；第 4 条第 2 款和第 12 条第 2 款的规定。1829/2003 号条例第 2 条主要关于条例定义的界定。其中第 5 款指出"'转基因生物'是指 2001/18/ EC 指令第 2 条第 2 款定义的转基因生物体，不包括 2001/18/ EC 指令通过基因改造技术列入附件ⅠB 的生物体"；第 10 款规定"'从转基因生物产生'意味着全部或部分从转基因生物产生但不含有转基因生物"。第 3 条主要规定了条例适用的范围，第 1 款规定"本条例适用于（1）作为食品使用的转基因生物；（2）含有转基因生物的食品；（3）从转基因生物生产出来或者含有转基因成分的食品"；第 4 条关于要求的规定第 2 款指出"除非按照本节规定得到授权或者满足相应授权条件，任何人不得将转基因食品或者

① http://curia.europa.eu/juris/document/document.jsf;jsessionid=9ea7d2dc30d50a067447ab4d4d288be4b4c66a56eaa8.e34KaxiLc3qMb40Rch0SaxuTchf0?text=GMO&docid=109143&pageIndex=0&doclang=EN&mode=req&dir=&occ=first&part=1&cid=210801#ctx1，2016 年 8 月 29 日访问。

第 3 条第 1 款规定的食品上市销售"。第 12 条规定了标签的适用范围,第 2 款指出"本节不适用于含有转基因生物材料或从转基因生物产生的比例低于 0.9% 的食品,只要这种存在是偶然的或技术上不可避免的"。

原告为养蜂人(Messrs Bablok, Egeter, Stegmeier and Müller and Ms Klimesch),被告为巴伐利亚州,孟山都科技公司为参与方。案件的缘由是 1998 年孟山都欧洲公司获得 MON810 转基因玉米上市销售授权。德国联邦消费者保护和食品安全办公室(Bundesamt für Verbraucherschutz undLebensmittelsicherheit)于 2009 年 4 月 17 日作出决定禁止 MON810 转基因玉米在德国种植,并暂停其境内上市销售。被告巴伐利亚州拥有多片土地种植 MON810 玉米用于科学研究。巴布洛克是一位业余养蜂者,在巴伐利亚州农场附近养蜂并酿制蜂蜜用于出售和自己食用。2005 年前他还生产花粉作为食料销售,希望在解除转基因花粉污染风险之后尽快恢复花粉生产。其他养蜂人在国内诉讼上诉阶段参与诉讼,同样是业余养蜂者,但他们酿制的蜂蜜仅为自己食用。他们的蜂房距离巴伐利亚州土地一至三公里处。2005 年巴布洛克先生距离巴伐利亚州土地 500 米的蜂房产出的花粉和蜂蜜中监测出 MON810 转基因 DNA。由于花粉中存在 MON810 转基因玉米,这些产品不再有价格优势或适合消费。2008 年 5 月 30 日巴伐利亚州行政法院一审判决,由于花粉已经受到 MON810 污染,因此蜂蜜和含有花粉的制品需要获得授权。否则,根据 1829/2003 号条例第 4 条第 2 款的规定,该类产品不能在市场上销售。孟山都科技公司、孟山都德国公司和巴伐利亚州不同意法院上述判决,并上诉至德国行政法院。孟山都一方在二审中主张 1829/2003 号条例不适用于含有 MON810 转基因玉米的花粉。天然食品的污染应由 98/294 决定进行审查和授权。此外他们认为花粉中发现转基因成分并不是 1829/2003 条例监管的目的,因为其不再具有任何特定的繁殖能力,因为仅有转基因 DNA 的存在或含有转基因蛋白质并不足以使它成为一个转基因生物。按照标签制度的规定,当上市销售的食品受到意外污染时,只要转基因成分含量不超过 0.9% 就无需特别标签说明,只有当含量超过该值时才需要在标签中标注。

德国行政法院请求初步裁决的三个问题分别是：(1) 关于 1829/2003 条例第 2 条第 5 款对转基因生物的范围界定。其是否应解释为既包括实质来源于转基因生物的食品（如在本案中直接来源于 MON810 转基因玉米株的花粉），同时还包括转基因 DNA 和蛋白质（如在本案中用含有 MON810 转基因玉米 DNA 花粉酿造的蜂蜜，和该花粉作为食品原料继续加工成别的食品），其最大的特征是不具有再繁殖生产功能？(2) 如果对于第一个问题的回答是否定的，那么 1829/2003 条例第 2 条第 10 款"从转基因生物产生"意味着全部或部分从转基因生物产生但不含有转基因生物，是否仅指食品含有转基因植物的实质成分，而此种转基因植物之前具有再生产的能力？如果答案是肯定的，那么 1829/2003 条例第 2 条第 10 款"从转基因生物产生"和第 3 条第 1 款 C 项"食品从转基因生物产生或含有转基因生物成分"是否应解释为不需要刻意的和有针对性的转基因生产过程，还包括被（前）转基因生物意外的和偶然的污染的食品（在这种情况下，作为膳食补充的蜂蜜和花粉）？(3) 如果第一个问题或者第二个问题的回答是肯定的，那么 1829/2003 条例第 3 条第 1 款和第 4 条第 2 款意味着任何动物源食品受到合法存在的转基因作物的污染，如蜂蜜，同样应被授权和监管。还是说可以比照第 12 条第 2 款规定的"不适用于含有转基因生物材料或从转基因生物产生的比例低于 0.9% 的食品，只要这种存在是偶然的或技术上不可避免的"？

法院对第一个问题的回答十分清楚和简洁。1829/2003 号条例第 2 条第 5 款对转基因生物的定义，是指一种物质，如花粉来源于各种各样的转基因玉米，已经失去了繁殖生育能力，完全无法将它包含的遗传物质再次转移，因此不属于本条例转基因生物定义的范畴。第二个问题涉及 1829/2003 号条例第 2 条第 10 款关于"从转基因生物产生"概念的界定。法院的回答是物质如花粉，含有转基因 DNA 和转基因蛋白质不应被视为转基因生物。蜂蜜和食品补充剂含有此种物质，其构成 1829/2003 号条例第 3 条第 1 款界定的"食品…包含转基因生物原料"概念范畴。第三个问题涉及 1829/2003 号条例第 3 条第 1 款和第 4 条第 2 款的规定，核心是如其暗含着授权义务和食品监督，条例第 12 条第 2 款规定的最小容忍值是否可以视为上述义务的替代。

换言之，只要满足了第 12 条第 2 款的规定是否就等于遵守了授权和食品监督义务。法院的回答是否定的，认为两项义务之间不存在类比。

4. 欧盟委员会诉波兰（C-165/08）①

欧盟委员会根据《欧洲共同体条约》第 226 条②的规定，于 2008 年 4 月 15 日向欧盟法院对波兰提起诉讼。欧盟委员会请求法院宣布波兰共和国禁止转基因种子的自由流通和将转基因品种纳入国家目录的行为未能履行其在 2001/18/EC 指令下的义务，特别是第 22 条和第 23 条的规定，同时也违反了 2002/53/EC 指令中第 4 条第 4 款和第 16 条的义务。

2001/18/EC 指令第 22 条规定了"自由流通"，指出"在不违反第 23 条的基础上，只要符合本指令成员国不能禁止、限制或阻碍转基因生物在市场上流通，或在产品使用"。第 23 条规定了"保障条款"，指出成员国在科学知识的基础上，考虑对人类健康或环境的风险，可以暂时限制或者禁止转基因生物在其领土上使用和销售。此情形只适用于发生严重风险的情况，并且应提供信息给公众。同时成员国应当立即通知委员会和其他成员国，说明其决定和理由并提供科学依据。欧盟委员会应在 60 天内作出决定并采取相关措施。

2002/53/EC 号指令第 4 条第 4 款规定"90/220/ EEC 指令第 2 条第 1 款和第 2 款含义下的转基因品种，只有当采取所有适当措施避免对人类健康和环境的负面影响才能被接受"。波兰国内立法方面，《种子立法》（2003 年 6 月生效，2006 年 4 月修订）第 5 条第 4 款规定"转基因品种不得列入国家目录"。第 57 条第 3 款规定"转基因品种的种子不能在波兰共和国的领土上市销售"。第 67 条第 1 款规定了惩罚措施，任何人违反第 57 条第 3 款的规

① http://curia.europa.eu/juris/document/document.jsf;jsessionid=9ea7d2dc30d5fe4ce9a1ce1745a3 b569b669083c7567.e34KaxiLc3qMb40Rch0SaxuTchf0?text=GMO&docid=72470&pageIndex =0&doclang=EN&mode=req&dir=&occ=first&part=1&cid=287288#ctx1，访问日期 2016 年 8 月 30 日。

② 《欧洲共同体条约》第 227 条规定："委员会如认为某成员国未能履行两部条约规定的某项义务，则应在给予有关国家提交意见的机会后提出一项附有理由的意见。如该成员国在委员会规定的时间内未遵守其意见，委员会可将该事项提交欧洲联盟法院。"

119

定在波兰境内销售转基因种子应接受罚金惩罚。

2006 年 10 月 18 日，在前期与波兰共和国系列沟通的基础上，欧盟委员会根据欧共体条约第 226 条致信波兰共和国，认为其《种子立法》第 5 条第 4 款和第 57 条第 3 款的立法违反 2001/18/EC，特别是第 22 条和第 23 条的规定。同时也违反了 2002/53/EC 指令中第 4 条第 4 款和第 16 条的义务。

5. 欧盟委员会诉法国案（C-121/07）①

2007 年 2 月 28 日，欧盟委员会根据《欧洲共同体条约》第 228 条的规定，对法国提起未能履行义务之诉。欧盟委员会向法院提出四项诉讼请求：第一，宣布法国未能采取一切必要的措施执行 2004 年 7 月 15 日的判决（案例 C -419/03 委员会 V. 法国），该判决裁定法国未能将 2001/18/EC 指令以及替代之前的 90/220/EEC 指令转化为国内法，法国该行为已经违反了《欧洲共同体条约》第 228 条第 1 款的规定。第二，裁定法国向"欧洲共同体的资源"（European Community own resources）账户支付滞纳金 366744 欧元 / 天，从 C -419/03 案判决之日起算，直到法国执行判决之日止。第三，裁定法国向"欧洲共同体的资源"支付一次性总付罚款②43660 欧元和迟延履行 C -419/03 案判决直至：（1）在本案判决之前，C -419/03 案判决已经得到全部执行；或者（2）直至本案宣判，C -419/03 案判决仍未执行。第四，要求法国承担诉讼费用。

本案涉及的欧盟立法和相关法律文件包括：（1）《欧洲共同体条约》第 228 条规定："1）如欧洲联盟法院裁决某一成员国未能履行两部条约规定的某项义务，则应要求其采取必要措施以执行法院的判决。2）如果委员会认

---

① http://curia.europa.eu/juris/document/document.jsf?text=GMO&docid=76047&pageIndex=0&doclang=EN&mode=req&dir=&occ=first&part=1&cid=716190#ctx1，最后访问日期 2016 年 9 月 2 日。

② 一次性总付罚款（lump sum）主要针对的是成员国不履行第 228 条项下第一次法院违法判决，如在法院第二次判决之前仍未改正的对其予以惩罚。逾期罚款则按照成员国不履行第二次法院做出的判决延迟的天数弹性地计算缴纳金额。关于欧盟财政制裁措施的论述，详见陈亚芸：《欧盟法执行程序研究：聚焦财政制裁措施有效性、困境和〈里斯本条约〉改革》，《法学评论》2013 年第 2 期。

为该成员国未采取此等措施，委员会在给予该成员国提交意见之机会后，应提出一项有理由意见。此等意见应详细说明该成员国没有遵守欧洲法院判决的具体方面。如果该成员国未在委员会所规定的期限内采取必要措施以遵守欧洲法院的判决，委员会可向欧洲法院提起诉讼。委员会在提起诉讼时应指明该成员国应支付的、委员会认为是符合实际情况的、一次性总付罚款的数额或逾期罚款的数额。如果欧洲法院认为该成员国未执行其判决，它可以对该成员国做出处以一次性总付罚款（lump sum）或逾期罚款（penalty）的判决。"（2）2001/18/EC 指令第 34 条第 1 款规定，成员国需在 2002 年 10 月 17 日之前制定法律、法规和行政规章转化和执行指令。第 36 条规定："90/220/EEC 指令将在 2002 年 10 月 17 日被取代。"（3）C-419/03 案法院判决原文："在约定的时间内法国没有制定法律、条例和行政规定将 2001/18/EC 指令内容转化成国内法，而该指令不同于 90/220 指令，法国未能履行 2001/18/EC 指令项下的义务"。

在庭审过程中，法国也承认没有很好地履行 C-419/03 案判决的内容，没有及时地将指令转化为国内法。但是与欧盟委员会就一次性总付罚款数额存在分歧。经过双方的陈述，法院最终判决如下：法国没有有效地执行 C-419/03 案的判决，违反了《欧洲共同体条约》第 228 条第 1 款的规定。判决法国向欧盟委员会"欧洲共同体的资源"账户支付一次性总付罚款 1000 万欧元且承担案件的诉讼费用。

6. 威廉姆斯诉欧盟委员会（T-42/05）①

原告为瑞安侬·威廉姆斯（Rhiannon Williams）女士，被告是欧盟委员会。原告瑞安侬·威廉姆斯女士是布鲁塞尔自由大学欧洲研究所的博士研究员。她致力于名为"全球化对欧洲共同体的环境与发展法律的影响（反之亦然？）"。她选择有关转基因生物的发展的立法。2004 年 6 月 17 日，瑞安侬·威廉姆斯女士写邮件要求访问欧盟委员会内部关于 2001/18/EC 指令通

---

① http://curia.europa.eu/juris/document/document.jsf?text=GMO&docid=67848&pageIndex=0&doclang=EN&mode=req&dir=&occ=first&part=1&cid=752985#ctx1，最后访问日期 2016 年 9 月 2 日。

过的相关文件和另外 5 个关于转基因生物的法律文本。具体包括：所有呈送给贸易和环境委员会总干事的简报；所有呈送给贸易和环境专员的简报；所有呈送给贸易和环境干事主任的简报；所有呈送给委员会秘书长的简报；所有呈送给委员会法律服务部门的简报；所有国别负责人和单位负责人之间有关转基因生物措施的往来邮件；所有常驻代表委员会、欧洲议会和委员会工作小组相关会议纪要。

2004 年 7 月 13 日，贸易总干事告知申请人不能提供其请求的文件，原因是在 WTO 中欧盟正面临美国和其他几个国家针对其转基因生物政策的诉讼，担心文件内容的披露对欧盟不利。后来在双方的邮件往来协商中，欧盟委员会同意有条件地提供部分文件记录，但是对较为敏感的文件仍拒绝提供。

2005 年 1 月 31 日，瑞安侬·威廉姆斯女士作为原告向欧盟初审法院提出诉讼。原告要求法院撤销之前欧盟委员会拒绝其访问相关文件的有争议的决定，撤销其拒绝访问所有或者列明的第 6、9、16、17、27、29、32、33、34、46 号文件，判决欧盟委员会支付诉讼费用。原告提出三项事实和理由，请求法院支持她的诉讼请求。第一，欧盟委员会的行为违反了 1049/2001 号条例第 8 条和《欧洲共同体条约》第 253 条的规定，隐晦地拒绝访问这些文档没有给出拒绝的理由。第二，欧盟委员会拒绝其访问第 6、9、16、17、29、46 号文件，其错误地解释和适用了 1049/2001 号条例第 4 条第 3 款关于保护欧盟决策过程规定以及第 4 条第 1 款 a 项涉及保护国际关系的规定。同时上述做法也违反《欧洲共同体条约》第 253 条关于提供拒绝原因的规定。第三，欧盟委员会拒绝其访问第 27 号文件和第 32—34 号文件的行为侵犯了比例原则，未能根据 1049/2001 号条例第 4 条第 6 款考虑部分访问这些文档的可能性，而且根据《欧洲共同体条约》第 253 条的规定未能说明拒绝部分访问的理由。被告请求法院裁定原告的申请缺乏事实根据和理由，应予驳回，并要求原告支付诉讼费用。

经过一系列法庭调查和双方口头辩论，法庭作出如下裁决：没有必要进一步裁判 2014 年 10 月 19 日委员会决定拒绝瑞安侬·威廉姆斯女士访问某些准备文件的合法性，因其构成隐含地拒绝访问 2001/18/EC 指令准备相关文件。判决欧盟委员会 2004 年 10 月 19 日的决定无效，因为它隐含了拒绝访问 2001/18/EC 指令准备相关文件。驳回原告的其他申请，判决欧盟委员会承担其自己的诉讼费用并支付瑞安侬·威廉姆斯女士一半的诉讼费用。

7. 奥地利诉欧盟委员会（T-235/04）、上奥地利省诉欧盟委员会案（T-366/03）、奥地利诉欧盟委员会案（C-454/05 P）和上奥地利省诉欧盟委员会案（C-439/05 P）①

初审法院和上诉法院两个案子的原告为上奥地利省和奥地利共和国，被告为欧盟委员会，合并审理判决。案件的起因是 2003 年 3 月 13 日，奥地利共和国通知欧盟委员会其上奥地利省在起草法律草案拟禁止基因工程。草案将禁止种植转基因生物种子和其他在喂养过程中实质含有转基因的生物的转基因动物。通知是在《欧洲共同体条约》第 95 条第 5 款基础上，避免 2001/18/EC 指令的减损。该立法草案的依据是缪勒撰写的《非转基因农业领域：场景设计和实施措施分析》报告。作为回应，欧盟委员会下属欧洲食品安全管理局（EFSA）于 2003 年 7 月 4 日发布了意见，认为奥地利共和国所提供的科学信息不具有证明力，这些信息不包含任何新的科学证据可以证明该省可以禁止种植转基因作物。根据这个决定，欧盟委员会认为奥地利共和国未能提供新的科学证据证明 2001/18/EC 指令通过后该省出现了新问题需要采取必要的禁止措施。奥地利共和国的行为并不符合《欧洲共同体条约》第 95 条第 5 款规定的情形，因此拒绝了奥地利要求对指令进行减损的请求。

《欧洲共同体条约》第 95 条第 5 款规定："在不影响第 4 款规定的情况下，在欧洲议会和理事会共同，或者理事会单独，或者委员会单独，通过一项趋同措施后，如某一成员国认为，由于趋同措施的通过而给成员国带来了特殊的问题，因此有必要根据与环境保护或工作环境保护有关的新的科学证据引入国内规定，则该成员国将拟通过的规定及其理由通知委员会。"

---

① http://curia.europa.eu/juris/document/document.jsf?text=GMO&docid=62804&pageIndex=0&doclang=EN&mode=req&dir=&occ=first&part=1&cid=954123#ctx1，最后访问日期 2016 年 9 月 3 日。

初审法院审理的情形和判决如下。该省作为原告于 2003 年 11 月 3 日向初审法院提起诉讼，案例登记号为 T-366/03。同一天奥地利共和国起诉要求撤销欧盟委员会有争议的决定，案例登记号为 C-492/03。2004 年 6 月 8 日，法院将 C-492/03 案退回至初审法院，案例重新登记为 T-235/04。在双方听证后，根据初审法院程序规则第 50 条的规定，T-366/03 和 T-235/04 两案合并审理。法院驳回了原告的四项诉讼请求。第一项为侵犯原告的听证权（right to be heard），该问题在丹麦诉欧盟委员会案（Case C-3/00）中有充分论及。此处的通知仅为启动《欧洲共同体条约》第 95 条第 5 款的前置程序，与一般意义上行政机构作出决定保障利害关系人充分表达自己权利诉求和意见的权利性质不同。第二项诉讼请求指责欧盟委员会没有针对决定作出合理的说明和解释。法院并不支持上述论断，欧盟委员会主要依据以下三个方面拒绝奥地利共和国的请求：其一，缺乏新的科学证据；其二，认为上奥地利省并未构成奥地利共和国特殊情形；其三，认为奥地利共和国以预防原则为由，论据过于抽象和宽泛，缺乏实质内容。第三项诉讼请求控诉欧盟委员会侵犯《欧洲共同体条约》第 95 条第 5 款的规定。法院认为原告未能提供令人信服的证据，如在小型农场和上奥地利省开展有机生产的重要性。特别是上诉人没有提出证据来反驳 EFSA 的结论，如上奥地利省有着不寻常或独特的生态系统，需要单独进行风险评估。第四项诉讼请求指控欧盟委员会的决定违反了预防原则。法院认为该原则与《欧洲共同体条约》第 95 条第 5 款的规定没有关系。既然在之前第四项诉讼请求中，法院已经充分论证了欧盟委员会决定的合理性，驳回该项诉讼请求。

上诉阶段的审理和裁判情形如下。2006 年 6 月 29 日，两原告同时提起上诉，主张被告侵害了其听证权，且违反了《欧洲共同体条约》第 95 条第 5 款的规定。基于该两点，法院进行了详尽的推理和论证。关于听证权的问题，法院认为根据欧盟法院之前的判例，听证权要求公共权力机关在作出决定之前听取当事人的意见（案例 C-315/99 P 和丹麦诉欧盟委员会案）。听证权的对象既包括个人也包括成员国。然而从第 95 条第 5 款的措辞看，欧盟委员会在其作出同意或者拒绝成员国存在问题的国内立法时需要听取成员国的意见。该款的程序设计与第4款一样，需要成员国解释说明某项作出保留的国内立法的原因，以帮助欧盟委员会作出决策。听取成员国的通知和意见只是欧盟委员会行使相关职能，作出决定的条件。第95条第6款进而规定："在接到本条第4款和第5款提及的通知后6个月内，委员会应在审议有关国内措施是否为一项针对成员国之间贸易歧视或者变相限制以及是否构成对内部市场运行的障碍后，批准或拒绝国内措施。如委员会未在此期限内作出决定，则第4款和第5款提及的国内措施应视为已获得批准。"从约文设计看，此处成员国通知并说明理由只是欧盟委员会作出批准或者拒绝的前置程序，不涉及听证权的问题，该观点在丹麦诉欧盟委员会判决第50段已经论及。初审法院判决听证权不适用于《欧洲共同体条约》第95条第5款的规定。上诉法院也不认为本案中存在侵犯听证权的情形。

关于是否违反《欧洲共同体条约》第95条第5款的问题，法院认为成员国国内措施的合法性最为关键的判断因素是有足够的科学依据。正如初审法院判决第66段和第67段论述的那样，上诉人未能提供令人信服的证据，如在小型农场和上奥地利省开展有机生产的重要性。特别是上诉人没有提出证据来反驳EFSA的结论，如上奥地利省有着不寻常或独特的生态系统，需要单独进行风险评估。因此法院驳回了上诉人的第二项诉讼请求。

法院最终判决驳回原告的上诉，由原告支付诉讼费用。

三、欧盟转基因食品安全立法及执法经验

虽然欧盟境内转基因作物审批和种植实践非常有限，由于消费者对转基因作物的谨慎和排斥态度，欧盟层面对转基因食品安全立法规制最为完备，而且有日趋严格的发展趋势。立法水平世界领先，其中有诸多值得我们借鉴的理念和制度设计，主要表现在以下四个方面：

第一，现阶段立法宗旨和目标十分明确，各项立法紧紧围绕目标展开。欧盟转基因食品安全立法的宗旨是：（1）任何转基因产品投放市场之前，在欧盟层面需经过最高标准的安全评估，以保护人类和动物的健康以及环境。

（2）制定统一、高效和透明的转基因作物风险评估和审批程序。（3）确保市场上的转基因生物标签清晰，使消费者和专业人士能够作出明智的选择。（4）确保投放市场的转基因生物的可追溯性。① 围绕上述宗旨和目标，欧盟转基因食品安全立法由五个重要部分组成：《转基因生物有意环境释放同时废止90/220/EC 指令》（2001/18/EC）、《转基因食品和饲料管理条例》（1829/2003/EC）、《转基因生物追溯性及标识办法以及含转基因生物物质的食品及饲料成品的追溯性管理条例》（1830/2003/EC）、《转基因食品跨界运输条例》（1946/2003/EC）和《允许成员国限制或者禁止在本国国内种植转基因作物指令》（2015/412/EC）。该五项条例和指令充分回应了欧盟不同阶段出现的现实问题，构成转基因食品安全立法的基础。

第二，转基因食品安全立法原则十分清晰，从始至终贯彻预防原则。《转基因生物追溯性及标志办法以及含转基因生物物质的食品及饲料成品的追溯性管理条例》在序言中明确规定："转基因生物的可追溯性应有助于在对人类健康、动物健康或环境（包括生态系统）产生无法预见的不利影响的情况下撤回产品，并有助于确定监测的目标，以审查对环境的潜在影响，特别是对环境的潜在影响。可追溯性还应按照预防原则进行风险管理。"除此直接规定外，预防原则还体现在转基因食品进口、运输、上市、转基因技术试验、环境释放以及转基因作物和非转基因作物共存等各个立法环节。

第三，立法体系完备，且极具操作性。几乎涵盖了转基因食品进口、审批、储存、运输、上市销售、转基因饲料加工等各个生产和流通环节。其中最具代表性的是转基因食品可追溯制度和标签制度，其从根本上缓解了消费者的担心，保障消费者的知情权和选择权。1830/2003/EC 条例有几方面的规定十分值得关注和借鉴：

其一，条例将转基因食品追溯和标签制度根据对象不同划分为含有转基因生物产品和转基因食品和饲料产品，分别对其可追溯性和标签进行规定。第 4 条规定了含有转基因生物产品和转基因食品和饲料产品可追溯和标签制

---

① https://ec.europa.eu/food/plant/gmo/legislation_en.

度。对于含有转基因生物产品，条例规定在包括散装数量在内的含有转基因生物的产品投放市场的第一阶段，经营者应确保以书面形式向接收该产品的经营者传递下列信息：（a）该产品含有或包含转基因生物；（b）按照第 8 条分配给这些转基因生物的唯一标识符。在产品上市的所有后续阶段，经营者应确保按照上述规定收到的信息以书面形式发送给收到产品的经营者。在包装要求方面经营者应确保（a）对含有转基因生物的预包装产品，标签上应出现本产品含有转基因生物或本产品含有转基因［生物名称］的字样（b）对于提供给最终消费者的非预包装产品，本产品含有转基因生物或本产品含有转基因［生物名称］的字样应出现在产品的展示上，或与之相关。除此之外，还规定了可追溯和标签制度的例外，即产品中转基因生物的含量不超过 2001/18/EC 指令规定的阈值的比例（即小于 0.9%）且该情形是偶发的或在技术上不可避免的。

条例第 5 条对于转基因食品和饲料产品可追溯制度进行了规定，指出在将由转基因生物生产的产品投放市场时，经营者应确保以书面形式向接收该产品的经营者传递以下信息：（b）指明从转基因生物生产的每一种饲料材料或添加剂；（c）对于不存在成分清单的产品，应表明该产品是由转基因生物生产的。其在供应链内的每一笔交易之后的五年时间内，每一个经营者都必须保存这一信息的记录，并能够确定他们从谁那里购买了这些产品以及向谁提供这些产品。

其二，条例规定了检查和控制措施。具体规定在第 9 条之中，指出各成员国应确保在适当时进行检查和其他控制措施，包括抽样检查和测试（定性和定量），以确保遵守本条例。检验和控制措施还可以包括对产品持有的检验和控制。欧盟委员会应制订和出版关于抽样和测试的技术指导，以便协调一致地执行前述规定。同时应提供所有已经批准和投入流通的转基因生物信息和参考资料，包括在可能的情况下披露未授权的有关转基因生物的资料。

其三，条例规定了惩罚措施和报告反馈机制。条例第 11 条规定了惩罚机制要求成员国制定违反本条例的处罚规则，并采取一切必要措施确保这些规则得到执行。条例第 12 条要求不迟于 2005 年 10 月 18 日，欧洲委员会应向欧洲议会和理事会提交关于执行本条例的报告，特别是关于第4（3）条的报告，并在适当时提出建议。

第三，健全的立法评估体系和严格的执法体系。欧盟最具特色的是其健全的立法评估体系，这一制度在世界上首屈一指。如前文所述，截至目前，欧盟已经完成《转基因生物有意环境释放同时废止90/220/EEC指令》（2001/18/EC）执行情况评估、《转基因生物追溯性及标志办法以及含转基因生物物质的食品及饲料成品的追溯性管理条例》（1830/2003/EC）执行情况评估、《转基因食品和饲料管理条例》（1829/2003/EC）执行情况评估和《90/219/EEC指令及替代其的2009/41/EC指令》执行情况评估。从评估结果看，能清晰地知晓条例和指令执行过程中取得的成绩和存在的问题。通过定期评估了解实践中的不足，为进一步立法修订做准备。当然，这种评估的监督机制不限于上述成员国汇报和欧盟委员会报告，还包括转基因食品上市后的环境监测，其对象是转基因跨国巨头。①

转基因食品安全监管确实是一个世界性难题，欧盟开创了一个很好的范式。通过定期的成员国汇报、欧盟委员会报告以及EFSA等监管机构的日常监管，在欧盟、成员国以及具体转基因食品市场主体间形成一个良好的约束机制，基本能够保证相关条例和指令的执行。这种制度设计，一方面是欧盟立法和执法一贯对透明度、公众参与度和高效的要求，更多的还是得益于先进的立法理念。当然从内因上说，还是源于民众对于转基因食品谨慎和排斥的态度，要求欧盟在立法层面予以最严格的监管。

第四，转基因食品安全监管机构权责明确，工作流程清晰并且负责高效。最具代表性的是EFSA。其一，EFSA工作目标明确。其成立于20世纪90年代末，为回应当时发生的一系列食品危机而组建，旨在就与食物链相关的风险提供科学建议和沟通。由于转基因技术的复杂性，相关科学决策很难直接转化为普通民众能够理解的简单指导方针和建议，EFSA的重要任务之一就是不仅要与主要合作伙伴和利益攸关方进行有效沟通，还要与公

---

① https://ec.europa.eu/food/plant/gmo/reports_studies_en.

众进行广泛的沟通，以帮助弥合科学与消费者之间的鸿沟。其二，独立性。
EFSA 是由欧盟资助的欧洲机构，独立于欧盟立法和行政机构（委员会、理
事会、议会）和欧盟成员国。《一般食品法》建立的欧洲食品安全体系，其
中风险评估（科学）和风险管理（政策）的责任是分开的。欧洲食品安全管
理局负责风险评估，其独立性包括财政独立、机构独立和人员独立。其独立
地位是其公正高效工作的重要保证。其三，高效性。转基因食品进口审批中
欧盟及成员国间的分工十分明确，为避免拖延设置了严格的时间。在收集和
分析数据方面发挥了重要作用，通过与成员国合作以确保风险评估得到现有
最全面科学信息的支持。自成立以来，欧洲食品安全管理局就牛海绵状脑病
（BSE）、沙门氏菌、阿斯巴甜等食品添加剂、致敏食品成分、转基因生物、
杀虫剂以及禽流感等动物健康问题提供了广泛的科学建议。①

　　第五，自始至终强调公开透明和公众参与。例如在转基因作物审批阶
段，欧洲食品安全管理局将最后意见呈报给欧盟委员会，并在二者网站上披
露让公众知晓。欧盟委员会在一个月内听取民众的意见，和成员国一起作出
最终是否批准的决定。欧盟理事会于 2019 年 6 月 13 日正式通过了一项关于
欧盟食物链风险评估透明度和可持续性的新规定。旨在提高欧盟食品链风险
评估的透明度，加强欧洲食品安全管理局研究的可靠性、客观性和独立性，
并重新审视 EFSA 的治理，以确保其长期可持续性。该新规定直接源于欧洲
公民的倡议，规定在风险评估过程中，公民将自动获得所有行业提交的研究
报告和信息（除构成商业秘密外）。所有委托进行的研究都将通知欧洲食品
安全管理局，以确保申请授权的公司提交所有相关信息，防止其隐瞒不利的
研究。欧洲议会、成员国和民众将派代表适当参与欧洲食品安全管理局的管
理，与所有相关方进行公开对话。②

　　同时还应客观地看到其也存在一些问题，例如，其一，定期报告机制执
行不严格，并没有按时定期更新。部分成员国没有配合反馈数据，导致欧盟

---

①　http://www.efsa.europa.eu/en/aboutefsa.

②　https://ec.europa.eu/food/safety/general_food_law/transparency-and-sustainability-eu-risk-
　　assessment-food-chain_en.

委员会数据样本不足，不得不屡次推迟报告出台时间，要求成员国重新提供数据。其二，如本章开篇所述，转基因食品安全立法多为二级立法，欧盟行动能力有限，在欧盟基础条约中还没有专门针对转基因食品安全的相关规定。根据欧盟和成员国权能的划分，消费者保护和环境属于共享权能，而在保护和改善人类健康方面欧盟仅享有补充权能。这直接决定了欧盟相关条例和指令只能做出最低门槛的指导立法，具体立法和执法措施还需要成员国进一步制定。由于成员国间的差异，在具体操作中必然会存在诸多不同。以《转基因生物追溯性及标志办法以及含转基因生物物质的食品及饲料成品的追溯性管理条例》，其将违反条例的惩罚措施下放至成员国，要求成员国应制定违反本条例规定的处罚规则。总体上说，欧盟转基因食品安全立法为其他国家和地区立法提供了先进的经验，值得长期跟踪研究并有选择地借鉴。

第三章 美国转基因食品安全立法、司法实践及经验

一、美国转基因食品安全立法

(一) 美国转基因食品安全立法概述

美国由于认可转基因食品的安全性，认为从最终产品上看转基因食品与传统食物无异，因此并没有对其进行专门立法，而是由多个涉及食品、药品和化学物品的立法对转基因食品安全进行调整。对转基因食品无需单独立法的立场，自1986年白宫出台的《生物技术监管协调框架》确立，至今仍无变化。三个联邦机构，食品及药物管理局（FDA）、农业部（USDA）和环保署（EPA）主要负责对生物技术进行规制。

表3—1 美国转基因食品安全相关立法及监管机构

法律规范	监管机构
《联邦杀虫剂、杀真菌剂和灭鼠剂法案》 The Federal Insecticide, Fungicide and Rodenticide Act（FIFRA）	EPA
《有毒物质控制法》 The Toxic Substances Control Act（TSCA）	EPA
《联邦食品、药品和化妆品法案》 The Food, Drug and Cosmetics Act（FFDCA）	FDA 和 EPA
《植物保护法案》 The Plant Protection Act（PPA）	USDA

法律规范	监管机构
《病毒血清毒素法》 The Virus Serum Toxin Act（VSTA）	USDA
《公共卫生服务法》 The Public Health Service Act（PHSA）	FDA
《膳食补充剂健康与教育法案》 The Dietary Supplement Health and Education Act（DSHEA）	FDA
《联邦肉类检验法》 The Meat Inspection Act（MIA）	USDA
《家禽产品检验法》 The Poultry Products Inspection Act（PPIA）	USDA
《蛋制品检验法》 The Egg Products Inspection Act（EPIA）	USDA
《国家环境保护法》 The National Environmental Protection Act（NEPA）	EPA

信息来源：Pew Initiative on Food and Biotechnology, Guide to US Regulation of Genetically Modified Food and Agricultural Biotechnology Products.1

《联邦杀虫剂、杀真菌剂和灭鼠剂法案》（FIFRA）是一项联邦法规，规定了美国的农药登记、销售和使用情况。最初 FIFRA 由美国农业部管理，通过申请程序对制造商进行监测，要求对农药内容进行明确标注来保护农民，从而使农民能够对产品的有效性作出知情选择。1970 年随着环境保护署的成立，美国农业部向环保署移交该法案监管职责。根据该法案，联邦机构需要根据 FIFRA 第 12 部分的规定销售和分配农药杀虫剂，正确地遵守农药标签说明，根据规定规范杀虫剂试验、确保申请者得到适当的培训，并且在必要的时候确保使用有限的杀虫剂并使用适当的个人防护设备，正确管理农药储存设施、依照标准处理农药残留和废物，保存限制使用的杀虫剂的申请记录，在生产、销售或分发农药的设施中，允许进入、检查、复制记录或经 FIFRA 授权的抽样检查。法案的主要内容包括：标签制度、包装要求、工人保护标准、杀虫剂的登记、试验使用许可、限制使用杀虫剂条款、非法使用情形、联邦和州政府例外允许使用的情形以及储存、处理、运输和召回制度。①

《有毒物质控制法》（TSCA）由美国国会于 1976 年通过，由美国环境保护署管理，它规定了新的或已经存在的化学物质的安全上市销售。目标主要包括三个方面，即评估上市前的化学物质确保其安全，规范 1976 年已经存在的化学物质，当其对健康或环境造成了不合理的风险，规范化学物质的分销和使用。该法案并未将化学物质分为有毒和无毒两类，其禁止生产和进口不属于法案目录中的化学物质。制造商必须在制造或进口新的化学品之前向美国环境保护署提交预先制造的通知。2016 年美国国会通过了《弗兰克·R.劳滕伯格化学安全 21 世纪法案》首次对 TSCA 进行修改。修改的主要内容包括四个方面：（1）规定美国环保署具有强制性义务对现有的化学物质进行评估以明确且可执行的最后期限，而之前对环保署审查义务和期限没有强制和明确的规定；（2）一改此前的风险收益平衡的标准，根据风险安全标准评估化学品；（3）规定风险评估中确定的不合理风险必须消除，要求比此前的规定更为严格；（4）在需要的时候扩大了环保署权力的范围以适应化学信息迅速发展的要求，而在此前对现有化学品的测试需要漫长等待。②

《联邦食品、药品和化妆品法案》（FFDCA）是美国国会于 1938 年通过的法律，授权美国食品及药物管理局（FDA）监督食品、药品和化妆品的安全。法案包括十章，分别规定了简明目录、定义、禁止行为及罚金、食品、药品和设备、化妆品、监管当局、进出口、烟草制品和杂项。该法案至今共出台了一系列项修正案，按照时间先后顺序如下：《杜汉-汉弗雷德修正案》（1951 年）规定了某些药物为处方药；《卡尔法·哈里斯修正案》（1962 年）；《维生素矿物质修正案》（1976 年）禁止 FDA 制定标准来限制食品补充剂中维生素和矿物质的效能或者仅仅根据其效能来对其进行监管；《医疗器械修正案》（1976 年）；《婴儿配方法案》；《孤儿药品法案》（1983 年）；《药品价格竞争和专利条款恢复法案》（1984 年）；《处方药上市法案》（1988 年）；《一般

---

① https://www.epa.gov/enforcement/federal-insecticide-fungicide-and-rodenticide-act-fifra-and-federal-facilities.

② https://www.epa.gov/laws-regulations/summary-toxic-substances-control-act.

动物药物和专利期限恢复法案》（1988 年）；《营养标识和教育法》（1990 年）；《安全医疗设备修正案》（1990 年）；《医疗设备修正案》（1992 年）；《处方药使用者费用法》（1992 年）；《兽药使用澄清法》（1994 年）；《膳食补充剂健康教育法》（1994 年）；《食品质量保护法》（1996 年）；《动物药品可用法》（1996年）；《儿童最佳药物法案》（2002 年）；《医疗设备用户费用和现代化法案》（2002 年）；《兽药用户收费法》（2003 年）；《儿科研究公平法案》（2003 年）；《小动物和小动物健康法案》（2004 年）；《食品过敏原标签和消费者保护法案》（2004 年）；《学名药申请者付费修正案》（2012 年）。①

《植物保护法案》是美国于 2000 年制定的有关植物害虫和有害杂草的法律，合并之前诸多立法，包括《植物检疫法案》《联邦植物病虫害法案》以及 1974 年《联邦有毒杂草法案》。其规定，在州际贸易中，任何人不得进口、输入、出口或移动任何有害植物，除非获得许可授权，并符合本条例的规定。该法案还对植物、植物产品、转基因生物、有害杂草、物品和运输工具的流动出台了管理规定。②

《病毒血清毒素法》于 1913 年颁布，旨在保护农民和饲养者免受不当制备的血清、毒素和病毒的侵害。70 余年后，该法于 1985 年修订，以适应农业领域进步、工业化和现代化的系列变化。该法案禁止任何人和公司在州际商业中准备、销售、交换或装运受污染、危险或有害的病毒、血清和毒素。规定了产品和机构的许可，并要求进口动物生物制品具备许可证。规定要求根据批准生产制备生物制剂，以符合规定的纯度、安全性、效力和效力的试验要求。标签内容和广告声明也应提前经过批准。③

《公共卫生服务法》制定于 1944 年，该法案第一次明确地确立了联邦政府的检疫机构。它为美国公共卫生服务部门规定了防止传染病从外国传入、传播和传播的责任。条文众多，内容庞杂，主要规定了行政条款、研究科研机构条款、科研项目及合作条款。从制定至今历经数次修改，比较重要的修

---

① https://www.epa.gov/laws-regulations/summary-federal-food-drug-and-cosmetic-act.

② https://www.aphis.usda.gov/plant_health/plant_pest_info/weeds/downloads/PPAText.pdf.

③ https://www.aphis.usda.gov/animal_health/vet_biologics/publications/vsta.pdf.

正案包括：《计划生育服务和人口研究法》（1970年）、《国家癌症法案》（1971年）、《健康保险携带和责任法案》（1996年）、《卫生中心合并法》（1996年）、《肌肉营养不良社区援助研究和教育修正法》（2001年）、《血癌研究投资与教育法》（2001年）、《新生儿筛查挽救生命法案》（2007年）、《患者保护和平价医疗法案》（2010年）、《防备流感大流行再授权法案》（2013年）。除此之外还有数项提案正在讨论之中，包括：《紧急医疗技术人员支持法案》、《儿童医院GME支持再授权法案》和《儿童紧急医疗服务再授权法》。①

　　《联邦肉类检验法》②由西奥多·罗斯福总统于1906年6月30日签署，主要目的在于确保肉类和肉制品在卫生条件下被屠宰和加工，将掺假、造假、以次充好和不规范标注肉制品的行为认定为犯罪。该立法也适用于进口肉类产品，这些产品必须按照同等的国外标准进行检验。1957年《家禽产品检验法》增加了美国农业部对家禽的检验。《食品、药品和化妆品法案》授权FDA为所有不在肉类检验目录下的家畜和家禽物种提供检验服务，包括鹿肉和水牛。《农业营销法》授权美国农业部为相似物种提供自愿的、有偿的检查服务。

　　除此之外，1957年《家禽产品检验法》授权美国农业部食品安全检验局（FSIS）规范家禽产品的加工和分销。目的在于确保家禽适合人类消费，禁止购买、销售、运输和进口死亡、残疾或患病家禽以及屠宰以外的家禽制成的产品。要求采取一定的卫生、标签和容器标准，以防止出售掺杂或误用品牌的禽类产品。违规可能导致罚款或监禁。③1970年《蛋制品检验法》目的在于确保鸡蛋和蛋制品是健康的、不掺假的，并且标签和包装完好。由美国农业部（USDA）进行管理，对两类鸡蛋和蛋制品制定了具体的检验标准。根据此法，将蛋壳破碎、干燥和加工成液体、冷冻或干燥的蛋制品的工厂必须在美国农业部的连续检验计划下运行。④《国家环境保护法》颁布于

---

① 　https://www.fda.gov/RegulatoryInformation/LawsEnforcedbyFDA/ucm148717.htm.

② 　http://legisworks.org/congress/59/session-1/publaw-382.pdf.

③ 　https://www.fsis.usda.gov/wps/portal/fsis/topics/rulemaking/poultry-products-inspection-acts.

④ 　http://www.incredibleegg.org/eggcyclopedia/e/egg-products-inspection-act/.

1969 年，是环境保护重要法律之一。目的在于确保政府各部门在重大联邦行动之前（如提出机场、建筑物、军事综合体、高速公路、公园采购）适当考虑环境。①

从对上述现有立法的分析中不难看出，美国转基因食品安全立法具有如下几个特点：其一，总体认可转基因食品安全性，并未作单独立法，而是将涉及转基因食品安全的各个方面散落在现有诸多立法中进行规制；其二，涉及的法律规范条文众多，且从颁布的时间上看年代悠久，后经多次修订调整，涉及食品、安全、卫生的方方面面。这一特点与世界上其他国家和地区如欧盟以及部分发达国家和发展中国家形成鲜明对比。后者往往专门针对转基因食品的研发、运输、批准上市销售、召回、损害赔偿以及种植出台专门立法，在立法原则和具体法律规制上有别于传统食品。造成这一区别的根本原因在于，不同国家和民众对于转基因食品安全性认识的不同。转基因食品背后最大的推动力是经济因素。根据 2016 年的数据，美国转基因作物播种面积占全球转基因作物播种总面积的 39%，达 7290 万公顷。在转基因作物商业种植的前二十年中（1996-2015），美国始终作为首要播种国家，从中获得经济利润达 730 亿美元。而仅 2015 年一年，美国从转基因作物获得的经济收入就达 69 亿美元。② 除此之外，文化上民众对科技开放和接纳的态度，消费者对转基因食品安全性的肯定，也是重要原因。

（二）美国转基因食品政策框架和国家战略

1.1986 年《生物技术监管协调框架》③

1986 年《生物技术监管协调框架》旨在阐明联邦政府确保生物技术研发和产品安全的相关政策立法。首先，该框架从机构职能上明确了主要联邦机构的分工。对 FDA、EPA、职业安全与健康管理局（OSHA）和 USDA 的

① https://www.epa.gov/laws-regulations/summary-national-environmental-policy-act.

② ISAAA Brief 52: Global Status of CommercializedBiotech/GM Crops:2016, pp.4-7.

③ https://www.aphis.usda.gov/brs/fedregister/coordinated_framework.pdf.

监管政策以及国家卫生研究院（NIH）、美国国家卫生基金会（NSF）、EPA
和 USDA 的研究政策进行了单独说明。其次，该框架成立了机构间合作机
制，即国内政策委员会生物技术工作组和生物技术科学合作委员会（BSCC）
专门协调机构间的合作事宜。前者负责管理生物技术的协调框架，它还考虑
与机构管辖权、商业化和国际生物技术事项有关的政策事项。工作组监测生
物技术的发展，准备找出问题并为其解决提出适当的建议。后者负责科学政
策和科学评估的协调一致性。由参与监督生物技术研究和产品的机构的高级
政策官员组成。主要活动之一是制定定义，其还有权举行公开会议，以讨论
公众对科学和其他问题的关切。最后，在国际层面，美国在 OECD 等国际
组织上积极阐明其对生物技术的立场，力求在一系列技术事务上促进国际科
学合作并减少对国际贸易的阻碍。

　　1986 年《生物技术监管协调框架》中主要负责的机构，FDA、EPA、
USDA 和 OSHA 分别出台了各自的立场文件，构成美国转基因食品安全立
法的基石和行为准则。

　　其一，FDA 出具《生物技术产品管理政策声明》①。国会根据《公共卫生
服务法》规定了 FDA 的权力，无论产品的制造方式如何，授权 FDA 对产品
进行规范。FDA 出台了新药和生物制剂人类使用的一般要求、动物食品添
加剂和药物的一般要求、医疗器械的一般要求和食品一般要求。同时 FDA
表示其对生物技术产品所有上市前审批都会遵守《国家环境保护法》（NEPA）
的规定，并配合实现《生物技术监管协调框架》中国际方面的目标。

　　其二，EPA 出台《根据〈联邦杀虫剂、杀真菌剂和灭鼠剂法〉以及〈有
毒物质控制法〉的微生物产品政策声明》，其内容包括 7 个部分，依次为概
览、《联邦杀虫剂、杀真菌剂和灭鼠剂法》（FIFRA）对微生物农药的适用性、
《有毒物质控制法》（TSCA）对微生物产品的适用性、监管目的条款的定义、
参考、公开记录和监管评估要求。概览部分对 EPA 的政策作了总结，指出

---

① Statement of Policy for Regulating Biotechnology Products，Docket No.84N-0431, December
　31, 1984. http://fda.complianceexpert.com/agency-documents/medical-device-guidance/fda-
　guidelines/statement-of-policy-for-regulating-biotechnology-products-1.94061.

该政策声明的重心是制定对受 FIFRA 或 TSCA 影响的微生物的监督和审查程序。还提及 EPA 和 USDA 在微生物监督方面职权及其交叉和侧重点的不同。指出当二者管辖范围重叠时，通过设立的合作委员会进行协调。同时在此情况下为申请者提供行为指南。如存在疑问，必须向两个机构报告含有来自致病源生物体的遗传物质的通用微生物，虽然二者审查监督的侧重点不同，EPA 审查是为了 TSCA 下的生物体或在 FIFRA 下用作农药，而 USDA 的审查是针对特定的许可证申请。若研发的是不含病原体遗传物质且不符合 USDA "植物有害生物" 定义的生物，只需向 EPA 报告。在通用的情况下应根据使用用途来决定报告的机构，仅用于非农药农业目的时向 USDA 报告，当用于非农业用途时向 EPA 报告。

其三，USDA 出具了《关于生物技术和产品研究和管理的最终政策声明》，包含了简介、通知、农业部研发政策声明、农业部法规政策声明、科学审查机制和评论总结六个部分。其中最为关键的是第三、第四和第五部分。第三部分研发政策声明，表示支持粮食加工生产和销售研究、新的作物和动物来源的食物、纤维和能源的发展。提高农业效益，减少对石油产品的依赖。发展改善管理和保护土壤、水、森林资源。第四部分法规政策声明，就兽医生物制品、植物和植物制品、肉禽类产品和种子进行了规制。第五部分科学审查机制，列明了委员会的主要目标，包括：应要求时提供有关农业相关监管和研究的举措和政策咨询意见、审查部内机构提交的科学问题、协助确定农业生物技术基础研究方面的数据差距、促进公众对生物技术科学问题的认识和为参加生物技术科学合作委员会提供部门支持。

其四，职业安全与健康管理局（OSHA）出具了《生物技术机构指南》，为生物技术雇员的劳动安全提供了指南。要求雇主在符合该法规规定的职业安全卫生标准前提下，向每个雇员提供就业和没有危险的雇用地点，避免造成或可能对雇员造成死亡或严重的身体伤害。具体标准涉及特定空气污染物、员工暴露和医疗记录、在实验室中接触有毒化学物质和呼吸防护等。

2. 1992 年 FDA《新植物品种食品政策声明》对 1986 年《生物技术监管协调框架》的修订①

1992 年 FDA 出台了《新植物品种食品政策声明》，该政策声明是对《联邦食品、药品和化妆品法案》中新技术生产食品的解释和澄清，并反映了 FDA 在农业技术发展水平下对新植物品种的基本立场，应对转基因食品商业化的趋势，系统回应了民众关于转基因食品安全性及规制的诸多问题。这些问题包括 FDA 是否会对新食品进行上市前审查，哪些新植物品种属于 FDA 管辖范围，须提供哪些科学信息来满足 FDA 的要求，这些食品是否安全和遵守法律，以及是否需要特别标签。该声明用了 12 个标题系统回答了上述问题，依次包括：政策出台的背景、FDA 对食品安全负有的监管责任和义务、政策的适用范围、与公共卫生相关的科学问题、新植物品种立法现状、标签制度、植物新品种食物产业指南、环境考量、涉及农药产品与 EPA 的协调合作、环境影响、评论及参考文献。

其中最为重要的观点包括：其一，FDA 明确了转基因食品在现有立法中进行调整而不单独对其进行立法的基本原则，指出："食品不论其开发方法如何，规制最终取决于食品的客观特性和食品（或其成分）的预期用途。生产或开发食物的方法在某些情况下有助于了解成品食品的安全性或营养特性。但是安全问题的关键因素应该是食品的特点，而不是使用新的方法。"该立场表明 FDA 对转基因食品安全的监管采取的是产品结果监管而非过程监管，只要转基因食品最终从食品特性上说与传统食品无异，就认为是安全的且无须单独进行监管，制造过程在所不论。该点奠定了美国转基因食品安全立法的基石。其二，与公共卫生相关的科学问题包括预期效应、已知毒物、营养素、新化学物质、致敏性、耐抗生素选择标记、用于制造特殊非食物物质的植物和动物饲料的特殊问题 8 个方面。其三，新植物品种立法现状方面主要聚焦了新食品和食品成分的法定框架、第 402（a）（1）条和第 409

---

① Statement of Policy - Foods Derived from New Plant Varieties，https://www.fda.gov/food/guidanceregulation/guidancedocumentsregulatoryinformation/biotechnology/ucm096095.htm.

条的适用。其四，FDA 认为转基因食品无须特别注明。标签方面，根据立法规定食品生产商应以通用名称适当描述所有重要事实和可能导致的后果。FDA 认为开发植物新品种的方法（如杂交，化学或辐射诱变，原生质体融合，胚胎拯救，体细胞变异或任何其他方法）并不属于 21 U.S.C.321（n）第 201（n）部分实质信息的范围。新技术是传统分子水平方法的延伸，其目的与传统植物育种相同。因此，FDA 不认为新植物品种的开发方法（包括使用含重组 DNA 技术在内的新技术）通常是 21 U.S.C. 意义上的实质信息，通常不需要在食品标签中披露。

3. 2017 年对 1986 年《生物技术监管协调框架》的再次修订 ①

1986 年《生物技术监管协调框架》以及其后 1992 年 FDA《新植物品种食品政策声明》建立的监督制度，推动了生物技术产品数十年的商业化发展，使生物转基因技术在医药、农业、能源、生物制造和环境保护方面得以广泛应用，美国在全球构建起一个庞大和具有竞争力的生物技术行业。然而自 1992 年以来，科学技术进一步发展，新的生物技术产品超越了 1986 年和 1992 年文件调整的范围。因此需要进一步更新协调框架，以促进联邦监督体系满足实践的发展需要。2016 年 9 月出台的《生物技术产品监管体系现代化》（2017 年度《生物技术监管协调框架》更新的最终版本）确定了未来发展的步骤以确保监管系统适应科学技术的发展。

首先，《生物技术产品监管体系现代化》明确了四个主要目标。（1）澄清机构各自监管的生物技术产品范围；（2）澄清每个机构对不同产品领域的作用，特别是当多个机构对同一产品监管出现交叉时各自的分工及相互配合问题；（3）建立沟通机制，酌情在机构之间进行协调，同时履行各自的监管职能，并确定负责此协调职能的机构指定人员；（4）明确机制和时间表，定期审查和酌情更新协调框架，尽量减少延误、支持创新、保护健康和环境，促进公众对生物技术产品监管系统的信任。

---

① Modernizing the Regulatory System for Biotechnology Products: Final Version of the 2017 Update to the Coordinated Framework for the Regulation of Biotechnology.https://www.epa.gov/sites/production/files/2017-01/documents/2017_coordinated_framework_update.pdf.

其次，进一步明确了转基因产品规制的基本原则。原则一，联邦法规和条例根据具体用途规范产品，意味着具有相同用途的产品受到相关监管机构同类型的监督。旨在不区分传统食品和转基因食品，只要二者最终用途相同都受现有立法的统一规制，不单独对转基因食品进行立法。原则二，生物科技产品在医药、农业、能源、制造和环保等诸多领域得到应用。原则三，将生物技术产品引入环境可能受联邦环境法规的规制。原则四，每个机构使用其现有的机构和法规来确保生物技术产品在预期应用中的安全性。原则五，明确每个监管机构监督范围的边界。原则六，生物技术产品的特征决定了将要引入环境以决定其应用的风险。原则七，在法规所规定的范围内进行机构监督应与引进生物技术产品所产生的风险相称，而不应通过特定过程或技术创造或改变客观事实。原则八，在法律规定的范围内，基于风险监管方法，监管体系应区分需要一定联邦监督程度的生物技术产品和不需要某种联邦监督程度的生物技术产品。原则九，由于美国首要的生物技术产品监管框架依赖于现行的联邦法律，所以某些行为的法定命名可能看起来不一致。尽管有这些看上去的不一致，每个监管机构的审查只在法律允许的范围内具有同等的严格性。原则十，各机构以综合协调的方式努力实施方案，应覆盖生物技术所有植物、动物和微生物。原则十一，未来的科学发展将导致协调框架的进一步完善。早期基础科学研究的经验表明，随着科学的进步，可以对监管方案进行修改，协调框架的细化应考虑监管过程的新变化。

再次，进一步明晰了主要监管机构的角色和职责。EPA 主要负责《联邦杀虫剂、杀真菌剂和灭鼠剂法案》（FIFRA）、《有毒物质控制法》（TSCA）和《联邦食品、药品和化妆品法案》（FFDCA）的监督和实施。以消除对环境的不利影响，确保农药化学残留总量不会产生危害，防止化学物质在制造、加工、分销和使用过程中对健康和环境造成风险。FDA 负责《联邦食品、药品和化妆品法案》（FFDCA）和《公共卫生服务法》（PHSA）两项立法的监督和实施。主要目的在于确保人类和动物食品、药物、设备和化妆品安全有效，确保生物制品的安全性。USDA 负责《植物保护法案》（PPA）、《家禽产品检验法》（PPIA）、《蛋制品检验法》（EPIA）、《病毒血清毒素法》

（VSTA）、《联邦肉类检验法》（MIA）和《动物健康保护法》（AHPA）的监督和执行。其目的在于保护动物、植物、家禽产品、蛋制品以及病毒血清等健康和安全。

最后，强调现有机构间协调合作机制的重要性。目前协调机制主要有两个，其一，"正式和临时机构间工作组"，其是由 ETIPC 委员会根据 2015 年 7 月 EOP 备忘录设立的。生物技术工作组将继续开展工作，以实现 2015 年 7 月 EOP 备忘录中确定的目标。其二，"谅解备忘录"机制。EPA、FDA 和 USDA 已经制定了谅解备忘录，以加强各机构之间的协调和信息共享。如 2009 年 7 月，EPA 的农药计划、生物农药和污染防治处以及美国农业部动植物检疫局的生物技术监管服务处（BRS）为此目的签署了一份科学评估工作谅解备忘录（09-2000-0052-MU），分享和利用 PIP 产品表征的科学评论。EPA 和 USDA 都会审查 PIP 产品表征数据，以支持其监管行动。谅解备忘录确定了两个机构将用这种合作提高美国政府对 PIP 监管的有效性和效率。类似的还如 2011 年 2 月 2 日，EPA、FDA 和 USDA/APHIS 生物技术监管服务（BRS）签署谅解备忘录（10-2000-0058-MU；225-11-0001），以支持和鼓励三家机构对遗传工程植物进行监管合作。2012 年 10 月 22 日，EPA 化学品安全与防护局（OCSPP）农药计划办公室（OPP）、USDA / APHIS 植物保护和检疫局（PPQ）和 USDA / APHIS 生物技术监管局（BRS）签订了微生物农药谅解备忘录。

除此之外，还对未来合作框架的审查和修订做出了安排，根据 2015 年 7 月 "EOP 备忘录" 的规定，至少五年后，"战略" 发布一年后，生物技术工作组将提交一份年度报告，说明机构为执行该战略所采取的具体步骤。同时通过七个转基因产品案例分七个方面阐释机构间职权和合作。七个方面包括：第一，产品介绍。第二，哪些机构具有监管职权并说明原因。第三，研发人员在实验室和温室中的研发责任。第四，小规模非封闭试验之前开发者的责任。第五，大规模现场试验之前开发人员的责任。第六，商业化种植之前开发者应该做什么。第七，公众参与机制。

4. 2016 年《促进生物技术产品监管体系现代化的国家战略》[①]

美国政府对于转基因生物科技的态度总体十分积极，在保护人类健康和环境安全的同时致力于清除不合理的障碍，加快生物技术的研发和推广。虽然目前生物技术产品监管体系有效保护了健康和环境，但在某些情况下机构管辖权存在不确定性、审查时间缺乏可预见性等，对中小企业造成了不必要的成本和负担。作为对上述情况的回应，2015 年 7 月总统行政办公室（EOP）发布了一份备忘录（2015 年 7 月 EOP 备忘录），督促指导监管生物技术产品的主要机构美国环境保护署（EPA）、美国食品及药物管理局（FDA）和美国农业部（USDA）完成三项任务：（1）更新 1986 年《生物技术监管协调框架》的明确权责；（2）制定一项长期战略，以确保联邦监管体系能够有效评估未来生物技术产品的风险；（3）委托专家分析生物技术产品的未来图景以支持这一战略。目标在于确保公众对监管制度的信心，并提高生物技术监管体系的透明度、可预测性、协调性和效率。根据 2015 年 7 月 EOP 备忘录，三个主要机构 FDA、USDA 和 EPA 于 2017 年修订了《生物技术监管协调框架》以完成任务之一，出台 2016 年《促进生物技术产品监管体系现代化的国家战略》以实现任务之二，同时委托美国国家科学院（NAS）进行独立研究以完成任务之三。

2016 年《促进生物技术产品监管体系现代化的国家战略》主要内容包括 7 个部分，分别为概要、背景、目标、增加透明度、增加可预见性和效率、支持科学以支撑立法体系以及战略的执行。主要篇幅在阐述如何增加透明度、可预见性和效率以及科学决策支持。具体而言，第一，在透明度方面，EPA、FDA 和 USDA 与公众和利益相关者（包括消费者和小企业）建立了相应的沟通渠道。如通过公开会议向公众解释三个机构不同的职权分工，定期举办研讨会帮助开发生物技术产品的小企业熟悉监管体系，通过网

[①] Emerging Technologies Interagency Policy Coordination Committee's Biotechnology Working Group, National Strategy for Modernizing the Regulatory System for Biotechnology Products, September 2016.https://obamawhitehouse.archives.gov/sites/default/files/microsites/ostp/biotech_national_strategy_final.pdf.

站的电子邮件系统向公众提供信息，等等。未来活动和努力的方向还包括：
（1）探索类似于美国农业部生物技术监管机构利益相关者会议等的新机会
和形式，与行业、消费者和其他利益相关者进行沟通。（2）EPA、FDA 和
USDA 将审查现有的通信工具，并酌情修改现有的信息来源监管，为产品
开发人员和公众提供更好的信息服务。（3）EPA 农药计划办公室（OPP）举
行"植物保护剂（PIP）数据要求研讨会"，为利益相关者和公众介绍其注册
过程。第二，在增加可预见性和效率方面，现有成果包括委托美国国家科学
院（NAS）独立研究"未来生物技术产品和提高生物技术监管体系能力"①
课题、与产品开发人员频繁互动以及努力实现科学决策保证立法目标实现
等。未来努力的方面包括 EPA、FDA 和 USDA 致力于机构间沟通，有助于
及时决定生物技术产品的管辖权，以帮助澄清哪些监管机构可能对具体应用
的新型生物技术产品负监管责任。EPA、FDA 和 USDA 将继续审查其监管
结构等。第三，在科学决策支持方面，FDA 积极利用其资源实现科学决策。
USDA 利用其研究机构农业研究服务局（ARS）与国家粮食和农业研究所的
专业知识和资源确保决策的科学性。第四，在战略执行方面，根据 2015 年
7 月"EOP"备忘录的要求，（至少其后五年间）"战略"发布一年后 EPA、
FDA 和 USDA 预计将提交一份年度报告，说明机构为实施该战略所采取的
具体步骤。在其第一份年度报告中，各机构可酌情提供具体的监管和其他活
动清单以及预期的时间表。这些机构还将在该报告中列入机构为提高生物技
术监管的透明度、可预测性和效率以及监管机构之间的协调而采取的任何其
他行动。本报告将由总统执行办公室向公众公布。

（三）美国三大主要机构 FDA、USDA 和 EPA 的职权及协调②

1. FDA

FDA 管辖范围包括大多数食品（肉和禽类除外）、人类和动物药物、生

---

① http://nas-sites.org/biotech/.
② 对于该部分的论述，可参考作者之前发表于《公民与法》的文章内容。参见陈亚芸：《美国转基因食品立法解析》，《公民与法》2014 年第 2 期。

物来源的治疗剂、医疗器械、医疗和职业用途的辐射产品、化妆品和动物饲料。该机构1862年成立之初仅由美国农业部的一名化学家组成。至今约有15000名员工，2014年的预算为44亿美元，其中包括化学家、药理学家、医师、微生物学家、兽医、药剂师和律师等。约三分之一的机构员工驻扎在华盛顿哥伦比亚特区以外，超过150个外地办事处和实验室，其中包括五个区域办事处和20个地区办事处。机构下属科学家评估新的人类药物和生物制剂、复杂的医疗器械、食品和颜料添加剂、婴儿配方食品和动物药物。另外，FDA每年都要监督制造、进口、运输、储存和销售价值约1万亿美元的产品，费用约为每人3美元。调查员和检查员每年访问16000多个设施，并安排州政府协助检查。在19世纪，各州主要负责对国内生产和分销的食品和药物进行控制，且州之间立法明显不一致，联邦当局职能主要限于监管进口食品和药物。FDA进入现代化时代的标志性事件是1906年《联邦食品和药物法》的通过，其为该机构新增了监管职能。其名称也于1927年7月改为食品、药物和杀虫剂管理局，其非监管性研究职能转移到该部门的其他部门。①

2. USDA②

1862年5月15日，林肯总统签署立法，成立美国农业部（USDA）。两年半后，其向国会提交的最后报告，称美国农业部为"人民署"。通过在粮食、农业、经济发展、科学和自然资源保护等问题上的持续努力，美国农业部对美国几代人的生活产生了直接影响。美国农业部由29个机构和办事处组成，拥有近10万名员工，在全国和海外有4500多个服务点。目标在于通过科学和有效的管理，在粮食、农业、自然资源、农村发展、营养和相关问题上发挥领导作用。通过创新提供经济机会，帮助美国农村蓬勃发展。促进农业生产，增加美国农业收入，同时帮助世界各地其他粮食短缺的人群。通过保护森林、改善流域和营造健康合理的私人领地，保护国家的自然资源。

农业部职权范围包括以下几个部分：（1）农业和外国农业服务。提供商

① See George Kurian, ed., *A Historical Guide to the U.S. Government*, New York: Oxford University Press, 1998. https://www.fda.gov/AboutFDA/WhatWeDo/History/Origin/ucm124403.htm.

② 该部分内容参见美国农业部网站资料，https://www.usda.gov/our-agency/about-usda。

品、信贷、保护、灾害和紧急援助方案，有助于保障农业经济的稳定，增加美国农民和牧场主应对自然灾害和国际市场不稳定性的实力。（2）食品、营养和消费服务。致力于消除美国的饥饿和改善健康。管理全国范围内营养援助计划和营养政策，通过科学的膳食指导、营养政策协调和营养教育将科学研究与消费者的营养需求联系起来。（3）食品安全。确保国家肉、禽类和蛋制品的供应安全、卫生、标签和包装。农业部的这个任务领域也在总统食品安全委员会（President's Council on Food Safety）中发挥了关键作用，并且协调了包括卫生与人类服务部（Department of Health and Human Services）和环境保护署（EPA）在内的各种伙伴机构之间的国家食品安全战略计划。（4）营销和监管计划。旨在促进美国农产品的国内和国际营销，并确保动植物的健康，积极参与制定国家和国际标准。（5）自然资源与环境。通过可持续管理确保土地的健康，防止对自然资源和环境造成损害，恢复资源基础，促进土地得到良好的管理。（6）研究、教育和经济学。通过综合研究，分析和研究如何创建一个安全、可持续和具有竞争力的美国食品和纤维系统。（7）农村发展。致力于通过提供金融方案，帮助改善农村经济和生活质量，以支持基本的公共设施与服务，如水和污水系统、住房、保健诊所、紧急服务设施和电话和电话服务。农村发展通过银行和社区管理的贷款银行向企业提供贷款，促进经济发展，同时也协助社区参与社区计划。

　　USDA 的主要任务也包括对转基因生物技术的监管，其在《2014—2018年战略计划》中明确将"帮助美国促进农业生产、生物技术出口和增强粮食安全"作为战略计划目标之一，指出"美国农业部将继续规范新开发的基因工程（GE）生物体的进口、州际运输和新品种田间测试，使其符合立法规定并确保它们在商业化之前不会对植物健康构成威胁。这些基于科学的评估有助于安全引进新的植物品种，并提高公众和国际对这些产品的信心。美国农业部将协调美国环境保护署和美国食品及药物管理局，共同履行联邦生物技术协调框架"。[①] 在该文件中，农业部积极支持转基因植物新品种研发投

―――――――――――

① https://www.usda.gov/sites/default/files/documents/usda-strategic-plan-fy-2014-2018.pdf.

入，2009 年转基因植物新品种统计数据为 78 种。在保障美国农产品出口和国际粮食安全方面，2012 年美国出口总额为 67 亿美元。

动物和植物卫生检验局（APHIS）成立于 1972 年，是 USDA 下主要负责转基因生物技术立法的机构。从机构沿革上说，USDA 原来的功能是获取和传播农业信息。为了执行这个任务，授权美国农业部专员进行实验，收集和统计数据，测试和分发新的种子和植物。美国农业部 1884 年成立动物产业局（BAI），第一次涉及畜牧业的监管，主要控制进出口贸易中的动物疾病。30 年后，《1912 植物检疫法》开始实施，专门对植物安全进行监管。几十年来，BAI 和诸多植物健康当局合作负责动植物检疫相关活动。1972 年 APHIS 正式成立。回顾历史，APHIS 从一开始就着重于保护美国农业资源，与国家、州和工业部门合作，进行有效的病虫害防治工作。20 世纪 80 年代，史无前例地进行国内和国际扩展，扩充新机构责任。20 世纪 90 年代，APHIS 经历了重组。"911"事件导致了 APHIS 的重大变化，许多机构员工被转移到新成立的国土安全部。新千年第一个十年，APHIS 的主要成就包括消灭疾病、提高技术、增加合作和不断扩大职能范围。[1] 从目标和主要任务上说，APHIS 职能范围非常广泛，包括保护和促进美国农业健康、管理转基因生物、执行动物福利法和进行野生动物损害管理活动。努力实现美国农业部的总体使命，即促进粮食、农业、自然资源和相关问题得以妥善解决。APHIS 在其题为《自 1972 年始保障美国农业健康和核心价值：2015—2019 战略计划书》中详细列明了主要工作目标、预期计划和面临的挑战。[2]

3. EPA [3]

EPA 成立的最早动议开始于尼克松政府时期，就职后 4 个月，尼克松

---

[1]　A 40-YearRetrospective ofAPHIS, 1972–2012.https://www.aphis.usda.gov/about_aphis/down-loads/40_Year_Retrospective.pdf.

[2]　United States Department of Agriculture Animal and Plant Health Inspection Service，Safe-guarding the Health and Value of American Agriculture Since 1972 Strategic Plan 2015-2019. https://www.aphis.usda.gov/about_aphis/downloads/APHIS_Strategic_Plan_2015.pdf.

[3]　该部分资料参考美国环保部网站 https://www.epa.gov/aboutepa/our-mission-and-what-we-do.

总统就在内阁成立了环境质量委员会，并成立了一个补充性的公民环境咨询委员会。11 月，总统国内委员会指示研究联邦环境活动是否应该统一在一个机构。国会《国家环境保护法》（NEPA）的通过进一步加快了 EPA 的成立，最终，EPA 于 1970 年 12 月 2 日成立。EPA 是一家负责联邦环境研究、监测、制定标准和执法的机构。①EPA 的主要任务是保护人类健康和环境，具体而言，包括：保护所有美国人在其生活、学习和工作场所免受环境风险的威胁；在科学信息基础上减少环境风险；保护与人类健康和环境相关的联邦法律得到公正有效执行；在制定环境政策时也同样考虑自然资源、人类健康、经济增长、能源、交通、农业、工业和国际贸易政策等综合因素；保障社区、个人、企业、州、地方和部落政府的所有部分获得足够环境信息和公共参与的权利；保护环境，增强社区和生态系统的多样性、可持续性和经济上的可持续性；发挥美国在与其他国家合作保护全球环境方面的领导作用。在成立的 50 多年间，EPA 取得了一系列成就，产生了诸多里程碑性事件。新近的如，2014 年出台清洁燃料和汽车新规则，2012 年出台工业锅炉、焚烧炉和水泥窑新的清洁空气标准，2011 年出台国家电厂第一批汞污染标准和 2010 年出台卡车和公共汽车温室气体燃料效率标准等。②

在转基因食品安全方面，EPA 主要负责转基因食品的环境监测。转基因食品环境立法包括三项。其一，1976 年颁布的《有毒物质控制法》，专门规定了生物技术微生物产品环境监管。EPA 根据第 5 部分规定于 1997 年完善了通知程序，如个人商业化适用属间微生物或者为了科研目的会造成环境释放，应向污染防治和有毒物质控制办公室（OPPT）事先提交申请，经专家评估审批后才能进行商业应用和田间试验。其中商业适用应提前 90 天，田间试验应提前 60 天通知。③ 其二，《联邦杀虫剂、杀真菌剂和灭鼠剂法案》第 12 部分规定了：销售和分配农药杀虫剂，正确地遵守农药标签说明，根据规定规范杀虫剂试验、销售、运输和使用等。其三，《国家环境保护

---

① https://archive.epa.gov/epa/aboutepa/guardian-origins-epa.html.

② https://www.epa.gov/history#timeline.

③ http://www.epa.gov/biotech_rule/pubs/submain.htm. 访问日期：2013 年 12 月 20 日。

法》①。此法虽然条文较少，但确立了美国环境保护的总体目标和原则。在转基因植物种植、产品研发、生产和销售环节同样需要考虑环境目标和因素。

4.各机构间监管和协调政策

在职能分工合作上，三个机构相互配合。《生物技术监管协调框架》2017年修订文件中，以表格形式详细列明了不同机构间对于特定事项的分工协作。②

表3—2　各生物技术产品监管机构及下属机构缩写

EPA	OPP	Office of Pesticide Programs	农药计划办公室
	OPPT	Office of Pollution Prevention and Toxics	污染防治和有毒物质控制办公室
FDA	CBER	Center for Biologics Evaluation and Research	生物制品评估和研究中心
	CDER	Center for Drug Evaluation and Research	药物评估和研究中心
	CDRH	Center for Devices and Radiological Health	设备和放射健康中心
	CFSAN	Center for Food Safety and Applied Nutrition	食品安全和应用营养中心
	CVM	Center for Veterinary Medicine	兽医中心
USDA	APHIS	Animal and Plant Health Inspection Service Veterinary Services CVB Center for Veterinary Biologics	动物和植物卫生检验局 兽医服务 兽医生物学中心
	FSIS	Food Safety and Inspection Service	食品安全检验局

---

① https://www.epw.senate.gov/nepa69.pdf.

② Modernizing the Regulatory System for Biotechnology Products: Final Version of the 2017 Update to the Coordinated Framework for the Regulation of Biotechnology.https://www.epa.gov/sites/production/files/2017-01/documents/2017_coordinated_framework_update.pdf.

表 3—3　生物技术产品监督和部门间相互协调

产品领域	转基因植物	转基因动物	转基因微生物和培养细胞
人类食品	USDA/APHIS（若植物存在虫害风险） FDA/CFSAN EPA/OPP（如果植物保护剂是由植物生产的，则 EPA / OPP 对人类和环境安全的农药物质和相关遗传物质进行监管，包括人畜食品中农药残留的安全性）	FDA/CVM USDA/APHIS（如果动物造成虫害风险） USDA/APHIS/VS（如动物对家畜造成健康危害） FDA/CFSAN USDA/FSIS	FDA/CFSAN USDA/FSIS
动物饲料	USDA/APHIS（如植物存在虫害风险） FDA/CVM EPA/OPP（如植物保护剂是由植物生产的，则 EPA / OPP 对人类和环境安全的农药物质和相关遗传物质进行监管，包括人畜食品中农药残留的安全性）	FDA/CVM USDA/APHIS（如动物存在虫害风险） USDA/APHIS/VS（如动物对家畜造成健康危害）	FDA/CVM
人类药物	FDA/CDER USDA/APHIS（如植物存在虫害风险）	FDA/CVM FDA/CDER	FDA/CDER
人类生物制品	FDA/CBER 或 FDA/CDER USDA/APHIS（如植物存在虫害风险）	FDA/CVM FDA/CBER 或 FDA/CDER	FDA/CBER 或 FDA/CDER
人类医疗器械或医疗诊断	FDA/CDRH USDA/APHIS（如植物存在虫害风险）	FDA/CVM FDA/CDRH	FDA/CBER 或 FDA/CDRH
用于动物的药物	FDA/CVM USDA/APHIS（如植物存在虫害风险）	FDA/CVM	FDA/CVM
动物生物制品（兽医生物）	USDA/APHIS（如植物存在虫害风险） USDA/APHIS/VS/CVB	FDA/CVM（如果 rDNA 本身不符合兽医生物学定义） USDA/APHIS/VS/CVB	USDA/APHIS/VS/CVB

产品领域	转基因植物	转基因动物	转基因微生物和培养细胞
动物医疗器械	FDA/CVM USDA/APHIS（如植物存在虫害风险）	FDA/CVM	FDA/CVM
化妆品	FDA/CFSAN USDA/APHIS（如植物存在虫害风险）	FDA/CVM FDA/CFSAN	FDA/CFSAN
工业或消费者化学品，包括农药中间体	USDA/APHIS（如植物存在虫害风险）	FDA/CVM	EPA/OPPT（如果微生物是代际的，并且是为了商业生产目的而制造或加工的，包括用于商业目的的研究和开发，不被排除在 TSCA 之外，或以其他方式免除报告）
生物物质转化而来的化学产品、微生物燃料电池、采矿和资源开采、建筑材料、废物整治和污染控制、非农药农业应用如生物肥料、天气和气候变化，各种消费品以及所有其他应用的代际微生物（未被 TSCA 排除）	不适用于本产品区域	不适用于本产品区域	EPA/OPPT（如果微生物是代际的，并且是为了商业生产目的而制造或加工的，包括用于商业目的的研究和开发，不被排除在 TSCA 之外，或以其他方式免除报告）
其他（非食品，非化学生产，非药物生产，非生物制造，非杀虫生物）	USDA/APHIS（对于观赏、造林或草坪草作物，如果植物有害虫风险） USDA/APHIS（对于观赏、造林或草坪草作物，如果对植物存在有害杂草风险）	FDA/CVM USDA/APHIS（如动物对植物存在虫害风险） USDA/APHIS/VS（如动物对家畜存在健康风险）	USDA/APHIS（如植物有关微生物存在害虫风险） EPA/OPPT（如果微生物是代际的，并且是为了商业生产目的而制造或加工的，包括用于商业目的的研究和开发，不被排除在 TSCA 之外，或以其他方式免除报告）

产品领域	转基因植物	转基因动物	转基因微生物和培养细胞
农药	EPA/OPP（如果植物保护剂是由植物生产的，则 EPA / OPP 对人类和环境安全的农药物质和相关遗传物质进行监管，包括人畜食品中农药残留的安全性） USDA/APHIS（如植物存在害虫风险） FDA/CFSAN（如果是人类食品，FDA / CFSAN 监管 EPA 监管之外的食品安全） FDA/CVM（如果是动物食品，FDA / CVM 监督 EPA 管理之外的消费安全）	EPA/OPP（如果将动物作为农药使用，则 EPA / OPP 通过将人类或动物食品中的任何动物或动物部分如掠食性昆虫，掠食性昆虫部位或线虫，作为化学农药残留进行监管来确保人类和动物食品的安全） USDA/APHIS/BRS（如动物存在虫害风险） FDA/CVM	EPA/OPP（如果农药是基因工程微生物，EPA / OPP 将对微生物农药进行人类和环境安全管理，包括在人类和动物食品中农药残留的安全性。这也包括作为线虫 - 细菌昆虫病原体复合物的一部分基因工程细菌共生体） USDA/APHIS（如微生物存在害虫风险） EPA/OPPT（评估和潜在地管理用作农药中间体的生物基因工程微生物，即"农药"产品是死亡微生物） FDA/CFSAN（如果是人类食品，FDA / CFSAN 监督 EPA 调整之外的食品安全） FDA/CVM（如果是动物食品 FDA，/ CVM 监督 EPA 调整之外的动物消费安全） 除此之外，在农药无细胞合成或分离监管方面，由 EPA / OPP 进行监管（如果通过无细胞合成或从生物分离产生的核酸用于杀虫目的，则这些产品由 EPA / OPP 对人类和环境安全性进行监管，包括在人类和动物食品中农药残留的安全性）

二、美国转基因食品安全司法实践

1. 国际乳制品协会诉阿梅斯托伊案 [1]

与乳制品标签相关的是早期的国际乳制品协会诉阿梅斯托伊案（Dairy Foods Ass'nv, Amestoy）。1993 年 FDA 批准使用重组生长激素（recombinant Bovine Growth Hormone, rGBH），一种合成生长激素用于增加牛奶的产量。因为从乳制品最终产品来看，使用了该生长激素的牛奶和未使用生长激素的

---

[1] https://www.law.uh.edu/faculty/thester/courses/Emerging%20Tech%202011/Amestoy.pdf.

牛奶无任何区别，该点毫无争议，因此 FDA 并未要求在标签中注明使用了生长激素。1994 年 4 月佛蒙特州颁布了一项立法，规定使用 rGBH 的牛奶生产商以及奶制品零售商，应在标签上注明。佛蒙特州农业局长随后颁布了规定，给予乳制品生产商四种形式标签选择。1994 年 4 月乳制品生产商针对上述立法提起诉讼，认为其违反了宪法第一修正案规定的他们受保护的权利以及宪法商业条款。经审理，佛蒙特州地区法院驳回了原告的诉讼请求。主要理由是，其一，乳制品生产商无法证明存在对第一修正案所保护的权利构成损害的情形，无法证明其经济损失；其二，原告质疑政府为保护公共利益而制定的法规，其没有足够证据证明因此法规而遭受经济损失。上诉巡回法庭最终推翻了地方法院的判决，认为州立法强制牛奶生产商标志产品成分，对其造成了经济损失，对消费者的关注单独不构成立法的合理理由。

2. 国际乳制品协会诉博格斯案 ①

乳制品标签另一案例国际乳制品协会诉博格斯案，围绕美国两大乳制品协会国际乳制品协会（International Dairy Foods Association, IDFA）和有机贸易协会（Organic Trade Association, OTA）在其乳制品上标注不使用荷尔蒙生长激素展开。IDFA 会员涵盖了美国 85% 的牛奶养殖户以及奶酪、冷冻甜点生产商。OTA 成员则主要为有机产业生产商，也包括乳制品生产企业，承诺不在食品中使用抗生素、人造激素和农药。该案正是围绕一种重组的转基因工程牛生长激素（rGBH），该激素用于哺乳期的奶牛，可以增加牛奶产量 10%。1993 年 FDA 批准使用该生长激素，认为其对奶牛是安全有效的，生产的牛奶对人类来说是安全的，且对环境没有重大影响。并针对不含 rGBH 的牛奶和奶制品出台了临时自愿标签指导，考虑到部分生产商希望告知消费者其奶制品中不含有 rGBH，FDA 允许生产商在产品中进行标注，只要其标注内容真实且不造成误解即可。应部分奶制品生产商的要求，FDA 于 1994 年出台了《不使用 rGBH 牛奶产品标签临时指导文件》，进一步提供两种标志的范例：（1）成分声明，即牛奶和奶制品最终成分组成，如"不含

---

① 622 F.3d 628（6th Cir, 2010）.http://www.opn.ca6.uscourts.gov/opinions.pdf/10a0322p-06.pdf.

rBST";（2）生产声明，即说明产品的生产方式，如"产自不使用 rBST 的奶牛"。FDA 不鼓励使用成分声明，"不含 rBST"的标注可能存在虚假标注的可能，因为即便是不使用该生长激素，奶牛本身也产生该种生长激素。且担心此种标注可能对消费者产生误导，使其误解含有 rBST 和不含 rBST 的牛奶在质量上会有不同。FDA 建议生产商采用第二种生产声明的方式，提醒消费者该类乳制品产自不使用 rBST 的奶牛。同时为避免消费者误解认为不使用 rBST 的奶牛产出的牛奶相较使用的奶牛质量更高，FDA 建议生产商同时在适当的位置注明"源自 rBST 和非经 rBST 处理的奶牛奶制品并无差异"。同时 FDA 强调该文件仅具有指导意义，不具有法律拘束力，目的在于为各州立法提供指导和借鉴。

随着消费者对于不使用 rBST 牛奶需求的增加，越来越多的牛奶生产商更在收购牛奶时就只考虑不使用 rBST 的奶源，更有甚者在与牛奶养殖户订立购销协议时就明确要求养殖户不能使用 rBST。应生产商和消费者的强烈要求，俄亥俄州农业部长罗伯特·J.博格斯（Robert J.Boggs）于 2008 年 5 月制定了新的立法，对是否含有 rBST 的牛奶标签问题进行统一规制。立法指出：

（A）根据《修订守则》第 917.05 条和第 3715.60 条，奶制品如果包含虚假或误导的声明，该产品将被视为标签错误。

（B）奶制品标签中如含有"该牛奶产自未使用 rBST 的奶牛"或类似标签将被认为构成误导，除非：（1）生产商可以证实其标签措辞是准确的，且相关文件包括生产者签名承诺、农场和工厂审核追踪已经过俄亥俄州农业部监管备案；（2）标签在同一标签面板中包含相同的字体、样式、大小写和颜色，至少一半的大小用于标注附加声明（或基本相当的）声明：FDA 已经确定在使用 rBST 和未使用 rBST 的牛奶之间不存在差异。

（C）和荷尔蒙相关的有关牛奶组成的声明，诸如"无荷尔蒙"、"无 rBST"、"无人工荷尔蒙"，是错误和具有误导性的。俄亥俄州农业部禁止在乳制品上出现上述标签。

（D）标注不含有 FDA 禁止添加的成分，不限于抗生素和农药，将构成错误和误导标注。除非本法规另有规定。

该法案通过后不久，IDFA 和 OTA 作为原告分别向地方法院提起诉讼，地方法院将两案合并审理。原告认为俄亥俄州的法案违反了宪法第一修正案权利和潜伏贸易条款（Dormant Commerce Clause）。地方法院支持了被告俄亥俄州政府的诉求。

原告向上诉法院起诉要求推翻地方法院的裁决，并要求法院裁定：第一，禁止成分声明的立法是否违反宪法第一修正案；第二，生产声明方式是否违反宪法第一修正案；第三，州立法是否违反潜伏贸易条款。上诉法院就原告提出的上述诉求以及地区法院的推理逐一进行解析。首先，上诉法院就禁止成分声明立法是否违反宪法第一修正案权利问题进行解析。法院注意到受管制的言论是商业言论，在言论自由的例外情形中，商业言论（commercial speech）的地位十分特殊。对于商业言论并没有完全的限制，而是受到部分的保护，虚假或误导性的广告可能被惩罚或禁止。此时应适用"Central Hudson Test"，分两步走。第一步，法院需要考虑立法是否影响合法行为的商业言论自由并构成误导。若商业言论涉及合法行为并不构成误导，则受宪法第一修正案的保护。第二步，法院需进一步考虑：其一，政府在作出限制时所考虑的利益是否重大；其二，限制行为是否直接促进了政府主张的利益；其三，限制行为的范围是否超过实现这一利益之必需。上诉法院首先肯定了言论并不构成虚假和误导，进而考察第二步的三个条件，得出肯定的结论。其次，关于生产声明方式是否违反宪法第一修正案。最后，法院讨论了州立法是否违反潜伏贸易条款。

经审理，上诉法院最终推翻了地方法院支持俄亥俄州规则的裁定，支持地方法院其他事项的裁定。将案件退回地方法院，以便按照其意见进一步审理。

三、美国转基因食品安全立法特点及经验

美国转基因食品安全立法及政策与欧盟相比采取了完全不同的路径。

如果说欧盟的策略是通过极其严格的立法限制和减缓转基因食品进出口、转基因作物种植以及转基因技术研发的话，美国则完全相反。从转基因食品研发和商业化阶段开始，美国从未质疑转基因食品安全性，认为其与传统食品无异，无需特别立法，大力支持转基因技术研发，从政策层面为其提供一切便利条件。因此，美国立法及改革的重心不在于层层审批和监管，而是重在如何让散落在十一项立法领域中的有关转基因植物、转基因动物和转基因微生物及培养细胞规则能协调高效地运转。而这背后最主要的制度保证就是相关机构特别是 EPA、USDA 和 FDA 三大机构间的明确分工及配合。把握了这一主线，不难梳理出美国立法及实践非常值得借鉴的五个方面。

第一，对待转基因食品安全态度坚定，立法指导思想和原则明确。美国认可转基因食品的安全性，坚持科学原则，体现在一系列国内外立法、司法和外交实践中。从立法看，美国没有对转基因食品进行专门立法，而是用现有立法进行调整。从国内司法实践看，美国法院的立场都肯定转基因食品的安全性。从国际司法实践看，2003 年 WTO 转基因食品案，美国主张科学原则。认为欧共体基于新食品和食品添加剂条例中止转基因食品进口和上市审批申请，此举事实上等同于拒绝考虑批准任何新的转基因食品，从而违法 SPS 协定。极力反对欧盟预防原则，极力将 SPS 协定第 3 条和第 5 条解释为科学原则的体现。从外交谈判看，在《卡塔赫纳生物安全议定书》谈判过程中，美国重申科学原则。由于欧盟主导的预防原则占上峰，美国最终拒绝签署该议定书。[①] 美国还极力说服 FAO、WHO、CAC 和 OECD 制定国际统一标准时，采纳美国所主张的科学原则。

第二，注重政策和战略层面的规划和推进，为转基因技术进步与革新提供原动力。与欧盟谨小慎微、踯躅不前的态度相反，美国大力支持转基因技术研发，已经成为世界转基因技术的头号强国。目前世界六大转基因生物技术公司孟山都（Monsanto）、杜邦（Dupont）、先正达（Syngenta）、拜

---

① 陈亚芸：《转基因食品的国际法律冲突及协调研究》，法律出版社 2015 年版，第 65 页。

耳（Bayer）、陶氏（Dow）和巴斯夫（BASF）总部都位于美国，占据世界73%的市场份额。这一局面的形成无疑与美国积极发展转基因技术的战略布局密切相关。从 1986 年《生物技术监管协调框架》到 1992 年 FDA《新植物品种食品政策声明》，再到 2016 年《促进生物技术产品监管体系现代化的国家战略》，以及最新的 2017 年对 1986 年《生物技术监管协调框架》的再次修订，阐明联邦政府确保生物技术研发和产品安全的相关政策立法，其中重要内容包括对相关机构职能及其分工合作机制的明晰和调整，极力为转基因技术发展扫清障碍。

第三，立法和政策能够反映不同时期转基因技术、转基因商业化水平以及民众的需求，能够及时调整和跟进。在政策与战略层面，美国始终保持一种动态的演进，适时地根据实际调整战略布局，大力为转基因技术营造便利环境。除此之外，立法也及时回应民众的呼声。最为典型的表现是 2016 年"764 法案"的出台，美国转基因标识制度由此前的"自愿标识为原则，强制标识为例外"转为"强制标识制度"。这一立法改革的最大推动力是民众对转基因食品知情权和选择权的呼声。美国规定的标识方式也具有创新性，例如用电子或数字链接标识，消费者可以通过电话和扫描获得更多产品转基因成分信息。虽然该规定在执行过程中可能会遇到难题，包括立法者自己也积极预见到可能存在的不足，总体可以看出美国在转基因食品安全立法方面非常务实，理念也比较超前。

第四，在机构协调方面积累了诸多有益的经验。美国机构协调方面的进步与完善也非一蹴而就，而是从 1986 年《生物技术监管协调框架》开始，将机构改革和协调列为历次政策调整的重中之重。经历了 30 多年的经验积累，面对转基因技术日益革新，机构间协作不断进行调整。2016 年 9 月出台的《生物技术产品监管体系现代化》，确立了结构协作的四个目标，极大地明确机构分工、配合及沟通机制，提高了效率，极力为转基因新技术的研发和推广扫清障碍。实际上，转基因食品机构监管和协调在世界范围内都是一个大难题。由于转基因技术涉及人类健康和环境影响诸多复杂的问题，且转基因植物、动物、微生物应用于不同产品领域，其监管的严格程度不尽相同，如何理清机构间的监管职能，避免相互推诿或者监管职责真空，美国历经数次改革。

目前比较成熟的做法是 1986 年《生物技术监管协调框架》（2017 年修订）建立的"正式和临时机构间工作组"和"谅解备忘录"两大协调机制，以及以表格形式详细列明了不同机构间对于特定事项的分工协作。按照转基因植物、转基因动物、转基因微生物和培养细胞，以及所涉产品领域如人类食品、动物饲料、人类药物、人类生物制品、人类医疗器械或医疗诊断等十三个门类，监管交叉部门分别作了规定。该做法尽可能地细化审批和监管中可能出现的职能交叉，最大程度实现了机构协作。

第五，注重决策的科学性、透明度和公众参与，在透明度方面 2016 年《促进生物技术产品监管体系现代化的国家战略》框架下 EPA、FDA 和 USDA 与公众和利益相关者（包括消费者和小企业）建立了相应的沟通渠道。如通过公开会议向公众解释三个机构不同的职权分工，定期举办研讨会帮助开发生物技术产品的小企业熟悉监管体系，通过网站的电子邮件系统向公众提供信息等。在科学决策支持方面，FDA 积极利用其资源实现科学决策。美国农业部利用其研究机构农业研究服务局（ARS）与国家粮食和农业研究所的专业知识和资源确保决策的科学性。

第四章　发展中国家转基因食品安全立法、实践及经验

　　根据国际农业生物技术应用服务组织（ISAAA）的统计，2018 年度全球转基因作物种植面积排名前十的国家是：美国（第一，7500 万公顷）、巴西（第二，5130 万公顷）、阿根廷（第三，2390 万公顷）、加拿大（第四，1270 万公顷）、印度（第五，1160 万公顷）、巴拉圭（第六，380 万公顷）、中国（第七，290 万公顷）、巴基斯坦（第八，280 万公顷）、南非（第九，270 万公顷）和乌拉圭、玻利维亚（大致并列第十，130 万公顷）。发展中国家转基因作物播种面积较 2017 年度基本持平或者保持小幅度增长。[①] 2017年全球转基因作物种植面积排名前十的国家中有八席为发展中国家。排名和播种面积分别是：巴西（第二，5020 万公顷）、阿根廷（第三，2360 万公顷）、印度（第五，1140 万公顷）、巴拉圭（第六，300 万公顷）、巴基斯坦（第七，300 万公顷）、中国（第八，280 万公顷）、南非（第九，270 万公顷）和玻利维亚（第十，130 万公顷）。排名前十的发展中国家转基因作物播种面积总和为 9800 万公顷，占全球转基因作物播种面积的 51%。[②] 从地域分布看，排名靠前的主要为拉丁美洲国家，包括巴西、阿根廷、巴拉圭、玻利维亚和

---

① ISAAA Briefs 54 Executive Summary: Global Status of Commercialized Biotech/GM Crops in 2018: Biotech Crops Continue to Help Meet the Challenges of Increased Population and Climate Change. http://www.isaaa.org/resources/publications/briefs/54/executivesummary/default.asp.

② Clive James，Global Status of Commercialized Biotech/GM Crops in 2017:Biotech Crop Adoption Surges as Economic Benefits Accumulate in 22 Years，p.6.http://www.isaaa.org/resources/publications/briefs/53/download/isaaa-brief-53-2017.pdf.

乌拉圭（排名第十一）。其次为较大的发展中国家，如印度和中国等。虽然在播种面积上，美国仍以绝对优势（7500万公顷）遥居榜首，发展中国家近些年对转基因作物的研发投入却在逐年增长，势头不容小觑。因此，密切关注转基因作物播种面积较大的发展中国家的立法实践和新近发展具有重要的理论和现实意义。下文拟围绕几个播种面积排名前十的发展中国家转基因作物播种情况和立法实践进行梳理。数据资料的获取，主要参照美国农业部全球农业信息网络中心出具的年度报告。①

一、印度的转基因食品安全立法与实践

（一）商业播种和进出口现状

美国农业部发布的 2018 年印度农业生物技术年度报告指出，印度商业种植的转基因作物仅为一种——转基因棉花。自 2002 年转基因棉花被批准商业种植以来，其播种面积逐年增长。播种面积从 2002 年 760 万公顷增长至 2016 年 1190 万公顷，国内 95% 的棉花都为转基因棉花。印度成为全球第二大转基因棉花生产国和出口国。在转基因作物商业种植方面，新近的发展是 2016 年首次批准了国内自主研发的转基因芥末种植，打破了 14 年来单一种植转基因棉花的局面。在进口转基因作物方面，仅批准进口转基因大豆和转基因菜籽油。2015 年印度进口大豆油 350 万吨，主要进口国为阿根廷（260 万吨）、巴西（70 万吨）和巴拉圭（13 万吨）。转基因菜籽油主要从加拿大进口。除此之外，其他转基因作物、包装产品和种子都禁止进口。

（二）立法 ②

印度转基因食品立法主要有三项。其一，1986 年《环境保护法》（1986

---

① https://www.fas.usda.gov/.
② 关于印度转基因食品直接和间接立法情况，可参见陈亚芸：《印度转基因食品立法研究》，《科技与法律》2014 年第 1 期。

Environment Protection Act）。其是印度转基因生物技术立法的基石，是规范转基因植物、动物及其他附属产品的主要依据。其二，1989 年环境和森林部（Ministry of Environment and Forests，M0EF）出台的《危险微生物、转基因生物和细胞生产、使用、进口、出口和储存规则》（Rules for the Manufacture，Use，Import，Export and Storage of Hazardous Microorganisms，Genetically Engineered Organisms or Cells，《1989 规则》）。其三，2006 年《食品安全和标准法》（The Food and Safety and Standards Act of 2006）。

除此之外，其他直接立法还包括：（1）1990 年生物技术部（Department of Biotechnology，以下简称 DBT）制定的《重组 DNA 安全指南》（The Indian Recombinant DNA Safety Guidelines and Regulations，1994 由 生 物技术部修订），专门规范科研机构和工厂在转基因试验研发阶段可能造成的风险和安全隐患。（2）1998 年生物技术部出台的《转基因作物研究指南》，与之前《重组 DNA 安全指南》不同，其重点在于规范转基因植物的研究，而前者规范的对象既包括植物又包括动物。（3）1954 年印度健康和家庭福利部（Ministry of Health and Family Welfare）颁布《防止食品掺杂法》（The Prevention of Food Adulteration Act）以确保上市食品的质量和安全，2006 年健康和家庭福利部出台了《防止食品掺杂规则》（Prevention of Food Adulteration Rules）对《防止食品掺杂法》进行修订，其中有两条直接涉及转基因食品。第 39 条 e 款规定了转基因食品标签制度，指出："转基因食品不论其是初级产品、加工产品、含有转基因成份食品或者含有转基因成份的食品添加剂，都应无一例外地实施强制标签。"第 48 条 f 款规定："任何自然人在未获得基因工程审批委员会批准的情况下不得生产、进口、运输、储存和分销转基因食品原产品、加工产品、含有转基因成份食品或者含有转基因成份的食品添加剂。"（4）2008 年印度药物研究理事会（Indian Council of Medical Research，ICMR）专门出台的《转基因植物食品安全评估指南 》（Guidelines for the Safety Assessment of Foods Derived from Genetically Engineered Plants），2008 年生物技术部与环境和森林部联合出台，发布了《转基因植物封闭实验标准操作程序指南》（Standard Operating Procedures for

Confined Field Trials of Regulated Genetically Engineered Plants)。

除上述直接涉及转基因食品的立法外，还有部分立法虽然没有直接规定转基因食品，但与其有间接关系。具体包括：（1）2001 年出台 2005 年生效的《保护植物多样性和农民权利法》（The Protection of Plant Varieties and Farmers' Rights Act），① 其中第 29.2 和 39.1 部分与转基因食品息息相关。在规定农民权利时不允许农民出售已经获得注册商标的种子，但可以自己留种，不论该种子在其他国家是否已经获得知识产权保护。该规定引申至转基因种子，似乎意味着只要不以牟利为目的出售转基因种子，农民享有育种权和留种权。（2）2005 年修订的《专利法》（Patent Law）。② 印度 1970 年《专利法》截至目前经历了 1999 年、2002 年和 2005 年三次修订，其中 2002 年修订增加了第 3（J）部分，不允许针对植物和动物申请专利，但是微生物除外。2005 年《专利法》修正案继承了上述立法，禁止对动物和植物种子申请专利，但是规定生产工艺（如将 Bt 基因植入棉花）则可以获得专利保护。可惜的是，上述修正案都没有对什么是微生物和生物加工做出明确的解释。（3）2010 年修订的《外贸法》（Foreign Trade Law）。③ 印度 1992 年颁布了《外贸法》，2006 年专门针对进口转基因生物进行修订，重申应遵循 1986 年《环境保护法》和《1989 规则》，进口审批唯一机关为基因工程评估委员会（Genetic Engineering Approval Committee，GEAC）。（4）印度为《生物多样性公约》（Convention on Biological Diversity）成员国，为响应公约的号召专门制定了《生物多样性法》（Biodiversity law）。④ 该法以保护国内生物多样性、实现可持续发展、公平分享生物资源收益为宗旨，其第 36.4 部分指出，中央和地方政府对保护生物多样性和评估环境影响负有

---

① Pratibha Brahmi, Sanjeev Saxena & B.S.Dhillon, *The Protection of Plant Varieties and Farmers' Rights Act of India*, Current Sci., Feb.10, 2004, at 394.

② See The Patents（Amendment）Act, 2005, No.15, Acts of Parliament, 2005（India）.

③ See The Foreign Trade（Development and Regulation）Act, 2006, No.22, Acts of Parliament, 2006（India）.

④ See The Biological Diversity Act, 2002, No.18, Acts of Parliament, 2003（India）.

首要责任，应增加公民参与度，积极立法管理和控制转基因生物可能对环境和人类健康造成的负面影响。（5）2003年《植物隔离检疫规则》（Plant Quarantine Order）。①印度专门出台该规则，一方面是为了符合世界贸易组织项下实施动植物卫生检疫措施的协定（Agreement on the Application of Sanitary and Phytosanitary Measure，即SPS协定）的要求，另一方面也着眼于改善人类健康、动物健康和植物卫生状况，指导卫生与植物卫生措施的制定、采用和实施，从而将其对贸易的消极影响减少到最低程度。该规则第二章项下第六部分明确规定国家植物基因资源局（National Bureau of Plant Genetic Resources，NBPGR）对获得基因审查管理委员会（Review Committee of Gene Manipulation，RCGM）审批的进口转基因生物进行检疫。

值得注意的是，2007年科技部（MOST）出台了一份题为《国家生物技术战略》的文件，概述了如何加强监管框架并建议建立印度国家生物技术监管局（NBRAI），为转基因生物安全监管提供单一窗口。2013年4月22日，《国家生物技术监管法案》提交至议会，其中就包括了设立国家生物技术监管局的计划草案。2014年5月10日，随着第15届下议院的解散，《国家生物技术监管法案》最终未被通过。虽然《国家生物技术监管法案》被搁置，但政府在2015年12月宣布了《2015—2020年国家生物技术发展战略》。该战略旨在将印度建成世界级的生物制造中心。政府计划启动一项重大任务，投入大量资金，目标是创造新的生物技术产品，建立强大的研发和商业化基础设施，并通过科学技术增强印度的人力资源。②

在转基因食品标识方面，目前印度正在酝酿出台转基因强制标签制度。2012年6月5日，消费者事务部（DCA）发布通知G.S.R.427（E）对2011年食品包装规则进行修订，规定包含转基因生物成分的食品应在

① See PlantQuarantine（Regulation of Import into India）Order, 2003, Gazette Of India Extraordinary, subsection II（3）（ii）（Nov.18, 2003）.

② USDA Foreign Agricultural Service, India Agricultural Biotechnology Annual, GAIN Report Number IN8129, pp.9-10.

包装上注明转基因字样，以保障消费者的知情权。但有报道称，基于当时转基因食品标识制度正在立法讨论之中，因此实际上消费者事务部该通知并没有得到严格执行。2018 年 5 月，印度食品安全与标准管理局（FSSAI）公布了《标识与展示条例草案》，对含有转基因成分的食品进行强制性标识规定。草案规定对含有 5% 或以上转基因成分的食品必须标明其含有转基因成分。该草案一旦实施，标志着印度正式采用转基因食品强制标签制度。①

（三）监管机构

在国家层面，负责转基因生物监管的机构主要由环境和森林部、生物技术部、健康和家庭福利部以及食品安全与标准管理局组成。其中环境和森林部主要负责指导基因工程评估委员会（GEAC）的工作以及《环境保护法》的实施。生物技术部为基因工程评估委员会提供指南和技术支持，评估和批准国内的转基因生物研发。健康和家庭福利部主要负责评估和审批转基因作物田间试验阶段后进入商业环节的安全，并提供后续监督。食品安全与标准管理局主要负责转基因食品的安全性，由于其尚未制定自己的监管细则，因此该部分职能仍由基因工程评估委员会行使。②

各部委又组建了以下七个部门负责转基因生物进口、研发、试验和上市销售等具体工作。（1）基因工程评估委员会。该委员会隶属于环境和森林部，主要职能包括以下五个方面：审核用于商业应用的转基因生物工程产品；从环境安全角度考虑批准研究和工业生产中大规模使用生物工程产品相关活动；咨询基因审查管理委员会关于生物工程作物 / 产品相关技术

---

① USDA Foreign Agricultural Service, India Agricultural Biotechnology Annual, GAIN Report Number IN8129, p.12.

② 2006 年 8 月 24 日，印度出台了统一的食品法《食品安全和标准法》，其中包含了规范转基因食品的条款。根据该法，食品安全与标准管理局是监管转基因食品的唯一当局。然而，食品安全与标准管理局截至目前尚未建立相关机构履行该部分职责，相关职责仍由 GEAC 行使。

问题；批准生物工程食品/饲料或加工产品的进口；对违反1986年《环境保护法》的行为进行惩罚和制裁。（2）基因审查管理委员会（Review Committee on Genetic Manipulation, RCGM）。该委员会隶属于生物技术部，主要职责包括：从生物安全角度制定生物工程产品研究和使用管理指导方针；监督和评审所有正在进行的转基因生物研究项目，直至多点田间试验阶段；对试验地点进行现场监督以确保措施安全；批准转基因生物研究所需要的原料进口；审查向基因工程评估委员会提交的生物工程产品进口申请；为转基因作物研究项目组建监督和评价委员会；在需要时指定小组委员会成员。（3）DNA重组委员会（Recombinant DNA Advisory Committee, RDAC）。该委员会隶属于生物技术部，主要负责关注国际和国内生物技术发展近况；为转基因生物的研究和应用制定适当的安全指导方针；根据GEAC的要求起草其他的指导方针。（4）检测和评估委员会（Monitoring Cum Evaluation Committee, MEC）。监控和评估试验、分析数据、检查安全设施和向RCGM/GEAC推荐安全的转基因作物供其批准。（5）生物安全委员会（Institutional Biosafety Committee, IBC）。为转基因生物研发、使用和应用制定指南以确保环境安全；授权和监管所有正在进行的转基因生物工程项目直至多点田间试验阶段；为研究目的批准进口转基因生物；与地区和州一级生物技术委员会进行联系和合作。（6）国家生物技术协调委员会（State Biotechnology Coordination Committee，SBCC）。定期评审机构处理生物工程产品的安全控制措施；通过国家污染控制董事会或健康理事会对违法行为进行检查和采取惩罚性措施；在国家层面评估转基因生物工程释放和田间试验阶段释放可能造成的损失。（7）地区委员会（District-Level Committee，DLC）。主要负责监督研究和生产装置的安全规程；监督RDNA指南的实施情况，并将违法情况报告至SBCC或者GEAC；在地区层面评估转基因生物工程释放和田间试验阶段释放可能造成的损失。

（四）值得关注的个案研究——转基因茄子审批经过 [1]

转基因茄子种子曾于 2008—2009 年在印度进入试验性生产阶段，且在当时极有可能进入商业销售环节，引起社会广泛讨论和关注。之所以成为热议的话题，主要有如下几个因素。首先，转基因茄子很有可能将是继转基因棉花之后在印度播种的又一种转基因作物。其次，转基因茄子主要由私人公司马哈拉斯特拉混合种业公司（Mahyco）研发，有别于之前主要由公共机构研发的情形。马哈拉斯特拉混合种业公司其后将研发成果捐赠给印度、孟加拉国和菲律宾的公共机构，涉及国家间知识产权的合作和协调。最后，转基因茄子无论是从大众消费还是从增加农民收入角度而言，都具有重要意义。茄子是印度最为重要且普及的蔬菜，仅次于土豆，是印度消费量第二位的蔬菜。根据 2005—2006 年的统计，茄子占全国蔬菜生产总量的 7.3%。每年大约有 140 万印度农民种植，播种面积约为 55 万公顷。从世界范围来看，印度也是茄子的主要生产国，产量占全球的 9.2%。[2]

为了防止茄子招致虫害，减少经济损失，马哈拉斯特拉混合种业公司于 2000 年开始研发抗病虫的转基因茄子。在 2000—2009 年近 10 年间，根据印度立法规定，马哈拉斯特拉混合种业公司进行了系列研发和实验，其具体进程如下：2000 年首次将 cry1Ac 基因引入茄子种子中并进行种子纯化；2001—2002 年初步评估转基因茄子温室生长和功效；2002—2004 年封闭田间试验研究花粉流动、发芽、侵袭性、杂草、生化和毒性，进入常规育种计划。2004—2005 年向 RCGM 提交转基因茄子对土壤微生物群落、蚯蚓和螺虫的影响，花粉流动和果实化学成分比较研究；2004—2007 年开展多个地点研究试验（MLRT）评估农艺性状，并由马哈拉斯特拉混合种业公司和 AICVIP 联合进行转基因茄子环境影响评估；2006—2007 年向 GEAC 提交生

① Bhagirath Choudhary and Kadambini Gaur, ISAAA Briefs 38, The Development and Regulation of Bt Brinjal in India, 2009.http://www.isaaa.org/resources/Publications/briefs/38/default.asp.

② Bhagirath Choudhary and Kadambini Gaur, ISAAA Briefs 38, The Development and Regulation of Bt Brinjal in India, 2009, pp.13-14.

物安全、环境安全、基因功效和农艺学性能数据；2006 年将完整的生物安全档案、环境安全、基因功效和农业性能数据在 GEAC 网站上发布；2007—2009 年由 IIVR 开展大型田间试验，评估农艺性能和对杂种的影响；2008—2009 年马哈拉斯特拉混合种业公司开始对 7 种转基因茄子进行实验种子生产。除此之外，在此期间，马哈拉斯特拉混合种业公司公司还开展了详细的毒性、过敏原性评估、营养研究、人类健康测试和环境评估，并将评估报告分别提交至印度相关部门。

转基因茄子对生态环境、农民和消费者带来诸多益处。对于生态环境而言，可以减少土壤和水中农药残留；由于杀虫剂的使用减少，对空气和当地环境污染减少；保护天敌捕食者和寄生虫等有益生物；减少对土壤和地下水污染；保护土壤微生物群落和无脊椎动物免受损害。农民也受益颇多，包括通过节省杀虫剂成本降低生产成本，因减少病虫害从而提高单位面积产量和收入；减少直接接触杀虫剂，健康得以保障。对消费者而言，可以选择购买未经侵染的、无损坏的和优质的茄子水果。

尽管如此，对于转基因茄子的安全性，印度社会仍然存在不同看法和意见。2010 年环境教育中心（Centre for Environment Education）为环境和森林部准备了一份关于转基因茄子的国情咨文，详细讨论了转基因茄子的利弊、支持意见和反对意见。[1] 该份国情咨文涉及的利益主体非常广泛，包括个体农业者、农业组织、消费组织、科学家、农业专家学者、非政府组织、环境保护主义者、医生以及马哈拉斯特拉混合种业公司公司代表。共提出有关生物多样性与环境、害虫管理、经济与生计、消费者关注以及人类健康和生物安全等 544 条意见。[2] 总体上看，各方反对意见占绝大多数。544 条意见中，支持意见仅 91 条，其余 453 条都为反对意见。该份国情咨文也体现了印度对待转基因作物的态度总体非常谨慎。经过严格的审批，2010 年转

---

[1]　http://www.moef.nic.in/downloads/public-information/Annex_BT.pdf.

[2]　National Consultations on Bt Brinjal Report, Prepared by the Centre for Environment Education（CEE）for Ministry of Environment and Forests（MoEF）, Government of India, 10th February 2010.

基因茄子通过了 GEAC 的审查。但 2010 年 2 月 9 日，环境部长杰伦·兰密施（Jairam Ramesh）出于安全考虑，无限期中止了这种转基因作物的引入。[①]其指出："我有责任采取一种谨慎的态度，基于预防原则中止转基因茄子的审批直至科学证据足够让专家和大众满意，且长远看对人类健康、环境和保护茄子遗传财富有利。"[②]

在转基因茄子审批过程中，由于民众和民间团体的强烈反对和介入，印度国家生物多样性管理局（NBA）还通过法律途径起诉孟山都公司及其印度合作伙伴。事情的缘起是 2010 年 2 月 15 日，位于班加罗尔的非政府组织 ESG（Environment Support Group）[③] 向卡纳塔克邦生物多样性委员会指控孟山都印度分公司及其合作伙伴的违法行为。ESG 在指控书中主要提出四点理由。其一，孟山都印度分公司及其合作伙伴的行为违反了印度 2002 年《生物多样性法规》第 3 条和第 4 条的规定。该法第 3 条要求外国公司和个人利用印度生物遗传资源，需要获得生物多样性管理局的事前同意。第 4 条规定向外国公司和个人转移涉及生物遗传资源研究结果，同样需要获得生物多样性管理局的事前同意。该法第 5 条第 1 款规定了无需获得事前同意的例外情形，即由印度和外国研究机构共同开展的合作研究项目，且该项目已获得中央政府批准，并且遵守中央政府为此制定的相关政策。[④] 其二，认为孟山都印度分公司及其合作伙伴没有履行提前通知卡纳塔克邦生物多样性管理局的义务，而此项义务是生物遗传资源商业使用的强制性义务。其三，认为在该个案中，印度国家生物多样性管理局没有履行咨询生物多样性管理委员会和地方生物多样性管理局的义务。而根据规定，当涉及遗传资源决定时，生物

[①] 《印度有望批准首个转基因粮食作物》，《世界农业》2007 年第 7 期。

[②] MOEF（2010 February 9）.Decision on commercialization of Bt brinjal. New Delhi India. http://www.moef.nic.in/downloads/public-information/minister_REPORT.pdf.

[③] ESG 网站上搜集了许多关于该案的资料和进展，具体可参见其网站 www.esgindia.org/campaigns/brinjal/press/national -biodiversity-aothority-prosecut.html。

[④] 针对印度和外国研究机构合作开展有关遗传资源研究项目的政策和指导，于 2006 年 11 月在环境和森林保护部公布。详见 The Gazette of India, Part II, Section 3, Sub-section（ii），8 November 2006。

多样性管理局应咨询在其管辖范围内的相关当局。其四，孟山都印度分公司及其合作伙伴此行为违反了地方有关当局在处理生物遗传资源事务中的应有权限。①ESG 提出的上述四个论点，有些比较具有说服力，有些立论则较弱，有些论点可以合并。比如，第三点主要涉及印度生物多样性管理局在履行批准职责中的相关咨询合作义务，而在本案中由于孟山都印度分公司和合作伙伴尚未提交任何申请，所以后续审批程序瑕疵无从说起。而第四点可以与第二点合并。总体而言，ESG 较为充分的立论是第一点和第二点，在实践中相关方确实没有向印度国家生物多样性管理局和卡纳塔克邦生物多样性管理局提出任何申请和通知，这也是其违反法律的有力证据。

卡纳塔克邦生物多样性管理局经审查于 2011 年 5 月 28 日向印度国家生物多样性管理局转交了相关指控。印度国家生物多样性管理局认为孟山都及其孟买子公司马哈拉斯特拉混合种业公司②违反了印度 2002 年的《生物多样性法规》，在当地茄子品种转入苏云金芽孢杆菌没有获得生物多样性管理局的批准。③根据 1992 年《生物多样性公约》第 15 条的规定以及 2010 年《名古屋议定书》，跨国公司在使用生物资源和传统知识时应事先获得原产国的同意并合理地分享收益。印度 2002 年《生物多样性法规》也进行了类似规定。2011 年 6 月 20 日印度国家生物多样性管理局在其决议中指出，将对三个实体——孟山都、马哈拉斯特拉混合种业公司以及其在印度的合作者北卡纳塔克的达尔瓦德农业大学和萨斯古鲁（Sathguru）管理咨询公司④提起诉讼。该案也是印度国家生物多样性管理局利用法律手段追究相关方生物剽窃侵权的第一案，也释放出积极的信号，表明政府用法律手段捍卫遗传资源权利的决心。

---

① Walid Abdelgawad. The Bt Brinjal Case: The First Legal Action Against Monsanto and Its Indian Collaborators for Bioporacy. Biotechnology Law Report, Mary Ann Liebert, 2012, 31（2），pp.138-139.

② 孟山都公司在马哈拉斯特拉混合种业公司拥有 26% 的股份。

③《印度欲因转基因茄子起诉孟山都》，《世界环境》2011 年第 5 期。

④ 萨斯古鲁管理咨询公司为一家印度私人公司，作为美国国际开发署和康奈尔大学代表专门负责协调工作。

二、巴西的转基因食品安全立法与实践

（一）商业播种和进出口现状

巴西从 1998 年开始播种转基因作物，截至 2012 年，国内 84% 的土豆、78% 的玉米和 50% 的棉花都为转基因作物。[①] 截至 2016 年 11 月 1 日，巴西共审批了 58 种转基因作物品种，包括 34 种转基因玉米、12 种转基因棉花、10 种转基因大豆、1 种转基因干食用豆和 1 种转基因桉树。2016 年度转基因播种面积达 430 万公顷，是世界上第二大转基因作物播种国。

巴西是世界上主要的转基因大豆、玉米和棉花出口国，主要出口至欧盟、伊朗、越南及其他亚洲国家。巴西也积极引进转基因作物新品种，经过国家生物安全技术委员会审批后，可以进口至国内播种。2016 年 9 月和 10 月巴西引进了几种美国审批上市而在巴西尚未批准的转基因作物，包括 MON87427、MON87460、MON87411 和 Sybenta 3272。巴西也从美国进口转基因粮食作物，2016 年 11 月和 12 月从美国进口了 6 万公吨玉米。

（二）立法

巴西关于转基因食品安全的最早立法是 1995 年 1 月 5 日出台的 8.974 号法案[②]，用以规制转基因生物及其附属产品。然而由于转基因生物安全与环境保护之间的严重冲突和对立，亟须重新制定新的立法。前后经历了十年漫长的讨论、制定和修订，新的 11.105 号立法终于在 2005 年 3 月 25 日通过。新的立法给巴西旷日持久的转基因生物安全讨论画上了句号，立法总体认可生物技术进步，坚持保护生命、人类健康及动植物安全，并注意到环境保护

[①] C.D.Marinho, F.J.O.Martins, A.T.Amaral Junior, L.S.A. Goncalves, O.J.A.P.dos Santos, D.P.Alves, B.P.Brasileiro and L.A. Peternelli, Genetically modified crops: Brazilian Law and Overview, Genetics and Molecular Research 13（3）:5221-5242014）.

[②] http://www.2.fcfar.unesp.br/Home/CIBio/MarcoLegalBrsa.pdf.

领域的预防原则。

11.105 号立法是巴西转基因食品安全领域最为重要的法律，共包括九章 42 条，分别规定了一般条款、国家生物安全委员会（National Biosecurity Council, CNBS）、国家生物安全科技委员会（National Biosecurity Technical Commission, CTNBio）、登记和监管当局、内部生物安全委员会（Internal Biosecurity Commission, CIBio）、生物安全信息系统、民事和行政责任、犯罪和惩罚、最终和过渡条款。该法第 1 条开宗明义指出了立法目的，即为促进生物安全和技术的进步、保护人类及动植物健康以及在预防原则基础上保护环境，专门制定转基因生物研发、播种、生产、处理、运输、转移、进口、出口、储存、商业销售、消费以及环境释放等安全标准和监管制度。

在转基因食品标签方面，巴西 2001 年出台了第 3871 号法令，对最终产品成分含量超过 4% 的转基因食品实施强制标签制度。由于民众的反对，后经 4680/2003 号法令的修订，转基因食品最低标识门槛由 4% 降至 1%。[①]

（三）监管机构

巴西转基因食品安全监管主要由以下几个机构组成：国家生物安全委员会、国家生物安全科技委员会、内部生物安全委员会和国家生物安全技术委员会（CTBBio, National Technical Commission on Biosafety）。

根据 11.105 号法案成立了国家生物安全委员会（CNBS），法案的第二章专门规定了 CNBS 的职权、组成及议事规则。CNBS 是制定和执行生物安全政策的国家最高机构，其职权主要包括：（1）在其职权管理范围内为联邦机构行政管理活动制定原则；（2）依 CTNBio 的要求，在考虑社会经济条件及国家利益的基础上，分析 GMOs 及其衍生产品用于商业用途的可取性；（3）做为最终决策机构，在 CTNBio 建议基础上，在认为必要的情况下

[①]　Castro, Biancca Scarpeline de, 15 Years of Genetically Modified Organisms（GMO）in Brazil: Risks, Labeling and Public Opinion, AGROALIMENTARAIA, vol.22, 2016, p.108.

根据 11.105 号法案第 16 条 ① 的规定，可以建议和决定相关机构和实体在其权限范围内处理与转基因生物及衍生品相关的商业使用；(4) 当 CNBS 做出支持待评估的转基因生物活动决定时，其应将意见转呈至本法第 16 条所列的注册和监管当局；当 CNBS 做出反对转基因生物活动决定时，其应将决定转呈至 CTNBio 并通知申请者。在成员组成上，11.105 号法案第 9 条明确规定，CNBS 组成成员包括：共和国总统办公厅部长（担任主席），科技部部长，农业发展部部长，农业、农民及粮食供应部部长，司法部部长，卫生部部长，环保部部长，工业发展和对外贸易部部长，外交部部长，国防部部长及水产养殖和渔业特别秘书处。

11.105 号法案第三章专门规定了国家生物安全科技委员会（CTNBio）相关职权。作为科学技术部下属机构，由多学科专家组成，具有协商性质。其技术意见用于联邦政府用于制定、改进和执行转基因食品立法，并出台人类健康和环境风险专业意见用于政府审批转基因作物。CTNBio 成员由科技部部长提名，由 27 名具备专业技术头衔的人员组成。具体包括：12 名动植物、人类健康和环境安全方面的专家；9 名人员由科技部，农业、农民及粮食供应部，卫生部，环保部，农业发展部，工业发展和对外贸易部，国防部，水产养殖和渔业特别秘书处和外交部各派一名代表组成；剩余 6 名分别由司法部，卫生部，环保部，农业、农民及粮食供应部，农业发展部，劳动和就业部提名依次负责消费者权利、卫生事务、环境保护、生物技术、农民问题以及劳工健康等专员组成。11.105 号法案第 14 条专门规定了 CTNBio 的职权。具体包括：(1) 建立转基因和转基因衍生物的研究标准；(2) 建立与 GMOs 及其衍生产品相关的活动和项目的标准；(3) 建立转基因和转基

---

① 11.105 号法案第 16 条规定："卫生部，农业、农民及粮食供应部，环保部以及水产养殖和渔业特别秘书处登记和监管部门，在其各自职权范围内，考虑 CTNBio 的决定、CNBS 的审议意见和本法的规定，应：(1) 监测转基因生物及其衍生品的研发活动；(2) 对转基因生物及其衍生品的商业应用进行注册和监管；(3) 对转基因生物及其衍生品进口用作商业目的进行审批；(4) 保证与转基因生物及其衍生品相关活动有关的机构和专业人员最新信息注册；(5) 将最新的注册人员信息和审批信息公之于众；(6) 适用本法所规定的惩罚措施；(7) 协助 CTNBio 对转基因生物安全性及其衍生物的生物安全性进行评估。"

因衍生物评估和监管标准；（4）在个案基础上分析转基因和转基因衍生物相关活动及项目存在的风险；（5）建立内部生物安全委员会在各机构内的运作机制，包括转基因和转基因衍生物教学、科学研究、技术发展和工业生产；（6）建立与生物安全有关的要求，以授权实验室、机构和公司开展与转基因生物及其衍生物相关的活动；（7）开展转基因和转基因衍生物国内和国际合作；（8）根据相关法律授权、登记和跟踪研究转基因和转基因衍生物；（9）为科研目的授权进口转基因和转基因衍生物；（10）为 CNBS 的相关立法活动提供技术咨询和建议；（11）颁发生物安全质量证明书并向相关机构报告备案；（12）在个案基础上针对转基因商业实践出具技术决定；（13）根据本条例规定的标准以及其衍生品的标准，确定适用于转基因生物的生物安全等级及其用途以及相应的安全程序和措施；（14）根据本条例中规定的标准，根据风险等级对转基因生物进行分类；（15）跟踪研究转基因生物及其衍生物的生物安全的发展与技术和科学进展；（16）在职权范围内对规范性问题出台决议；（17）对有关当局开展的针对重组 DNA 技术项目事故发现、预防和调查活动进行技术支持；（18）对本法第 16 条规定的登记和监督机构活动提供技术支持；（19）在官方期刊上提供相关个案摘要、年度报告、会议纪要和其他信息供公众知晓；（20）确定使用转基因生物及其衍生物的活动和产品可能会导致环境恶化或可能导致人类健康风险；（21）根据新的科学事实或知识，根据其成员的要求对其或其衍生产品的生物安全性的研究，重新评估技术决定；（22）建议在转基因生物安全性及其衍生物的生物安全领域进行研究和科学研究；（23）向科技部提交关于程序内部规则的提案。

11.105 号法案第四章规定了内部生物安全委员会的主要职责。包括：（1）发生事故时告知相关工人和社区居民；（2）建立预防和监管程序；（3）向 CTNBio 移交相关文件；（4）为转基因和转基因衍生品项目构建一个注册表；（5）通知 CTNBio 根据该法第 16 条所述的注册和检查机构和实体，以及对被揭露的人所面临的风险评估结果以及任何事故或事件的后果的人员实体；（6）调查可能与 GMOs 及其衍生物有关的疾病的发生情况，并将其结论和措施通报 CTNBio。

国家生物安全技术委员会（CTBBio），根据《生物安全法》（8.974/95），该委员会由 18 名政府官员、科学家和社会人员组成，主要职责在于制定生物安全相关规则，风险分级管理和决定是否批准转基因作物。

三、阿根廷的转基因食品安全立法与实践

（一）商业播种和进出口现状

阿根廷是世界上第三大转基因作物生产国，生产总量仅次于美国和巴西。阿根廷也是世界上比较早使用转基因技术种植转基因作物的国家之一。早在1996年，就开始种植大豆耐除草剂草甘膦[1]，自此阿根廷转基因作物播种面积逐步攀升，到达如今世界第三的规模。迄今为止，商业种植转基因品种 41 种，包括 11 种转基因大豆、25 种转基因玉米、4 种转基因棉花和 1 种转基因土豆。一份 2016 年 11 月份的研究报告显示，自 1996 年以来，阿根廷从转基因农业中受益达 1270 亿美元。直接经济贡献中，转基因土豆达 118.3 亿美元、转基因玉米达 55 亿美元、转基因棉花达 31 亿美元。[2]

（二）立法

阿根廷尚未出台专门的转基因生物安全法。在 2001 年曾提出议案讨论制定专门的转基因生物安全法，但是由于 2001 年 12 月爆发经济危机，该提案并未在国会通过，且短期内也没有动向旨在制定统一的转基因生物安全法。2012 年，阿根廷农业部宣布实施新的转基因农业法，该法主要目的在于加快转基因作物的审批进程，将审批时间由此前的 42 个月缩短

---

[1]　Eduardo J. Trigo, Fifteen Years of Genetically Modified Crops in Argentine Agriculture 4, Nov.2011, http://www.argenbio.org/adc/uploads/15 years Executive summary of GM Crops in Argentina.pdf.

[2]　Eduardo J. Trigo, Twenty Years of Genetically Modified Crops in Argentine Agriculture, November 2016.

至 24 个月。

在转基因食品标识方面，阿根廷并未出台专门的立法。目前一般标签立法主要依据产品特征以及潜在风险进行标识，而未要求对生产过程进行描述。根据农业部的食品标签制度，任何产品如果由转基因作物加工而成，只要最终产品与传统食品无实质差异都不要求进行强制标识。如果最终产品与传统食品存在差异，只要求标明食品不同之处，而不要求注明环境考量因素和加工过程。阿根廷国内认为无需对转基因食品进行特别标注，因为没有证据显示食用转基因食品会危害消费者健康。

与转基因安全立法相关的法案还包括《种子法》。之前的《种子法》允许生产者在自己的农场上继续使用转基因作物作为种子，仅禁止农民将转基因作物再次作为种子销售。这意味着，农民在首次购买转基因种子时需要付费，在一季收获之后，可以自行留种继续在自己田地上播种，无需再次支付费用。根据官方提供的数据，就土豆这一种作物，阿根廷全国仅 20% 的土豆种子为从正规经销商购买的转基因土豆种子，30% 为农民再次自留种的土豆种子，剩下的 50% 为非法再次销售的转基因种子。2016 年因为引进了孟山都公司研发的一种转基因土豆，使得修改此前的《种子法》一度成为民众热议的话题。2016 年 10 月，农业部、工业部向国会提交了一份提案旨在对《种子法》进行修订，特别强调了对转基因作物种子知识产权的保护。提案内容主要包括：其一，提议在农业部下设立全国农民注册机构；其二，禁止农民自行育种，但是保留例外合法情形；其三，要求农民在购买转基因种子时付费并在销售转基因农产品时提供购买种子时的发票，如果在销售时农民无法提供，要求农民补缴；其四，对不遵守相关规定的农民设立惩罚机制。[①]

（三）监管机构

2009 年农业部下设生物技术部（Biotechnology Direction）集中负责

---

① 该部分资料参见 USDA: Agricultural Biotechnology Annual Argentina Annual Biotechnology Report 2015。

生物安全、政策分析制定和立法提案三个主要事务。转基因种子商业审批主要由农业部下属以下几个机构负责：（1）国家农业生物技术咨询委员会（National Advisory Committee on Agricultural Biotechnology, CONABIA）。主要负责评估转基因作物对环境的影响并向秘书处提出建议。（2）国家农业服务及食品卫生质量管理局（National Service of Agricultural and Food Health and Quality）。主要负责监督和评估用于人类和动物消费的转基因作物加工的食品和饲料。（3）国家农产品市场部（National Direction of Agricultural Food Markets）。主要负责研究出口目的地国转基因作物审批情况，评估对阿根廷转基因作物出口可能带来的潜在影响。（4）国家种业机构（National Seed Institute）。主要负责转基因种业的登记和销售。

在国际领域，阿根廷于 2000 年签署了《卡塔赫纳生物安全议定书》，但是截至目前尚未批准该议定书，其国内仍在多方论证以便最后做出决定。从目前的情况看，近期内阿根廷将会顺利批准该议定书。

四、南非的转基因食品安全立法与实践

（一）商业播种和进出口现状 [1]

相较其他非洲国家，南非转基因技术研发和种植进程较早，1989 年开始第一次转基因作物田间实验。[2] 至今，从事生物技术研究和开发已有 30 多年，并一直是非洲大陆生物技术的领导者。目前在南非批准播种的转基因作物主要包括转基因玉米、大豆和棉花，插种面积约为 270 万公顷。据估计，南非 94% 的玉米种植、95% 以上的大豆种植和所有棉花种植都使用

---

[1] 该部分数据参见 USDA：Agricultural Biotechnology Annual South Africa Annual Biotechnology Report 2016。

[2] Rossemary A. Wolson, Assessing the Prospects for the Adoption of Biofortified Crops in South Africa, 10(3)Agbioforum 184(2007). http://mospace.umsystem.edu/xmlui/bitstream/handle/10355/57/Biofortified%20Crops%20in%20South%20Africa.pdf?sequence=1.

了转基因种子，已是非洲最大的转基因作物生产国。[①] 转基因玉米自 1997 年审批上市以来，播种面积和产量稳步增长。据统计，2005 年南非转基因玉米产量仅占全国玉米产量的 28%，2016 年这一数据增至 89%。转基因大豆自 2001 年审批上市，截至 2006 年，市场上 75% 的大豆为转基因大豆。2015 年度南非大豆播种面积为 687300 公顷，其中 90% 为转基因大豆。2016 年度干旱导致国内大豆播种面积缩小 27%，减至 502800 公顷，其中转基因大豆播种面积仍占 95%。转基因棉花于 1998 年审批上市，2016 年度播种面积为 8350 公顷，这还是由于价格下跌，比 2015 年度 15230 公顷的播种面积有所缩减。

南非为转基因玉米的出口国，其出口对象主要为非洲邻国，如津巴布韦、博茨瓦纳、莱索托、莫桑比克、纳米比亚和斯威士兰。2015 年度南非共出口 200 万吨玉米，其中一半出口至上述国家。南非并非玉米主要进口国，但是由于干旱，2014—2015 年度分别从阿根廷和巴西进口玉米 200 万吨。2015—2016 年度，南非需要进口 300 万吨玉米和 25 万吨土豆贴补国内生产不足，主要进口国为阿根廷、巴西和美国。在食品援助方面，即便在遭遇干旱的情况下，南非也拒绝接受食品援助，且在近些年，南非致力于变成一个粮食净出口国。

（二）立法

南非对转基因食品进行规制的历史可以追溯至 1979 年，南非政府成立了基因工程委员会（SAGENE），该委员会由科学家组成并为政府决策提供咨询意见。最初，基因工程委员会仅具有建议权，1994 年开始被赋予转基因立法权。1996 年起草《转基因法案》，1997 年该法案通过，1999 年 12 月该法案正式实施。至今，转基因工程委员会仍然是转基因产品的主要立法监督机构。

[①]　USDA: Agricultural Biotechnology Annual Biotechnology in South Africa Report 2018.https://apps.fas.usda.gov/newgainapi/api/report/downloadreportbyfilename?filename=Agricultural%20Biotechnology%20Annual_Pretoria_South%20Africa%20-%20Republic%20of_2-5-2019.pdf.

在立法方面，与转基因生物直接相关的立法为 1997 年《转基因法案》① 及其修正案②，间接立法包括2004年《国家环境管理生物多样性法案》③、2009年《消费者保护法》④ 和 1972 年《食品、化妆品和消毒剂法》⑤。下文将重点介绍《转基因法案》《国家环境管理生物多样性法案》和《消费者保护法》。

1997 年《转基因法案》的主要内容包括如下几个方面。第一，明确了该法的立法目标和宗旨。该法开宗明义指出立法目标在于："促进转基因生物的开发、生产、使用和应用；确保所有涉及转基因生物（包括进口、生产、释放和分配）的活动都应当采取措施，以限制可能对环境造成的有害后果；注意防止事故的发生和有效管理废物；建立评估和减少因使用转基因生物活动而产生的潜在风险的共同措施；制定风险评估的必要条件和标准；建立转基因生物理事会；确保转基因生物是适宜的，不会对环境造成危害；建立有关使用转基因生物的特定活动的适当程序；并提供与之相关的事务。"⑥ 第二，对转基因生物相关概念进行界定，划定了法律适用的边界。第三，分别规定了转基因生物执行理事会（Executive Council of Genetically Modified

---

①   Genetically Modified Organism Act, 1997, Regulations, 2010, Government Notices[GN] No.32966(Feb.26, 2010), http://www.info.gov.za/view/117972.

②   Genetically Modified Organisms Act, 1997, Regulations Amendments, 2010,GN No.33007(Mar.12.2010),http://info.gov.za/view/123130; Genetically Modified Organisms Act, 1997, Regulations Amendments,2011,GN N0.34020(Feb. 18,2011), http://www.info.gov.za/view/142060; Genetically Modified Organisms Act, 1997, Regulations Amendments, 2011,GN No.35007(Feb.10, 2012), http://www.info.gov.za/view/159582; Genetically Modified Organisms Act,1997, Regulations Amendments, 2011, GN No. 36124(Feb.8,2013), http://www.info.gov.za/view/183647.

③   National Environmental Management: Biodiversity Act No.10 of 2004[NEMBA], 20 BSRSA(rev'd through 2012).

④   Consumer Protection Act No.68 of 2008, 526 Government Gazette[GG],No.467(Apr.29,2009), http://www.info.gov.za/view/DownloadFileAction?id=99961.

⑤   Foodstuffs, Cosmetics and Disinfectants Act No.54 of 1972(May 19, 1972), http://www.doh.gov.za/docs/legislation/acts/2011/Act-541972.pdf.

⑥   Genetically Modified Organisms Act, 1997 [No. 15 of 1997] - G 18029, http://www.saflii.org/za/legis/num_act/gmoa1997286/.

Organisms)、顾问委员会(The Advisory Committee)和登记处(GMO Registrar)的人员组成、职权范围和经费等。第四,设立了监督检查机制,专门检查立法禁止的转基因活动。第五,明确部长可以就相关问题在本法基础上出台条例和细则。第六,规定了违法惩罚机制,指出:"任何人违反本法规定、限制、禁止、保留、指示的;妨碍检查人员行使职权或者履行其职责,或者拒绝向登记员提供必要的信息;提供虚假信息误导检查员的构成犯罪。"① 对第一次违法的人员处以罚金和不超过2年的监禁。2005年,因加入《卡塔赫纳生物安全议定书》,南非专门对《转基因法案》进行修订。修订后的立法于2007年4月17日正式出台,并于2010年2月正式生效。修订后的立法没有改变之前立法的宗旨和原则,只是新增了8个条款回应现实的需要。变化主要涉及对转基因生物意外事件和无意跨界流动的规制。特别是考虑到转基因生物和非转基因生物的混同,新增条例专门将两种情形定义为事故:其一是转基因生物的无意跨界流动,其二是转基因生物在南非境内的无意环境释放。

2004年《国家环境管理生物多样性法案》第78部分,授权环境事务部长在转基因产品可能对任何本土物种或环境造成威胁的情况下,可拒绝转基因生物许可证的申请和颁发。在该法案项下还成立了南非生物多样性机构,专门检测和报告转基因生物可能对环境造成的影响。

2009年《消费者保护法》也有部分内容涉及转基因生物标识制度。特别是第24部分第6段指出,任何人从事生产、供应、进口或包装与转基因食品相关的食品,必须根据法律规定以特定的方式注明转基因成分和含量。具体而言,所有食品不论是在南非生产或是进口,其成分中若转基因成分超过5%,都应在显著位置并以显著尺寸注明"包含至少5%的转基因成分"。2012年5月,南非商业联合会针对消费者知情权和选择权面临的新情况和新问题,联合消费者保护委员会召开会议进行讨论,提出了以下五个方面的

---

① Genetically Modified Organisms Act, 1997 [No. 15 of 1997] - G 18029, http://www.saflii.org/za/legis/num_act/gmoa1997286/.

问题。第一，认为在《消费者保护法》中纳入转基因食品标识制度没有必要，因为卫生部下属《食品、化妆品和消毒剂法》（NO.R25）已经对其作出规定。第二，遵守现有转基因标识制度会增加食物成本并对消费者食品安全产生消极影响。第三，1997 年《转基因法案》第 1 部分界定的转基因生物主要指的是转基因玉米、大豆和棉花，因此一些下游产品并不属于法律调整的范围。第四，立法较为模糊，仍有较大解释空间，还需要进一步细化。第五，目前其国内仅有少量的实验室可用来跟踪监测食品转基因含量，满足不了食品监管的需求。① 针对南非商业联合会提出的上述问题，消费者保护委员会也予以正式回应，并联合卫生部、农业渔业部以及贸易工业部分工合作希望出台更为细致和具有操作性的转基因标识指南。2014 年 7 月 15 日，专门工作组也就此问题展开研究，但是截至目前还没有出台最终立法规范。

截至目前，南非尚未出台转基因食品强制标签制度。2011 年的南非《消费者保护法》规定，暂时搁置对转基因产品进行强制标识的立法。因此，南非对转基因产品的唯一标签要求为《食品、化妆品和消毒剂法》的规定。该法规定，只有在特定情况下，包括过敏原或人 / 动物蛋白存在时，以及转基因食品与非转基因食品存在显著差异时，才对转基因食品进行标识。还要求对转基因食品的强化特性（例如更有营养）需进行验证。但并未对非转基因食品标签作出安排。②

（三）监管机构

根据 1997 年《转基因法案》的规定，南非专门设立了转基因生物执行理事会、顾问委员会和登记处，负责转基因决策、咨询和登记事宜。

---

① Genetically Modified Organisms Act, 1997 [No. 15 of 1997] - G 18029, http://www.saflii.org/za/legis/num_act/gmoa1997286/.

② USDA: Agricultural Biotechnology Annual Biotechnology in South Africa Report 2018.https://apps.fas.usda.gov/newgainapi/api/report/downloadreportbyfilename?filename=Agricultural%20Biotechnology%20Annual_Pretoria_South%20Africa%20-%20Republic%20of_2-5-2019.pdf.

转基因生物执行理事会是南非转基因生物决策机构，由部长任命的 8 名人员组成，分别来自农业部、艺术文化科技部、环境与旅游部、卫生部、劳动部门和贸易工业部。部长在理事会成员中指定一名主席和一名副主席。转基因生物执行理事会的目标是就转基因生物的开发、生产使用、应用和释放等方面向部长提出建议，并确保有关开发、生产、使用、应用和释放方面的所有活动符合 1997 年《转基因法案》的规定。转基因生物执行理事会职权包括 14 项：（1）要求从事转基因生物开发、生产、使用和环境释放的机构向其提交环境风险评估报告；（2）要求注册机构监督申请符合本法要求；（3）要求注册机构必须对所有设施以及有关对转基因生物的使用或试验释放的人员的姓名和地址进行登记；（4）要求申请人在改变之前获得的申请内容时通知理事会，在此情况下理事会可能要求申请人申请新的许可证；（5）要求登记机构对获得批准正在进行的转基因生物释放活动进行监督检查；（6）要求登记机构在其认为必要的情况下对转基因生物封闭实验和田间释放进行检查，以确保相关活动符合本法的规定；（7）经过环境风险评估和考虑后依法授权注册机构颁发许可证；（8）出现转基因生物突发事故时，要求相关方口头或书面通知注册机构并要求注册机构成立专家组进行处理，并将最终调查报告、伤亡数据以及未来避免类似情况发生的报告提交给部长；（9）如事故可能波及其他国家，理事会负责通知其他国家；（10）在同意的前提下与个人和机构签订协议进行合作；（11）促进南非和其他国家在转基因生物研发和技术转让方面的合作；（12）经部长同意批准并公布转基因生物的使用指南；（13）对涉及转基因生物禁止，对进口的必要控制的授权和行使，转基因生物的开发、生产、使用、应用、发布和发布，被限制使用的授权或者通知，审判或者一般发行的授权，事故发生时采取的控制措施等事项向部长进行建议；（14）就任命理事会成员向委员会提出建议。

顾问委员会主要为咨询机关。其人员由转基因生物执行理事会建议，经部长任命组成。人员为 10 人，任期不超过 5 年。其中不超过 8 人为科学领域的专家，2 人来自公共部门且对环境保护和转基因生物有一定的了解。顾问委员会的职能包括：（1）作为国家咨询机构对生物遗传修饰相关的问题进行咨询；（2）根据部长、理事会、其他部门和适当的机构要求或自主地就生物的基因改造问题提出建议，建议的内容包括：转基因生物引入可能造成的环境影响、关于生物遗传修饰的具体活动或项目的建议、关于转基因生物的进口和出口、拟议法规和书面指导方针；（3）与生物安全有关的国际组织或相关国家部门进行联络；（4）在顾问委员会简报中邀请专家对转基因生物任何问题发表书面评论。委员会可以根据需要指定小组委员会来处理具体事项。

登记处是主要负责 1997 年《转基因法案》的日常管理机构。登记官在部长与转基因生物执行理事会协商后，任命一个合格的有经验的人作为注册人。其职能包括以下 6 个方面：（1）根据本法规定签发许可证；（2）在合理基础上有权怀疑转基因生物是进口的或者是当地生产的，或者违反本法规定、许可条件生产的。并通知相关行为人，授权检查人员按照本条例所规定的程序和其他规定销毁这些转基因生物；（3）修改或撤销本条例所颁发的许可证；（4）为检查人员出具资格证书；（5）可以停止任何违反本立法或者不遵守许可证的转基因生物活动；（6）确保所有转基因生物活动者在任何时候都采取适当的措施以保护环境免受危害。

（四）值得关注的案例：生物观察信托诉登记处（Trustees, Biowatch v. Registrar）案①

该案是和转基因产品信息公开权相关的案件。生物观察信托作为一家公共利益非政府组织，其工作的主要内容是监督和披露南非境内与转基因生物相关的信息。该组织向登记处提出申请，要求其披露南非转基因生物情况，包括田间实验地址和风险评估数据。登记处拒绝提供信息，认为生物观察信托的申请要求过于宽泛，而且部分数据信息具有专属性。生物观察信托不服，向高院起诉登记处、转基因生物执行理事会和其他部门。法院在判决中

---

① Trustees, Biowatch v. Registrar: Genetic Resources, and Others2005(4)SA111(T).See Southern Africa Legal Information Institute(SAFLII)website, http://www.saflii.org/za/cases/ZAG-PHC/2005/135.html.

指出获得信息的权利并非绝对，与合理保护政府和公众秘密权同等重要。但在本案中，法院认为生物观察信托有权获得部分信息，且登记处拒绝向其披露转基因作物信息的行为违反了宪法义务。法院也不同意登记处认为披露信息的申请过于宽泛的观点。①

从案件实体判决看，高院支持了生物观察信托的主张。法院围绕转基因生物信息查询费用成本出台了两个决定，原告特别对第二份意见持不同意见。第一份决定高院支持生物观察信托在无需付费的情况下获得政府部门的信息披露。第二份费用决定与孟山都公司有关。孟山都公司和其他两家转基因生产商（Stoneville Pedigreed Seed Company and D & PL SA South Africa Inc.）参与到该诉讼中。高等法院认为，孟山都公司因生物观察信托的诉讼行为强制参与其中，尤其是为了防止生物观察信托获得孟山都向注册商提供的机密信息。法院认为生物观察信托所寻求的信息缺乏精确性，命令生物观察信托支付孟山都公司相关费用。因此案件的判决结果是，尽管生物观察信托在其对政府机构的声明中取得了很大的成功，它也获得了孟山都公司强烈反对的信息，但其不得不为自己的所有成本买单，此外还要支付孟山都公司所产生的成本。生物观察信托在关于成本决定的问题上向德瓦尔省上诉法院（Full Court）提出上诉，但上诉法院以2比1的投票最终没有支持其诉求。

生物观察信托不服上诉法院的判决，向最高法院提起上诉。最高法院审查了两个方面的问题：其一，是否涉及宪法问题；其二，是否符合正义利益。法官最终得出肯定结论，认为最高法院应该受理该案的上诉。2009年6月3日南非宪法法院做出了最终判决，推翻了上诉法院的判决，支持了生物观察信托的主张。

---

① The Law Library of Congress, Global Legal Research Center, Restrictions on Genetically Modified Organism, March 2014.p.184.

五、发展中国家转基因食品安全立法及实践的共性及经验

上述四个国家转基因食品安全立法及实践在广大发展中国家中具有一定的代表性，可以总结出一些共性及可借鉴的经验。从共性上来看：

第一，发展中国家批准用于商业种植实践的转基因作物品种十分有限，播种面积较美国和加拿大仍有很大差距。从 ISAAA 提供的 2018 年数据看，种植面积排名前十的发展中国家总体而言转基因作物相较美国比较单一，巴西种植四种（大豆、玉米、棉花和甜菜）、阿根廷种植三种（大豆、玉米和棉花）、印度一种（棉花）、巴拉圭三种（大豆、玉米和棉花）、巴基斯坦一种（棉花）、南非三种（玉米、大豆和棉花）、乌拉圭两种（大豆和玉米）以及玻利维亚一种（大豆）。而美国转基因作物品种达十种之多，包括转基因玉米、大豆、棉花、甜菜、油菜、木瓜、土豆、苹果、苜蓿、倭瓜。加拿大转基因作物也有六种，包括转基因油菜、玉米、大豆、甜菜、苜蓿和苹果。从播种面积上来看，世界转基因作物播种总面积为 19107 万公顷，美国播种面积占世界播种总面积的 75%，遥居世界第一位。发展中国家除了巴西（5130 万公顷）和阿根廷（2390 万公顷）播种面积较大之外，其余发展中国家播种面积总和不到 2700 万公顷，仅占世界播种面积的 14%。从这个角度说，发展中国家较美国在转基因作物品种数量和播种面积上仍有较大差距。在发展中国家内部，也出现了两个梯队。巴西和阿根廷转基因作物种植实践远超其余发展中国家，特别是巴西 5130 万公顷的种植规模直逼美国，稳居世界第二。

第二，发展中国家转基因食品安全立法总体晚于欧美等发达国家，立法原则不够明确，且立法层级及水平参差不齐。除了印度、巴西和南非转基因食品安全立法较早之外，阿根廷启动转基因食品安全立法的步伐非常晚，远远落后于实践的需要。阿根廷自 1996 年开始种植大豆耐除草剂草甘膦，自此转基因作物播种面积逐步攀升，到达如今世界第三的规模。但直到 2012 年，阿根廷农业部才宣布实施新的转基因农业法，主要目的在于加快转基因作物的审批进程。印度和巴西虽然立法较早，但总体看立法层级较低、涉及

转基因监管的内容较为有限、立法原则不突出、立法技术较落后。

上述四个发展中国家不乏国内转基因作物播种面积十分靠前的国家，如排名第二的巴西 2018 年度转基因作物播种面积达 5130 万公顷，种植规模已经十分可观。为何在立法和实践上与发达国家相比仍有很大差距？分析其原因，不难总结出以下两点：

其一，与商业种植的转基因作物有限、国内转基因研发实力落后及国际转基因种业垄断有关。发展中国家转基因技术研发主要以政府公共财政投入为主且投入十分有限，依托大学及专门科研机构人员进行。由于国内转基因种业商业实践有限，加之不完备的知识产权保护体系，私人公司研发的热情较低。这与美国的情形完全相反。总体上，发展中国家自主研发转基因作物技术水平远落后于美国等发达国家。"各国选择的重点研发和播种品种也呈现出差异，各国重点种植的转基因品种都较为单一。巴西主要种植 RR 大豆，而且播种地区主要集中在南部的南里奥格兰德州和巴拉那州以及中西部的马托格罗索州和格伊斯州。南非主要转基因品种 Bt 玉米和 Bt 棉花分别占到种植总额的 27% 和 80% 以上。阿根廷主要种植品种为 RR 大豆、Bt 玉米和 Bt 棉花，学者雷尼（Raney）曾撰文分析造成阿根廷 RR 大豆快速传播而 Bt 棉花播种较为缓慢的主要原因是专利限制和较高的种子成本，在阿根廷 Bt 棉花种子费用是传统棉花种子的 5 倍，远远高于印度、墨西哥和南非等国家。"[①]

转基因种子研发高投入也是众所周知的，据相关报道："开发转基因新作物的成本在飞涨，1995 年将一种新产品推向市场的研发和监管成本平均为 1.52 亿美元。今天成本大约是 2.86 亿美元。"[②] 成本的剧增主要有两方面因素。一是与单纯的研究成本有关，即为了发明新的品种，在确定可行方案

---

① T.Raney, Economic Impact of Transgenic Crops in Developing Countries, in Chua.H.H and Tingey, S.V.(eds) Current Opinion in Biotechnology, Themed Issue On Plant Biotechnology,2006.www. Siencedirect.com. 参见陈亚芸：《转基因食品的国际法律冲突及协调研究》，法律出版社 2015 年版，第 157 页。

② Phillips McDougall, Agrochemical Research and Development, A Consultancy Study for Crop Life America and the European Crop Protection Association, March 2016, p.3 (showing AI costs for 1995 and 2010-2014).

之前，需要先测试数万种用于控制的化合物，然后再进行开发。这项支出导致 1995 年以来研发成本增加 50%。二是与市场发展有关系，全球范围内越来越复杂而又大相径庭的法律监管增加了开发产品商业化的成本。这导致平均开发阶段的成本从 1995 年以来的大约 6700 万美元增长到 1.46 亿美元。[①]

目前，世界范围内转基因种子的销售和研发主要集中于孟山都（Monsanto）、杜邦（Dupont）、先正达（Syngenta）、拜耳（Bayer）、陶氏（Dow）和巴斯夫（BASF）六大跨国公司，六大跨国公司总部都位于美国。转基因种子跨国公司巨头兼并和垄断，阻碍了新公司进入并进行充分的市场竞争，增加了农民购买种子的成本。对发展中国家的影响也显而易见。发展中国家在自主研发不足的情况下，转基因作物品种只能依赖于跨国巨头，很难成为真正意义上的转基因种植大国和强国。

其二，发展中国家国内转基因立法相对滞后与本国重视程度、立法技术、监管财政投入以及处在欧美对立夹缝中的尴尬境地不无关系。从内部环境来说，上述四国都为典型的人口大国和农业大国，基于粮食安全、节约耕地资源和水资源、减少农药投入、增加粮食产量和农业出口等考虑，转基因作物和转基因食品有着不可替代的优势和吸引力。目前发展中国家多半从政策层面予以积极的支持和回应，强调转基因食品的优点，而忽视了在立法层面的监管。虽然用政策手段调整转基因食品安全实践具有一定的灵活性，短期内也能实现目标。但从长远看，不利于转基因食品的稳定持续发展，没有清晰的立法思想的指导和匹配的监管制度，使得诸多与转基因食品相关的实践缺乏可预见性。从外部环境来说，发展中国家在欧美转基因食品立法对立的夹缝中艰难生存。在制定本国的转基因食品安全政策和立法的同时，不得不考虑作为农业出口市场的欧美的态度以及转基因食品的相关规定。采取预防原则还是科学原则，其具体立法规则指向完全不同，立法成本差别也很大，立法技术也面临很大挑战，很难在短期内一蹴而就。

---

① Phillips McDougall, Agrochemical Research and Development, A Consultancy Study for Crop Life America and the European Crop Protection Association, March 2016, p.3 (showing AI costs for 1995 and 2010-2014).

结　论

　　尽管转基因食品安全性仍存在争议，世界范围内转基因作物播种面积已经实现二十余年持续增长。转基因食品在投入和产出方面无可比拟的优势极大满足了世界粮食需求，降低了农药杀虫剂对环境的负面影响，节约了水资源，缓解了人口增长与耕地减少之间的矛盾。从根本上说，对其安全性的考量不仅仅是一个科学问题，更多地糅杂了政治、经济、科技和文化等复杂的社会因素。因此，对转基因食品安全立法的研究不应仅停留在科学技术层面，而应深层发掘其背后的因素，得出规律性的认识，对世界转基因食品安全立法进行预判，进而做出适合国情的选择。

　　世界转基因食品安全立法的主旋律仍然是分裂和对立，且该局面将存续很长时间。对立表现在，转基因食品生产和出口大国美国与对转基因食品安全持怀疑和排斥态度的欧盟之间的分庭抗礼。进而，因二者形成的两大阵营的支持派和反对派在世界范围内角逐和较量，主要体现为 WTO 和《卡塔赫纳生物安全议定书》之间的分歧和对立。两大阵营一攻一守，积极寻找和扩大同盟，使得国际转基因食品在标准的制定、国际贸易和粮食援助等问题上矛盾更为激化。由于分歧背后的经济因素、对科技开放包容程度、文化可接受性以及消费者态度等根深蒂固，短期内很难消融，分歧和对立将长期存在。除此之外，国际转基因食品安全立法还出现了一些新的发展趋势尤为值得研究和关注。转基因作物和非转基因作物共存问题、强制标签制度和转基因作物新品种知识产权保护是当前讨论的热点问题，出现了诸多判例和案例。

　　积极追踪研究欧美和其他转基因作物播种面积靠前的发展中国家转基因食品安全立法和司法实践，学习其先进经验十分有必要。欧盟对于转基因食品安全监管日趋严格，立法更新也比较快，近些年的转基因作物共存立法尤其值得关注。2015 年 3 月最终批准通过的《允许成员国限制或者禁止在本国国内种植转基因作物 2015/412 号指令》，意味着成员国可以最终决定是否在其境内种植欧盟层面审批通过的转基因作物，也彰显了欧盟成员国对于转基因作物安全性的怀疑和警惕。美国方面 1986 年《生物技术监管协调框架》经 1992 年 FDA《新植物品种食品政策声明》修订之后，2017 年再次进行修订。2017 年《生物技术产品监管体系现代化》明确了生物技术监管的目标、原则，进一步明晰了主要监管机构的角色和职责，并强调现有机构间协调合作机制的重要性。2016 年《促进生物技术产品监管体系现代化的国家战略》制定了长期战略以确保公众对监管制度的信心，并提高生物技术监管体系的透明度、可预测性、协调性和效率。在食品标签制度方面，2016 年 8 月参议院通过了第 764 号法案，规定了强制标签制度。其他发展中国家如印度、巴西、阿根廷以及南非，虽然转基因技术落后于发达国家，近些年也积极出台转基因食品安全立法，也出现了一些值得关注的案例。

　　在借鉴欧美立法经验的同时还应落脚到各国的具体国情，不能照搬照抄西方国家的现有立法。通过对比分析，才能更好地理解欧美之间立法的差异以及这种差异给发展中国家可能带来的利弊。更好地定位自身发展的道路，使得转基因食品安全立法更好地服务于现阶段发展需要，同时又能看到未来发展的方向和终极目标，循序渐进，稳步推进。不同的制度设计都立足于本国和本地区民众对于科技进步的态度、文化上的可接受性以及对于现有食品安全监管的信心等。因此，如何设计转基因食品安全监管法律制度不单单是一个立法技术问题，更多的是与转基因食品进出口经济因素、文化因素、一般食品安全监管立法是否完备、消费者认同这样的经济、文化、现有立法支撑和消费者态度等诸多因素紧密相连。

参考文献

一、专著

[1] 程卫东、李靖堃译:《欧洲联合基础条约——经〈里斯本条约〉修订》,社会科学文献出版社 2010 年版。

[2] 陈亚芸:《转基因食品的国际法律冲突及协调研究》,法律出版社 2015 年版。

[3] 赵维田:《世贸组织的法律制度》,吉林人民出版社 2000 年版。

[4] 朱榄叶编著:《世界贸易组织国际纠纷案例评析 2013—2015》,法律出版社 2016 年版。

[5] 李菊丹:《国际植物新品种保护制度研究》,浙江大学出版社 2011 年版。

[6] 邵继勇主编:《食品安全与国际贸易》,化学工业出版社 2006 年版。

[7] 中共中央党史和文献研究院:《习近平谈"一带一路"》,中央文献出版社 2018 年版。

[8] 王义桅:《"一带一路"机遇与挑战》,人民出版社 2015 年版。

[9] 王曦:《国际环境法》,法律出版社 1998 年版。

[10] 薛达元主编:《转基因生物安全与管理》,科学出版社 2009 年版。

[11] 曾令良:《欧洲联盟法总论——以〈欧洲宪法条约〉为新视角》,武汉大学出版社 2007 年版。

二、中文论文

[1] 陈亚芸:《EU 和 WTO 预防原则解释与适用比较研究》,载《现代法学》2012 年第 6 期。

189

[2] 陈亚芸:《转基因食品国际援助法律问题研究——兼论发展中国家的应对措施》,载《太平洋学报》2014 年第 3 期。

[3] 陈亚芸:《转基因食品国际法律冲突协调——试析国际组织"软法"的作用》,载《西部法学评论》2014 年第 5 期。

[4] 康乐、王海洋:《我国生物技术育种现状与发展趋势》,载《中国农业科技导报》2014 年第 1 期。

[5] 乔雄兵、连俊雅:《论转基因食品标识的国际法规制——以〈卡塔赫纳生物安全议定书〉为视角》,载《河北法学》2014 年第 1 期。

[6] 张忠民:《论转基因食品标识制度的法理基础及其完善》,载《政治与法律》2016 年第 5 期。

[7] 付文佚:《我国转基因食品标识困境的立法破解》,载《中州学刊》2015 年第 9 期。

[8] 李菊丹:《新〈种子法〉对我国植物新品种保护的积极作用与局限》,载《法学杂志》2016 年第 7 期。

[9] 李菊丹:《论〈植物新品种保护条例〉的修订》,载《中国种业》2014 年第 8 期。

[10] 陈亚芸:《欧盟法执行程序研究:聚焦财政制裁措施有效性、困境和〈里斯本条约〉改革》,载《法学评论》2013 年第 2 期。

[11] 陈亚芸:《美国转基因食品立法解析》,载《公民与法》2014 年第 2 期。

[12] 陈亚芸:《印度转基因食品立法研究》,载《科技与法律》2014 年第 1 期。

[13] 陈亚芸:《欧盟转基因和非转基因作物共存的法律问题研究》,载《德国研究》2015 年第 1 期。

[14] 刘银良:《美国生物技术的法律治理研究》,载《中外法学》2016 年第 2 期。

[15] 王玉清、薛元达:《消费者对转基因食品认识态度的调查与分析》,载《环境保护》2005 年第 3 期。

[16] 王玉清、薛元达:《消费者对转基因食品认知态度再调查》,载《中央民族大学学报》(自然科学版)2008 年第 17 卷。

[17] 胡加祥:《美国转基因食品标识制度的嬗变及对我国的启示》,载《比较法研究》2017 年第 5 期。

[18] 肖鹏:《欧美转基因食品标识制度的趋同化及我国的应对——兼评美国 S.764

法》，载《法学杂志》2018 年第 10 期。

[19] 汪再祥:《转基因食品强制标识之反思——一个言论自由的视角》，载《法学评论》2016 年第 6 期。

[20] 李莎莎:《转基因食品安全刑法规制论纲》，载《河南社会科学》2016 年第 10 期。

[21] 张华:《欧盟转基因生物授权机制中的法律问题与改革》，载《国际贸易问题》2013 年第 11 期。

[22] 郭高峰:《WTO 框架下转基因食品标识的消费者知情权研究》，载《暨南学报》（哲学社会科学版）2013 年第 4 期。

三、学位论文

[1] Ville Edström: Opting Out of GM Agriculture—The Scope for EU Member States to Restrict Cultivation of Genetically Modified Crops, Master of Law Graduate Thesis, 2015.

[2] Sheperd-Bailey，J.Ph.D., Emory University School of Law.2012, Economic Assessment：Proposed California Right to Know Genetically Engineered Food Act.Prepared for the Alliance for Natural Health USA.

[3] 王娜:《国际法对转基因产品国际贸易的管制》，2005 年中国政法大学博士学位论文。

[4] 林东辉:《WTO 框架下与转基因产品相关的法律规则研究》，2007 年大连海事大学硕士学位论文。

四、英文专著和论文

[1] George Kurian, ed., *A Historical Guide to the U.S. Government*, New York: Oxford University Press, 1998.

[2] Kawamura，Satoko，"GMO Trade in the Context of TRIPS: From the Perspective of an Autopoietic System Analysis"，*Ritsumeikan International Affairs*, 2011, Vol.10.

[3] Lilia R. Bautista, TRIPS Agreement Revisitied: Focus on Article 27.3（b），World Bulletin, Jan-Dec.1999.

[4] Wright, John（2013）"Monsanto Co. v. Geertson Seed Farms"，*Public Land and*

Resources Law Review, Vol, 0.

〔5〕Alexander "MacDonald, Monsanto v. Geertson Farms: Congressional Intent, Judicial Infidelity, and the National Environmental Policy Act", 37 *Wm.& Mary Envtl. L.& Pol'y Rev*.319（2012）.

〔6〕Madeline Gwyn, "*Monsanto Co. v. Geertson Seed Farms*: Irreparable Injury to the National Environmental Policy Act?", *Emory Law Journal*.vol.61, issue 2.

〔7〕Thomas A. Hemphill and Syagnik Banerjee, "Genetically Modified Organisms and the U.S. Retail Food Labeling Controversy: Consumer Perceptions, Regulation, and Public Policy", *Business and Society Review*.

〔8〕Domingo, J.L., and Bordonaba, J.G., "A Literature Review on the Safety Assessment of Genetically Modified plants", *Environment International*,（2011）, 37（4）.

〔9〕Zachary Lerner, "Rethinking What Agriculture Could Use: A Proposed Heightened Utility Standard for Genetically Modified Food Patents", 55 *U.KAN.L.REV*.991, 1007（2007）.

〔10〕Berris Charnley, "Cui bono? Gauging the Sucesses of Publicly-funded Plant Breeding in Retrospect", in Charles Lawson and Berris Charnley（eds.）, *Intellectual Property and Genetically Modified Organisms: A Convergence in Laws*, Ashgate Publishing Limited, 2015.

〔11〕Neil D.Hamilton, "Biodiversity, Biotechnology, and the Legal Protection of Traditional Knowledge: Forced Feeding:New Legal Issues in the Biotechnology Policy Debate", 17 *WASH.U.J.L.&POL'Y* 37, 52-53（2005）.

〔12〕Debra M. Strauss, "Defying Nature: The Ethical Implications of Genetically Modified Plants", 3 *J. Food L.&POL'Y* 1, 8-9（2007）.

〔13〕Lara E.Ewens, "Seedwars: Biotechnology, Intellectual Property, and the Quest for High Yield Seeds", 23 *B.C. INT'L &COMP.L.REV.*（2000）.

〔14〕Samatha M. Ohlgart, "The Terminator Gene: Intellectual Property Rights v. The Farmers' Common Law Right to Save Seed", 7 *DRAKE J. AGRIC.L* 473（2002）.

〔15〕Srinivasan, C.S. "Concentration in Ownership of Plant Variety Rights: Some Implications for Developing Countries", *Food Policy* 2003, 28.

［16］Andres A. Gallo& Jay P.Kesan, "Property Rights Legislation in Agricultural Biotechnology: United States and Argentina", 7 *MINN.J.L SCI&TECH*.565, 580（2006）.

［17］Debra M. Strauss, "Genetically Modified Organisms in Food: A Model of Labeling and Monitoring With Positive Implications for International Trade", 40 *INT'L LAW*.95, 96（2006）.

［18］C.D.Marinho, F.J.O.Martins, A.T.Amaral Junior, L.S.A. Goncalves, O.J.A.P.dos Santos, D.P.Alves, B.P.Brasileiro and L.A. Peternelli, "Genetically Modified Crops: Brazilian Law and Overview", *Genetics and Molecular Research* 13（3）:5221-5242014）.

［19］Castro, Biancca Scarpeline de, "15 Years of Genetically Modified Organisms（GMO）in Brazil: Risks, Labeling and Public Opinion", *AGROALIMENTARAIA*, vol.22, 2016.

［20］Eduardo J. Trigo, Fifteen Years of Genetically Modified Crops in Argentine Agriculture 4, Nov.2011.

［21］Eduardo J. Trigo, Twenty Years of Genetically Modified Crops in Argentine Agriculture, November 2016.

［22］Gilbert R. Winham, "The GMO Panel: Applications of WTO Law to Trade in Agricultural Biotech Products", *European Integration*, vol.31, No.3, 2009.

［23］Jacqueline Peel, "A GMO by any Other Name…Might be an SPS Risk!: Implications of Expanding the Scope of the WTO Sanitary and Phytosanitary Measures Agreement", *The European Journal of International Law Vol*.17, 2007.

五、立法、案例、报告及网络文献

（一）立法

［1］Council Regulation（EEC）No.2081/92 of 14 July 1992 on the protection of geographical indications and designations of origin for agricultural products and foodstuffs.

［2］Directive（EU）2015/412 of the European Parliament and of the Council of 11 March 2015 amending Directive 2001/18/EC as regards the possibility for the Member States to restrict or prohibit the cultivation of genetically modified organisms（GMOs）in their territory.

［3］HHS, FDA, Federal Rgister, Vol.57 No.104, Statement of Policy: Foods Derived from

New Plant Varieties, 29 May 1992:p.22984.

［4］ FDA, Guidance for Industry: Voluntary Labeling Indicating Whether Foods Have or Have not Been Developed Using Bioengineering, 2001.

［5］ Council Regulation（EC）No 2100/94 of 27 July 1994 on Community plant variety rights（OJ L 227 of 01.09.94 p.1）.

［6］ COMMISSION REGULATION（EC）No 874/2009 of 17 September 2009 establishing implementing rules for the application of Council Regulation（EC）No 2100/94 as regards proceedings before the Community Plant Variety Office（OJ L 251 of 24.09.09 p.3）.

［7］ Commission Regulation（EC）No 1768/95 of 24 July 1995 implementing rules on the agricultural exemption provided for in Article 14（3）of Council Regulation（EC）No 2100/94 on Community plant variety rights（OJ L 17325.07.95 p.14）.

［8］ Directive 98/44/EC of the European Parliament and of the Council of 6 July 1998 on the legal protection of biotechnological inventions.

［9］ Council Directive 90/219/EEC of 23 April 1990 on the contained use of genetically modified micro-organisms, OJ N0.L 117 of 8.5.1990.

［10］ Council Directive of 3 April 1990 on the deliberate release into the environment of genetically modified organisms（90/220/EEC）.

［11］ Council Directive of 26 November 1990 on the Protection of Workers from riskes related to exposure to biological agents at work（90/679/EEC）.

［12］ Council Directive 94/55/EC of 21 November 1994 on the approximation of the laws of the Member States with regard to the transport of dangerous goods by road, OJ L 319, 12.12.1994.

［13］ Directive 2001/18/EC of the European Parliament and of the Council of 12 March 2001 on the deliberate release into the environment of genetically modified organisms and repealing Council Directive 90/220/EEC, OJ.L 106/1.

［14］ Regulation on Traceability and Labeling of Genetically Modified Organisms and the Traceability of Food and Feed Products Produced From Genetically Modified Organisms, 1830/2003/EC.

[15] Regulation 1946/2003/EC of the European Parliament and of the Council on transboundary movements of genetically modified organisms, OJ.L287/1.

[16] Regulation (EC) No 178/2002 of the European Parliament and of the Council of 28 January 2002 laying down the general principles and requirements of food law, establishing the European Food Safety Authority and laying down procedures in matters of food safety, L31/1.

[17] Regulation (EC) No 882/2004 of the European Parliament and of the Council of 29 April 2004 on official controls performed to ensure the verification of compliance with feed and food law, animal health and animal welfare rules – OJ L 191, 30.04.2004.

[18] Regulation (EC) No 1829/2003 of the European Parliament and of the Council of 22 September 2003 on Genetically Modified food and feed, article 5, 6, 7.Rules on GMOs in the EU –Authorization.

[19] Directive (EU) 2015/412 of the European Parliament and of the Council of 11 March 2015 amending Directive 2001/18/EC as regards the possibility for the Member States to restrict or prohibit the cultivation of genetically modified organisms (GMOs) in their territory.

[20] The Patents (Amendment) Act, 2005, No.15, Acts of Parliament, 2005 (India).

[21] The Foreign Trade (Development and Regulation) Act, 2006, No.22, Acts of Parliament, 2006 (India).

[22] The Biological Diversity Act, 2002, No.18, Acts of Parliament, 2003 (India).

[23] Plant Quarantine (Regulation of Import into India) Order, 2003, Gazette Of India Extraordinary, subsection II (3) (ii) (Nov.18, 2003).

[24] Directive 2009/41/EC of the European Parliamen and of the council of 6 May 2009 on the contained use of genetically modified micro-organisms, OJ L125/75, 2009/41/EC.

[25] Regulation (EC) No 882/2004 Official controls performed to ensure compliance with feed and food law, OJL 16530.04.2004 (corrigendum in OJL 19128.05.2004).

[26] Regulation (EC) No 1981/2006 on Detailed rules for implementation of article 32 of Regulation (EC) No 1929/2003 on the CRL for GMOs, OJL 36823.12.2006.

[27] Regulation (EC) No 882/2004 Official controls performed to ensure compliance with feed and food law, OJL 16530.04.2004 (corrigendum in OJL 19128.05.2004).

[28] Commission Directive (EU) 2018/350 of 8 March 2018 amending Directive 2001/18/EC of the European Parliament and of the Council as regards the environmental risk assessment of genetically modified organisms.

[29] Regulation (EC) No 1946/2003 on the transboundary movements of GMOs (OJL 287 of 05.11.2003).

[30] Council Directive of 3 April 1990 on the deliberate release into the environment of genetically modified organisms (90/220/EEC).

[31] Directive 2001/18/EC of the European Parliament and of the Council of 12 March 2001 on the deliberate release into the enviroment of genetically modified organisms and repealing Council Directive 90/220/EEC, OJ.L 106/1.

[32] Council Directive of 3 April 1990 on the deliberate release into the environment of genetically modified organisms (90/220/EEC).

[33] Commission Decision of 18 April 2005 on emergeny measures regarding the non-auhorized genetically modified organism Bt 10 in maize products, 2005/317/EEC, OJ. L 101/14.

[34] Commission Decision of 3 March 2006 authorising the placing on the market of food containing, consisting of, or produced from genetically modified maize line 1507 pursuant to Regulation (EC) No 1829/2003 of the European Parliament and of the Council (2006/197/EC), OJ. L70/82.

[35] European Commission, White Paper on General principles of Food law in the European Union, COM 99719 final.

[36] Commission Decision 2011/884/EU on emergency measures regarding unauthorized genetically modified rice in products originating from China and repealing Decision 2008/289/EC, L 343/140.

[37] Commission Implementing Decision of 13 June 2013 amending implementing decision 2011/884/EU on emergency measures regarding unauthorized genetically modified rice in rice products originating from China, L 162/10.

[38] Commission Decision 2005/317/EC repealed by Commission Decision 2007/157/EC.

[39] Commission Decision 2006/601/EC repealed by Commission Decision 2010/315/EU.

[40]《国务院关于修改部分行政法规的决定》（中华人民共和国国务院第 687 号令）。

[41]《农业部关于修改和废止部分规章、规范性文件的决定》（中华人民共和国农业部 2017 年第 8 号令）。

[42]《国务院关于修改部分行政法规的决定》（中华人民共和国国务院第 687 号令）。

[43]《农业转基因生物进口安全管理办法》（2017 年 11 月 30 日修定）。

[44]《农业部关于修改〈农业转基因生物安全评价管理办法〉的决定》（中华人民共和国农业部 2016 年第 7 号令）。

[45]《农业转基因生物安全评价管理办法》（2017 年 11 月 30 日修订版）。

[46]《农业转基因生物标识管理办法》（2002 年 1 月 5 日农业部第 10 号令）。

[47]《农业转基因生物标识管理办法》（2017 年 11 月 30 日修订版）。

[48]《国务院关于修改部分行政法规的决定》（中华人民共和国国务院第 653 号令）。

（二）案例

[1] Panel Report, United States—Certain Country of Origin Labeling（COOL）Requirements.

[2] Panel Report，United States—Measures Affecting the Production and Sale of Clove Cigarettes.

[3] Appellate Body Report, United States—Measures Affecting the Production and Sale of Clove Cigarettes, WT/DS406/AB/R.

[4] Appellate Body Report, European Communities—Measures Affecting Asbestos and Asbestos-Containing Products, para.80. WT/DS135/AB/R.

[5] European Communities—Measures Affecting Asbestos and Asbestos-Containing Products, Mar.12.2001, WTO Doc. WT/DS135/AB/R.

[6] Panel Report，European Communities—Measures Affecting the Approval and Marketing of Biotech Products（DS291）.

[7] DS400：European Communities—Measures Prohibiting the Importation and

Marketing of Seal Products.

[8] DS401: European Communities—Measures Prohibiting the Importation and Marketing of Seal Products.

[9] DS406 : United States—Measures Affecting the Production and Sale of Clove Cigarettes.

[10] Marsh v. Baxter, WASCA 169 (2015) .

[11] Diamond v. Chakrabarty, 447U.S.303 (1980) .

[12] Monsanto Canada, Inc. V. Schmeiser[2004] 1 S.C.R.902 (Can) .

[13] Bowman v. Monsanto Company Co., 133 S.Ct.1761 (2013) .

[14] Quanta Computer, Inc. v. LG Electronics, Inc., 553 U.S.617, 625 (2008) .

[15] United States v. Univis Lens Co., 316 U.S.241, 249-250 (1942) .

[16] Mitchell v. Hawley, 16 Wall.544, 548 (1873) .

[17] Wilbur-Ellis Co. v.Kuther, 377 U.S.422, 424 (1964) .

[18] Mfg.Co. v. Convertible Top Replacement Co., 365 U.S.336, 346 (1961) .

[19] Animal and Plant Health Inspection Service, Safeguarding the Health and Value of American Agriculture Since 1972 Strategic Plan 2015-2019.

[20] Modernizing the Regulatory System for Biotechnology Products: Final Version of the 2017 Update to the Coordinated Framework for the Regulation of Biotechnology.

（三）报告

[1] Directorate-General for Health and Food Safety, Management Plan 2015, Ref.Ares (2015) 3117203-24/07/2015.

[2] Report from the Commission to the European Parliament and to the Council on the overall operation of official controls in in the Member States on food safety, animal health and animal welfare, and plant health. Brussels, 23.3.2012 COM (2012) 122final.

[3] Report from the Commission to the European Parliament and to the Council on the overall operation of official controls in in the Member States on food safety, animal health and animal welfare, and plant health. Brussels, 4.10.2013 COM (2013) 681final.

[4] ISAAA Briefs 52, Global Status of Commercialized Biotech/GM Crops:2016.

[5] Emily M. Lanza, Legal Issues with Federal Labeling of Genetically Engineered Food: In Brief, Congressional Research Service, September 22, 2015.

[6] Muth, M.K., Ball, M.J., Coglaiti, M.C., Shawn A. Karns, Model to Estimate Costs of Using Labeling as a Risk Reduction Strategy for Consumer Products Regulated by the Food and Drug Administration Contract No. GS-10F-0097L, Task Order 5. Revised Final Report, October 2012.

[7] Tait, J. and Barker, G.2011. Global food security and the governance of modern biotechnologies.EMBO Reports.

[8] Report: Competition and Agriculture: Voices from the Workshops on Agriculture and Antitrust Enforcement in our 21st Century Economy and Thoughts on the Way Forward, issued by the U.S. Department of Justice, May 2012.

[9] Clive James, Global Status of Commercialized Biotech/GM Crops in 2017:Biotech Crop Adoption Surges as Economic Benefits Accumulate in 22 Years.

[10] Clive James, executive summary of 20th Anniversary of the Global Commercialization of Biotech Crops (1996 to 2015) and Biotech Crop Highlights in 2015.

[11] Clive James, Global Status of Commercialized Biotech/GM Crops:2012.

[12] USDA Foreign Agricultural Service, China Moving Towards Commercialization of Its Own Biotechnology Crops, Agricultural Biotechnology Annual 2016, GAIN Report Number CH16065.

[13] USDA Foreign Agricultural Service, Agricultural Biotechnology Annual, GAIN Report Number CH13033.

[14] USDA Foreign Agricultural Service, China's Planting Seeds Market Continues to Grow, Agricultural Biotechnology Annual 2017, GAIN Report Number CH16066.

[15] ISAAA Brief 52: Global Status of Commercialized Biotech/GM Crops:2016.

[16] Bhagirath Choudhary and Kadambini Gaur, ISAAA Briefs 38, The Development and Regulation of Bt Brinjal in India, 2009.

[17] Walid Abdelgawad. The Bt Brinjal Case: The First Legal Action Against Monsanto

and Its Indian Collaborators for Bioporacy. Biotechnology Law Report, Mary Ann Liebert, 2012, 31（2）.

[18] USDA Agricultural Biotechnology Annual Argentina Annual Biotechnology Report 2015.

[19] USDA Agricultural Biotechnology Annual South Africa Annual Biotechnology Report 2016.

[20] Rossemary A. Wolson, Assessing the Prospects for the Adoption of Biofortified Crops in South Africa, 10（3）Agbioforum 184（2007）.

[21] Richard B. Stewart, GMO Trade Regulation and Developing Countries, New York University Public Law and Legal Theory Working Papers.

[22] Aaron Cosbey and Stas Burgiel, The Cartagena Protocol on Biosafety An analysis of results : An IISD Briefing Note, International Institute for Sustainable Development, 2000.

[23] REPORT FROM THE COMMISSION TO THE COUNCIL AND THE EUROPEAN PARLIAMENT on the implementation of Regulation（EC）No 1829/2003 of the European Parliament and of the Council on genetically modified food and feed, Brussels, COM（2006）626 final, 25.10.2006.

[24] 国家粮食安全中长期规划纲要（2008—2020 年）http://www.gov.cn/jrzg/2008-11/13/content_1148414.htm。

[25]《中国与世界贸易组织》白皮书（全文）http://www.scio.gov.cn/zfbps/32832/Document/1632334/1632334.htm。

[26]《中国实施千年发展目标报告（2000—2015 年）》http://www.cn.undp.org/content/china/zh/home/library/mdg/mdgs-report-2015-.html。

[27]《中国的减贫行动与人权进步》白皮书（全文）http://www.scio.gov.cn/zfbps/ndhf/34120/Document/1494398/1494398.htm。

[28]《关于中美经贸摩擦的事实与中方立场》白皮书（全文）http://www.scio.gov.cn/zfbps/32832/Document/1638292/1638292.htm。

[29] 国家粮食安全中长期规划纲要（2008—2020 年）http://www.gov.cn/jrzg/2008-11/13/content_1148414.htm。

[30]《关于中美经贸摩擦的事实与中方立场》白皮书（全文）http://www.scio.gov.cn/zfbps/32832/Document/1638292/1638292.htm。

（四）网络文献

[1] Commission staff working document - Accompanying document to the second report from the Commission to the Council and the European Parliament on the experience of member states with GMOs placed on the market under Directive 2001/18/EC {COM（2007）81 final}/* SEC/2007/0274*/.

[2] COMMISSION WORKING DOCUMENT，Experience of Member States with Directive 2009/41/EC of the European Parliament and of the Council of 6 May 2009 on the contained use of genetically modified micro- organisms（recast）for the period 2009-2014{SWD（2016）445 final}Tatjana Papic Brankov, WTO Law and Genetically Modified Products, 135 EAAE Seminar: Challenges for the Global Agricultural Trade Regime after Doha, p.102. http://ageconsearch.umn.edu/bitstream/160376/2/06-Brankov, %20Lovre%20-%20EAAE%20135.pdf.

[3] Gerd Winter, National Cultivation Restrictions and Bans of Genetically Modified Crops and Their Compatibility with Constitutional, European Union and International Law, Legal Report Commissioned by the Federal Nature Conservation Agency, May 2015.

[4] Adoption of National Legislation in Accordance with Article 26a（1a）of Directive 2001/18/EC. https://ec.europa.eu/food/sites/food/files/plant/docs/plant_gmo_auth_nat-measures_summary-cross-border-national-measures.pdf.

[5] Australian Department of Agriculture, Fisheries, and Forestry.（2011）Biotechnology and Australian agriculture—Towards the development of a vision and strategy for the application of biotechnology to Australian Agriculture. Canberra: Author.

[6] Labeling of Genetically Modified Foods, Colorado State University, Fact Sheet No.9.371.

[7] Lesser, W. and Lynch, S.2014. Costs of Labeling Genetically Modified Food Products in N.Y. State. Dyson School of Applied Economics and Management, Cornell University. http://

publications.dyson.cornell.edu/docs/LabelingNY.pdf.

[8] The Potential Impacts of Mandatory Labeling for Genetically Engineered Food in the United States, CAST Issue Paper, April 2014，p.9. https://www.castscience.org/download.cfm? PublicationID=282271&File=1e3069c036e425fac63b535f644b6e217a20TR.

[9] Thompson, P.2011. Agro-technology: A philosophical introduction, Cambridge: Cambridge University Press on the necessity of GMOs and intellectual property over GMOs.

[10] Center for Food Safety and Save our Seeds.2013.Seed Giants vs. U.S. Farmers. Washington, DC: Center for Food Safety.

[11] Brian Tokar, Resisting Biotechnology and the Commodifiation of Life, 18 SYNTHESIS/REGENERATION, Winter 1999, available at http://www.greens.org/s-r/18/18-01. html.

[12] Hope Shand, The Big Six: A Profile of Corporate Power in Seeds, Agrochemicals &Biotech. https://www.seedsavers.org/site/pdf/HeritageFarmCompanion_BigSix.pdf.

[13] Enriching Lives, Empowering Communities, 2015-2016 annual report by Monsanto India Limited.

[14] Philip H. Howard, Visualizing Consolidation in the Global Seed Industry:1996-2008, Sustainability 2009.

[15] Senate Committee on the Judiciary Hearing "Consolidation and Competition in the U.S. Seed and Agrochemical Industry" Written Statement by Tim Hassinger, President and CEO of Dow AgroSciences September 20, 2016. https://www.judiciary.senate.gov/imo/media/ doc/09-20-16%20Hassinger%20Testimony.pdf.

[16] Howard, Philip H."Intellectual property and consolidation in the seed industry." Crop Science 55.6（2015）:2489-2495. http://www.apbrebes.org/files/seeds/files/Howard_ seed_industry_patents_concentration_2015.pdf.

[17] Diana L. Moss, Transgenic Seed Platforms: Competition Between a Rock and a Hard Place? American Antitrust Institute（Oct.23, 2009）, http://antitrustinstitute.org/sites/default/ files/AAI_Platforms%20and%20Transgenic%20Seed_102320091053.pdf.

[18] Carl Pray, James F. Oehmke & Anwar Naseem, Innovation and Dynamic Efficiency

in Plant Biotechnology: An Introduction to the Reaserachable Issues, 8 AgBioForum 52, 60 (2005).

［19］Testimony of James C. Collins, Jr. Executive Vice President DuPont Senate Committee on Judiciary Hearing on "Competition and Consolidation in the U.S. Seed and Agrochemical Industry" September 20, 2016. https://www.judiciary.senate.gov/imo/media/doc/09-20-16%20Collins%20Testimony.pdf.

［20］Opening Statement Consolidation and Competition in the U.S. Seed and Agrochemical Industry，Senator Mike Lee，September 20, 2016. https://www.judiciary.senate.gov/imo/media/doc/9-20-16%20Lee%20Statement1.pdf.

［21］U.S. Senate.2016."Congressional Hearings on the Consolidation and Competition in the U.S. Seed and Agrochemical Industry." Senate Judiciary Committee. September 20. https://www.judiciary.senate.gov/meetings/consolidation-and-competition-in-the-us-seed-and-agrochemical-industry.

［22］Statement of Senator Patrick Leahy（D-Vt.），Ranking Member, Senate Judiciary Committee, Senate Judiciary Committee Hearing on "Consolidation and Competition in the U.S. Seed and Agrochemical Industry," September 20, 2016. https://www.judiciary.senate.gov/imo/media/doc/092016%20Leahy%20Statement.pdf.

［23］Senate Committee on the Judiciary Hearing "Consolidation and Competition in the U.S. Seed and Agrochemical Industry" Written Statement by Tim Hassinger, President and CEO of Dow AgroSciences September 20, 2016. https://www.judiciary.senate.gov/imo/media/doc/09-20-16%20Hassinger%20Testimony.pdf.

［24］"Consolidation and Competition in the U.S. Seed and Agrochemical Industry" The Senate Committee on the Judiciary Written Testimony of Erik Fyrwald, CEO, Syngenta AG September 20, 2016. https://www.judiciary.senate.gov/imo/media/doc/09-20-16%20Fyrwald%20Testimony.pdf.

［25］Statement of Mr.Jim Blome President & CEO Bayer Cropscience LP before the Committee on the Judiciary United States Senate Hearing Titled "Consolidation and Competition in the U.S. Seed and Agrochemical Industry"，September 20, 2016. https://www.

judiciary.senate.gov/imo/media/doc/09-20-16%20Blome%20Testimony%20-.pdf.

[26] Prepared Testimony of Dr. Robert T. Fraley, Executive Vice President and Chief Technology Officer, Monsanto Senate Committee on the Judiciary Hearing on "Consolidation and Competition in the U.S. Seed and Agrochemical Industry." September 20, 2016. https://www.judiciary.senate.gov/imo/media/doc/09-20-16%20Fraley%20Testimony.pdf.

[27] Before the senate judiciary committee "Consolidation and Competition in the U.S. Seed and Agrochemical Industry" Testimony of Dianal.Moss, PHD.President, American Antitrust Institute. September 20, 2016. https://www.judiciary.senate.gov/imo/media/doc/09-20-16%20Moss%20Testimony.pdf.

[28] To the senate committee on the judiciary "Consolidation and Competition in the U.S. Seed and Agrochemical Industry" September 20, 2016.Presented by Bob Young on behalf of the American Farm Bureau Federation. https://www.judiciary.senate.gov/imo/media/doc/09-20-16%20Young%20-%20Testimony.pdf.

[29] The Amercian Antitrust Institute: Transgenic Seed Platforms: Competition between a Rock and a Hard Place?, October 23, 2009. http://www.antitrustinstitute.org/sites/default/files/AAI_Platforms%20and%20Transgenic%20Seed_102320091053_0.pdf.

[30] Jorge Fernandez-Cornejo, "The Seed Industry in U.S. Agriculture," U.S. Department of Agriculture, Economic Research Service, Agriculture Information Bulletin No.786（2004）.

[31] Marvin L.Hayenga, "Structural Change in the Biotech Seed and Chemical Industrial Complex," 1AGBIOFORUM（1998）43.

[32] GianCarlo Moschini, "Economic Benefits and Costs of Biotechnoloy Innovations in Agruculture," Iowa State University, Center for Agricultural and Rural Development, Working Paper01-WP-264（January 2001）.

[33] "Agricultural Biotechnology Intellectual Property: Standard Tables," table on "Utility Patents by Year and Technology Class," U.S. Department of Agriculture, Economic Research Service.

[34] Carl Pray, James F. Oemhke, and Anwar Naseem, "Innovation and Dynamic

Efficiency in Plant Biotechnology: An Introduction to the Researchable Issues," 8 AGBIOFORUM 52.

[35] DuPont and Dow to Combine in Merger of Equals, (Dec.15, 2015), at 8.Presentation can be found at http://www.dow.com/en-us/investor-relations/investor-presentations.

[36] Testimony of Roger Johnson President National Farmers Union Submitted to the U.S. Senate Committee on the Judiciary Regarding Consolidation and Competition in the U.S. Seed and Agrochemical Industry September 20, 2016, Washington DC.https://www.judiciary.senate. gov/imo/media/doc/09-20-16%20Johnson%20Testimony.pdf.

[37] Margaret Brennan, Carl Pray, Anwar Naseem, and James F. Oehmke, "An Innovation Market Approach to Analyzing Impacts of Mergers and Acquisitions in the Plant Biotechnology Industry," 8 A G B IO F ORUM 89 (2005).

[38] William Lesser, "Intellectual Property Rights and Concentration in Agricultural Biotechnology," 1A G B IO F ORUM 56.

[39] Keith O. Fuglie, et al., Research Investments and Market Structure in the Food, Processing, Agricultural Input and BioFuels Industries Worldwide, U.S. Dep't of Agric., Econ. Res. Serv. Rep. No.130 (Dec.2011). http://www.ers.usda.gov/media/193646/eib90_1_.pdf.

[40] To the senate committee on the judiciary "Consolidation and Competition in the U.S. Seed and Agrochemical Industry" September 20, 2016.Presented by Bob Young on behalf of the American Farm Bureau Federation.https://www.judiciary.senate.gov/imo/media/doc/09-20-16%20Young%20-%20Testimony.pdf.

[41] Testimony of Roger Johnson President National Farmers Union Submitted to the U.S. Senate Committee on the Judiciary Regarding Consolidation and Competition in the U.S. Seed and Agrochemical Industry September 20, 2016, Washington DC.https://www.judiciary.senate. gov/imo/media/doc/09-20-16%20Johnson%20Testimony.pdf.

[42] Testimony of Roger Johnson President National Farmers Union Submitted to the U.S. Senate Committee on the Judiciary Regarding Consolidation and Competition in the U.S. Seed and Agrochemical Industry September 20, 2016, Washington DC.https://www.judiciary.senate. gov/imo/media/doc/09-20-16%20Johnson%20Testimony.pdf.

[43] Competetion and Innovation in American Agriculture：A Response to the American Antitrust Institute's"Transgenic Seed Platforms: Competition Between a Rock and a Hard Place?", December 31, 2009. http://www.monsanto.com/pdf/competition_innovation_in_american_agriculture.pdf.

[44] Christine A. Varney, Assistant Attorney Gen., Antitrust Div., U.S. Dep't of Justice, A Shared Vision for American Agricultural Markets 2（Mar.12, 2010）.www. justice. gov/atr/public/speeches/257284.htm.

[45] Jikun Huang, Impacts of Agricultural Biotechnology and Policies: China's Experience, proceedings of the FAO International Symposium on the Role of Agricultural Biotechnologies in Sustainable Food Systems and Nutrition, 2016.

[46] California Environmental Law & Policy Center, California's Proposition 37:A Legal & Policy Analysis，October 2012, pp.10-11.https://law.ucdavis.edu/centers/environmental/files/CELPC_Prop37report.pdf.

[47] Pratibha Brahmi, Sanjeev Saxena & B.S.Dhillon, *The Protection of Plant Varieties and Farmers' Rights Act of India*, Current Sci., Feb.10, 2004.

[48] Nupur Chowdhury & Santanu Sabhapandit, *The Legal Regime for Application of the Precautionary Principle in India: Future Directions for the GM Regulatory Regime*, 7 Int'tEnvtl Agreements: POL. L. and Econ.281, 293（Sept., 2007）, http://download.springer.com/static/pdf/767/art%253A10.1007%252Fs10784-007-9047-1.pdf?auth66=1386417213_7f6c2ee576ebefe61a27f5b7f647dc0a&ext=.pdf.

[49] Ministry of Env't and Forests, Gov't of India, National Environment Policy 10(2006). http://envfor.nic.in/sites/default/files/introduction-nep2006e.pdf.

[50] K.S. Kavi Kumar, *Precautionary Principle* 9（The Ctr. of Excellence in Envtl Econ., Ministry of Env't and Forests, Gov't of India, Dissemination Paper No.8）, http://coe.mse.ac.in/dp/Precaution-Kavi.pdf.

[51] The White House office of the Press Secretary, Clinton Administration Agencies Annouce Food and Agricultural Biotechnology Initiatives: Strengthening Science-Based Regulation and Consumer Access to Information.May 3.2000.

[52] Response from the European Commission to Comments Submitted by WTO Members under Either or Both.

[53] U.S. Senate.2016."Congressional Hearings on the Consolidation and Competition in the U.S. Seed and Agrochemical Industry." Senate Judiciary Committee. September 20.https://www.judiciary.senate.gov/meetings/consolidation-and-competition-in-the-us-seed-and-agrochemical-industry.

[54]Statement of Senator Patrick Leahy (D-Vt.), Ranking Member, Senate Judiciary [55] Committee, Senate Judiciary Committee Hearing on "Consolidation and Competition in the U.S. Seed and Agrochemical Industry," September 20, 2016https://www.judiciary.senate.gov/imo/media/doc/092016%20Leahy%20Statement.pdf.

[55] Adoption of National Legislation in Accordance with Article 26a (1a) of Directive 2001/18/EC. https://ec.europa.eu/food/sites/food/files/plant/docs/plant_gmo_auth_nat-measures_summary-cross-border-national-measures.pdf.

[56] Commission Recommendation of 23 July 2003 on guidelines for the development of national strategies and best practices to ensure the coexistence of genetically modified crops with conventional and organic farming ([2003] OJL189/36).

[57] European Commission Recommendation of 13 July 2010 on guidelines for the development of national co-existence measures to avoid the unintended presence of GMOs in conventional and organic crops (2010/C 200/01).

[58] Statement of Policy for Regulating Biotechnology Products, Docket No.84N-0431, December 31, 1984. http://fda.complianceexpert.com/agency-documents/medical-device-guidance/fda-guidelines/statement-of-policy-for-regulating-biotechnology-products-1.94061.

[59] Statement of Policy - Foods Derived from New Plant Varieties. https://www.fda.gov/food/guidanceregulation/guidancedocumentsregulatoryinformation/biotechnology/ucm096095.htm.

[60] Modernizing the Regulatory System for Biotechnology Products: Final Version of the 2017 Update to the Coordinated Framework for the Regulation of Biotechnology. https://www.epa.gov/sites/production/files/2017-01/documents/2017_coordinated_framework_update.

pdf.

　　[61] Emerging Technologies Interagency Policy Coordination Committee's Biotechnology Working Group, National Strategy for Modernizing the Regulatory System for Biotechnology Products, September 2016.https://obamawhitehouse.archives.gov/sites/default/files/microsites/ostp/biotech_national_strategy_final.pdf.

责任编辑：江小夏
封面设计：石笑梦

图书在版编目（CIP）数据

国际转基因食品安全立法研究 / 陈亚芸 著 . —北京：人民出版社，2021.11
ISBN 978 - 7 - 01 - 023967 - 5

I.①国…　II.①陈…　III.①转基金食品 - 食品卫生法 - 立法 - 研究 - 中国
　　IV.①D912.160.4

中国版本图书馆 CIP 数据核字（2021）第 230057 号

国际转基因食品安全立法研究
GUOJI ZHUANJIYIN SHIPIN ANQUAN LIFA YANJIU

陈亚芸　著

人民出版社 出版发行
（100706　北京市东城区隆福寺街 99 号）

北京建宏印刷有限公司印刷　新华书店经销

2021 年 11 月第 1 版　2021 年 11 月北京第 1 次印刷
开本：710 毫米 ×1000 毫米 1/16　印张：13.25
字数：200 千字

ISBN 978 - 7 - 01 - 023967 - 5　定价：55.00 元

邮购地址 100706　北京市东城区隆福寺街 99 号
人民东方图书销售中心　电话（010）65250042　65289539